资助项

北京印刷学院优势学科建设项目
——新闻传播学一级学科建设项目（项目编号：21090118001）

北京印刷学院校内教师队伍建设
——博士启动金（项目编号：27170118003/012）

社交媒体与新中产阶层社会资本的再生产

郭 瑾◎著

SOCIAL MEDIA AND REPRODUCTION OF THE NEW MIDDLE CLASS` SOCIAL CAPITAL

目录

第一章 绪论

一　社交媒体对社会资本的影响

近年来，中产阶层已成为国内外学术领域研究的热点问题，引起了社会学、政治学、经济学以及传播学等领域专家和学者的普遍关注。然而，要进一步研究当代中国中产阶层及其对中国社会的影响，必然无法脱离当代中国的社会大环境。如今，网络在中国的发展与普及，以及各种新媒体的层出不穷，不仅引发传播领域的巨大变革，而且深刻影响着当代中国社会的变迁。以社交媒体为代表的网络新媒体对社会情境进行重组，并导致新情境的产生。这种新情境必然对社会秩序及人民的生活方式等都产生重要影响。由此，本研究选择从传播社会学的视角切入，基于媒介变革的时代背景，考察中产阶层的社交媒体使用对该阶层的影响，而社会资本作为影响地位获得及阶层发展的一个因素①，成为本研究考量社交媒体使用对中产阶层产生影响的重要维度。

（一）媒介变革影响人类社会的变迁

美国马里兰大学的一项研究成果显示，“媒介化生存”已经成为当今时代人们生活的逼真写照。媒介不仅是传播工具，也日渐成为人们日常生

① 有关社会网络与社会资本的研究认为，通过动员个体社会网络中的各种资源，社会资本可以为社会成员带来各种回报，特别是社会流动过程中的地位获得（参见吕涛《社会资本与地位获得：基于复杂因果关系的理论建构与经验检验》，北京：人民出版社，2014）。

活的一种“组织媒介”[①]，成为人类社会不可分割的一部分。正如美国哲学家约翰·杜威（John Dewey）认为的，“社会不仅通过传播而存在，而且我们可以正当地说，社会存在于传播之中”[②]。

传播学者则进一步指出，媒介塑造和控制着人类的联结方式、行动的规模与形态。媒介的每一次变革都会改变人们对外界的感知和理解方式，从而彻底改变社会。[③] 从哈罗德·伊尼斯（Harold Innis）的角度来看，传播技术的变化无一例外会产生三种结果：“改变人们的兴趣结构（人们考虑的事情）、符号的类型（人们用以思维的工具）以及社区的本质（思想起源的地方）。”[④] 而且，他认为帝国的更替与兴衰也与媒介的演进密切相关。例如，古埃及依靠口头传颂联系整个社会，而文字的出现以及纸张的发明，促使文书阶级的出现及文官制度的发展，为埃及帝国最终形成统一提供统治工具。[⑤] 可以说，媒介技术的每一次进步，不但会催生众多新事物，而且会引发社会结构的变迁。

1900 年，法国社会学家塔德（Jean Gabriel Tarde）在其著作中写道：“科技发展使报纸成为可能，报纸促进更广泛的公众的形成，而公众通过扩大其成员的忠心，造成一个互相交叉、不断变化的分类组合的广泛网络。”[⑥] 20 世纪 50 年代，电视的普及使不同阶层的受众群体能够更大程度地分享信息。如今，网络媒介的出现和演进，不仅缩短了人与人之间的时空距离，而且对人们的人际交往模式、交谈方式也产生了深刻影响。特别

---

① 李林：《媒介化生活的社交圈子与人际关系重构》，《中国社会科学报》2013 年 3 月 6 日，第 B04 版。斯蒂文·贝斯特在其著作中指出，“人们现在更多的是依靠技术交流而非现实交流来确认自我认同。媒介化交流逐渐取代了真实的交流状态，取代了生产的地位，成为社会的组织原则”（参见道格拉斯·凯尔纳、斯蒂文·贝斯特《后现代理论：批判性的质疑》，张志斌译，北京：中央编译出版社，2006，第 136 页）。

② John Dewey, *Democracy and Education* (New York: Macmillan, 1916), p. 5. 转引自克劳斯·布鲁恩·延森《媒介融合：网络传播、大众传播和人际传播的三重维度》，刘君译，上海：复旦大学出版社，2012，第 54 页。

③ 陈力丹、易正林：《传播学关键词》，北京：北京师范大学出版社，2009，第 136 ~ 147 页。

④ 这一概括来自伊利诺伊大学传播学院詹姆斯·凯里的论文《加拿大传播理论：哈罗德·伊尼斯学派的延伸和说明》，转引自尼尔·波兹曼《童年的消逝》，吴燕莛译，桂林：广西师范大学出版社，2011，第 32 页。

⑤ 哈罗德·伊尼斯：《帝国与传播》，何道宽译，北京：中国人民大学出版社，2003。

⑥ Clark, T. N. (ed.), *On Communication and Social Influence: Collected Essays of Gabriel Tarde* (Chicago: Chicago University Press, 1969)，转引自丹尼斯·麦奎尔《麦奎尔大众传播理论》（第五版），崔保国、李琨译，北京：清华大学出版社，2010，第 65 页。

是社交媒体的兴盛，直接影响着人与人之间的连接，以及人与人的关系网络，甚至“已经成为现代社会人们编织并使用社会关系网络的重要工具和平台”①。

追溯媒介演进与社会发展的关系，不仅引人发问：社交媒体时代，中产阶层会如何使用微信等新一代的社交媒体技术，以及社交媒体又会如何影响中产阶层的关系网络，并在多大程度上影响社会的结构。

（二）对中产阶层研究老问题的追问

2005 年，南京大学周晓虹主持的“中国社会变迁与中国都市中等收入群体的成长”课题组，就中国中产阶层的发展状况进行全面考察，出版了中国第一部有关中产阶层的翔实报告《中国中产阶层调查》。报告从认同、消费、休闲、社交等多角度对中国中产阶层丰富多样的生活进行了描述与分析。媒介使用、网络交往作为中产阶层生活方式的重要组成部分，自然而然进入了研究者的视域。

该报告将网络作为社会交往工具与获取信息的媒介载体，分别在中产阶层的社会交往及传媒效用两个章节进行分析研究。报告指出，“在网络的世界中，出现了中产阶层与非中产阶层的阶层边界”。然而，将网络作为交往工具，研究发现：“中产阶层的网络交往行为远不如其社交行为那样带有明显的阶层边界。相反，在网络交往的空间里，没有中产阶层的阶层边界。”与非中产阶层相比，中产阶层更不喜欢花时间进行网络交往。他们上网的比例高，但更多的是使用网络的信息获知功能，而非娱乐交往功能。②

该报告研究的背景是十多年前，调查问卷的实施阶段为 2004 年 1～6 月，恰好处于 Web 2.0 时代的发轫期，网络已开始注重与用户的交互功能，用户既是网站内容的浏览者，也是网站内容的制造者。在中国，当时能为用户所用的网络交互工具主要是 QQ、MSN、聊天室、BBS、博客和个人主页。而这些工具除 MSN 外，均在很大程度上具有“匿名性”的典型特征。也就是说，交互对象对彼此的身份并不清楚，也不了解。这样的“匿名社交环境”因缺乏可信度而引发不同于当今的网络交往目的、交往

---

① 周宇豪：《作为社会资本的网络媒介研究》，武汉：武汉大学出版社，2014，第 1 页，前言。

② 周晓虹主编《中国中产阶层调查》，北京：社会科学文献出版社，2005，第 152～182 页。

动机以及交往行为。

网络技术日新月异，十多年间，网络交互工具在人们的生活中更迭替换，除了 QQ 仍屹立于即时通信领域，博客除很多公知等仍在使用外，其势力则逐渐被微博替代，继而又被 2011 年面世的微信应用推到了相对边缘的位置。如今，人们使用最多的“社交三剑客”是微信、微博、QQ。① 虽然微博仍以“匿名”交往为主，但是 QQ 的“陌生人”占比已明显下降，微信则是以“熟人”或“认识的人”为主的移动网络交流平台。

中国互联网络信息中心（CNNIC）发布的《第 35 次中国互联网络发展状况统计报告》显示，截至 2014 年 12 月，中国网民规模已达到 6.49 亿人，手机网民规模达 5.57 亿人。微博用户规模为 2.49 亿人，网民使用微博的比例为 38.4%；手机微博用户规模为 1.71 亿人，手机网民使用率为 30.7%。博客用户规模为 1.09 亿人，在网民中的使用率为 16.8%。即时通信网民规模达 5.88 亿人，总体使用率为 90.6%；手机即时通信网民达 5.08 亿人，总体使用率为 91.2%。CNNIC 报告未提供微信用户的使用规模，根据中国社会科学院《新媒体蓝皮书：中国新媒体发展报告 No.5（2014）》发布的信息，截至 2013 年，微信用户已达 6 亿人，覆盖全球 200 多个国家和地区，发布超过 20 种语言版本，国内外月活跃用户超过 2.7 亿人。其中，24 岁以下人群的使用率最高，占 33.7%；收入结构中，占比最高的是月收入 3000 ~ 5000 元的中产阶层，占比为 32.0%。微信海外版（WeChat）用户也已突破 1 亿人。

此外，近年来互联网的发展环境也发生了改变，作为互联网发展的重要因素之一——人们对互联网的信任提升显著。据 CNNIC 第 35 次报告，相比 2007 年有 35.1% 的网民表示对互联网信任，2014 年这一比例提升至 54.5%。

因此，在社交网络技术推动社会前进、改变人们生活与传播习惯的今天，重新探讨媒介使用对不同阶层社会资本的影响就尤为必要。本研究将问题锁定在：中产阶层的社交媒体使用对其社会资本究竟会产生何种影响？

---

① 2015 年 Q2《互联网周刊》最新手机应用统计显示，2015 年社交 App 排名依次为微信、QQ、微博、QQ 空间、陌陌；2015 年平台型 App 排名依次为微信、QQ、支付宝、UC 浏览器、百度，检索于 2015 年 7 月 21 日美通社，http://www.prnasia.com/story/archive/1461028_ZH61028_1。

有研究者提出，网络媒介已经成为一种新型的社会资本，它摒弃了出身、地位等差异，为个体提供了为实现自身理想而编织与传统地缘、血亲关系完全不同的社会关系网络①的机会。那么，当网络成为一种新型社会资本媒介时，社交媒体的使用是否会构成一种阶层划分的新边界？换句话说，社交媒体的使用行为让阶层的边界变得更清晰了，还是更模糊了？边界更开放了，还是更封闭了？这些都是本研究试图解答的问题。

二　新中产阶层社交媒体使用的相关研究

（一）微信研究的范式与多维视角

微信作为后起之秀，因其技术兼容了 QQ、微博等应用的特点，并借助智能手机及移动互联网市场的快速发展，受到人们的欢迎。在访谈中，笔者也发现在新中产阶层中微信应用很强势，而使用 QQ 和微博的人越来越少，因此研究将社交媒体考察的重点锁定在微信上。在学界，微信热也使其成为新闻传播学、社会学等学科领域关注的热点。以在中国知网上检索的相关文献为例，截至 2015 年 4 月 6 日，以微信为主题词进行检索，得到 1407 条研究成果。其中，对于微信在图书馆平台、各大媒体平台，以及广告营销平台上的应用性研究占较高比例。研究成果重实务轻理论建构的现象比较明显，但其中也不乏一些见解独到且富于建设性的成果。

1. 微信研究的范式

从研究范式上看，国内有关微信的研究中占主流地位的是客观经验主义范式，即试图效仿自然科学，强调客观与实证。这类研究大多基于传播学的“使用与满足理论”，通过实证的方法探讨微信所具有的功能。

其次占较高比例的是诠释经验主义范式，即从人文学科的价值关怀出发，强调对微信这一新技术的理解。这类研究大多是在人际传播、人际交往、社会网络等理论的视阈下，考察微信给人们带来的影响。

批判理论范式一直是传播学研究的主导范式，但在微信研究中表现最弱。有学者批评微信成瘾问题，指出“微信成瘾不仅具有网瘾的一般特征，其过度虚拟社交导致生活紊乱和精神空虚，陷入‘越微信，越焦虑，

---

① 周宇豪：《作为社会资本的网络媒介研究》，武汉：武汉大学出版社，2014，第 3、79 页。

越冷漠’的怪圈，也进一步疏远了现实生活中的人际交往，容易产生人格分裂、社交幻化和自我迷失”①。然而，大多数研究虽然指出微信当前存在的问题与不足，但都是基于肯定微信合法身份的基础上提出的改良建议，而非激进地否定现状。

微信研究三种范式的比较如表 1－1 所示。

表 1－1　微信研究的三种范式

	客观经验主义范式	诠释经验主义范式	批判理论范式
核心研究方法	实证的、定量的研究	定性的研究	辩证的批判
目标	解释和预测	理解	改变和解放
立场	价值中立	强调改良	激进地否定现状
理论与流派	控制论、社会心理学传统 主要理论：使用与满足理论	符号互动论、社会文化、修辞学等传统 主要理论：拟剧理论、空间理论等	批判传统 主要理论：媒介依赖理论等
核心假设	微信使用过程中的体验能够带来的满足； 微信内容能够带来的满足； 社会性的满足	微信的功能； 微信如何帮助实现社会交往； 对于微信功能的反思	微信的媒介依赖现象影响社会发展

2. 微信研究的多维视角

以下将从基础研究、传播形态研究和功能研究三个方面，对当前微信研究的成果进行梳理。基础研究主要是对微信的定义、属性等进行的研究；传播形态研究主要是从信息的传播方式、传播机制以及传播特征等方面对微信进行的研究；功能研究则主要是微信对人们的生活及社会各领域产生作用的研究。这些成果对于本研究深入分析中产阶层的社交媒体使用均有一定的参考作用。

（1）基础研究

学者们关于微信的概念界定大同小异，认为微信是腾讯官方推出的一种移动即时通信应用程序。但是，关于微信属性的判定，各方则意见迥

① 蒋建国：《微信成瘾：社交幻化与自我迷失》，《南京社会科学》2014 年第 11 期，第 96 ~ 102 页。

异：有的将微信视为“新媒体”“自媒体”[①]“媒介”[②]，或传统媒体的“竞争者”和“假想敌”；有的则单纯地认为微信只是“真正意义上的社交平台”，即“非媒体”。总体而言，认为微信的本质是一种“社交工具”的观点占大多数。

例如，谢新洲认为“微信是以关系为核心的具有高度私密性的社交工具”[③]，聂磊等指出，“微信本身不仅仅是网络通信工具，更是一个全方位的社交平台”[④]。还有更多学者将微信同微博进行比较，提出“与微博相比，微信完全是具有不同基因属性的产品”，“微博具有更强烈的传播和媒体属性，而微信有更强的黏性，更好的交流体验，是一条具有私密性的沟通纽带”[⑤]，“微信就是这样一个依靠社会软件连接或致力于构建人与人之间的‘湿关系’，营造‘湿’环境的社交网络”[⑥]，也就是说，“微信尚不具备大众媒体的形态，可将其界定为私人化的交流通信工具”[⑦]。

然而，微信虽然一开始是作为一款社交工具被开发的，但是随着微信版本的不断升级、公众号功能的添加，微信已不仅是一种网络版的“人际传播”，还具备了“大众传播”的媒介属性。按照微信团队对微信未来发展的设想，它的目标是“连接”一切可以连接的事物，因而又具备了一种“入口”的平台属性，即人与人连接的入口、人与信息连接的入口，以及人与购物、娱乐等生活方式连接的入口。有学者基于功能论的视角，既肯定了微信的“媒体”属性，又认同了其所具备的“社交平台”的本质，提

---

① 靖鸣、周燕、马丹晨：《微信传播方式、特征及其反思》，《新闻与写作》2014 年第 7 期，第 41～45 页。

② 孙藜：《We Chat：电子书写式言谈与熟人圈的公共性重构——从“微信”出发的一种互联网文化分析》，《国际新闻界》2014 年第 5 期，第 6～20 页。孙藜认为，微信是一种“交谈和聊天”的工具，而交谈是一个经久不衰、无所不在的媒介，它渗透在一切时代、一切地方。但这种界定，难免过于宽泛。

③ 谢新洲、安静：《微信的传播特征及其社会影响》，《中国传媒科技》2013 年第 11 期，第 21～23 页。

④ 聂磊、傅翠晓、程丹：《微信朋友圈：社会网络视角下的虚拟社区》，《新闻记者》2013 年第 5 期，第 71～75 页。

⑤ 方兴东、石现升、张笑容、张静：《微信传播机制与治理问题研究》，《现代传播》2013 年第 6 期，第 122～127 页。

⑥ 谭震：《传统媒体如何借助微信扩大影响——微信的媒介功能及影响分析》，《中国记者》2013 年第 5 期，第 101～102 页。

⑦ 王欢、祝阳：《人际沟通视阈下的微信传播解读》，《现代情报》2013 年第 7 期，第 24～27 页。

出“微信更为恰当的现实属性应该如下：是一款新型注重用户体验感的程序，依托于互联网技术和电脑、智能手机等客户端，具有‘新媒体’的特点和属性，是一个具有社交功能、分享功能和信息接收功能的媒介平台”①。

综合学者们的观点，本研究认为，微信的本质首先应该是一种“社交媒体”，是用户与他人建立联系的私人化的场所，犹如一间“私人客厅”②，可以广泛接收来自朋友、群体、公众号的信息，并可以与他人及群体进行点对点、点对面的全方位沟通。

（2）传播形态研究

与微信属性密切相关的是对其传播方式、传播机制以及传播特征等方面的研究。微信的传播方式主要有三种：点对点的人际传播、多对多的群体传播，以及公众号的定制化传播。

就传播特征而言，方兴东等认为，微信具有“即时化、社交化”的特征，以及准实名性、点对点性、隐秘性。③ 谢新洲认为，微信传播不仅具有私密性，而且成员之间具有“强关系”连接的特征，成员圈子增长快、信息传播重社交轻内容。④

还有学者基于传播的5W 要素指出微信的传播具有如下特征：从传播主体来看，微信传播是一种基于关系的病毒式的传播，所有对信息感兴趣的人都是传播主体；从受众来看，微信是一种窄化的定向传播；从传播渠道来看，微信拥有富媒体传播的通道；从传播内容来看，微信传播的是“有选择的碎片化传播”；从传播效果来看，微信则具备了人际传播的“湿度”。⑤ 此外，还有学者对微信公众号的传播进行了特别关注，认为其传播具有点对点、噪音少、易被实时收看、定向发送、信息扩散能力强的特征。⑥

---

① 王艳丽：《从功能论角度探析微信的属性》，《中国报业》2013 年第 7 期下，第 27 ~ 28 页。

② 靖鸣、周燕、马丹晨：《微信传播方式、特征及其反思》，《新闻与写作》2014 年第 7 期，第 41 ~ 45 页。

③ 方兴东、石现升、张笑容、张静：《微信传播机制与治理问题研究》，《现代传播》2013 年第 6 期，第 122 ~ 127 页。

④ 谢新洲、安静：《微信的传播特征及其社会影响》，《中国传媒科技》2013 年第 11 期，第 21 ~ 23 页。

⑤ 童慧：《微信的传播学观照及其影响》，《重庆社会科学》2013 年第 9 期，第 61 ~ 66 页。

⑥ 陈晓华：《传统报纸使用微信新媒体的现状及问题研究》，《新闻传播》2013 年第 1 期，第 14 ~ 17 页。

不可否认，这些论点都有其精辟之处，但大多仍囿于大众传播学研究的框架来审视微信，对于微信传播的特征或简单描述，或评判有失偏颇。例如，方兴东等认为，与微博相比，微信传播在获取信息的频次、渠道、范围等方面都有很多局限性，如微信“作为网络舆论受众方范围狭窄”等，[①] 这种判定沿用了大众传播时代的标准，一味强调“广”，却容易忽视微信作为“强关系的连接”在刺激行动上可能具备的力量。

也有一些研究跳脱大众传播研究的窠臼，在人际传播或社会心理学视阈下深入分析微信的传播特征及效果。张瑜指出，微信的传播模式是“复合传播”，由现实强关系、虚拟弱关系的点对点单一传播，微信群、公众平台等多对多的群体，以及大众传播组合而成；微信传播内容主要表现为个体的“前台”“后台”表演，以及个体网络自我的印象管理；微信的传播效果主要表现为社交媒体过度使用之后的孤独感加深、焦虑甚至异化。[②] 李盈盈也在分析中提到，“朋友圈忠实观众的存在强化了前区的表演欲望”，“技术化的印象管理手段加深了前区和后区的可能差异”，等等。[③] 但是，不同的心理导向（自我导向和他人导向）、使用动机及使用黏度，使个体在社交媒体中选择呈现自我的策略各异[④]。此外，目标受众、人格特征、性别、国家与文化等也都会影响个体在社交媒体中的自我呈现。[⑤]

还有研究者以手机传播为分析对象，归纳出以微信为代表的手机关系中的新人际传播特质：传播情境“超时空”、传播主体“去社会性”、传播中介“符号化”、传播角色“半虚拟化”、传播过程“有选择性”、传播对象“多情境切换”等。[⑥] 此外，匡文波通过量化研究指出微信具有“信任度非常高”的特征，并通过用户的收入结构发现，占比最高的是月收入

---

① 方兴东、石现升、张笑容、张静：《微信传播机制与治理问题研究》，《现代传播》2013年第6期，第122~127页。

② 张瑜：《移动互联网时代微信传播与新型人际传播模式探究》，《新闻知识》2014年第2期，第19~21页。

③ 李盈盈：《传播生态学视域下的微信研究》，《东南传播》2014年第11期，第14~17页。

④ 江爱栋：《社交网络中的自我呈现及其策略的影响因素》，硕士学位论文，南京大学，2013。

⑤ 陈浩、赖凯声、董颖红、付萌、乐国安：《社交网络（SNS）中的自我呈现及其影响因素》，《心理学探新》2013年第6期，第541~553页。

⑥ 严许媖：《手机人际传播研究——以“微信”为例》，硕士学位论文，浙江工业大学，2013。

3000～5000元的中产阶层，占比为32.0%。[①] 这些研究成果都为本研究提供了宝贵的借鉴意义。

（3）功能研究

有关微信的功能研究主要是针对微信在工作和生活中的实际作用和功能进行的研究。比如，传统媒体如何利用微信传播新闻信息，如何更好地与受众互动，大学辅导员如何利用微信进行大学生思想教育，以及用经济学相关理论分析微信的营销推广和商业模式等。目前，对于微信功能的探索更多的是落在受众（用户）个体层面，而较少观照微信在社会层面所发挥的功能。[②]

就个体层面而言，研究多从使用与满足理论出发，探寻人们使用微信的需求与愿望，进而归纳出微信能够满足人们的功能。这类研究多以大学生为调查样本得出结论：微信扩大了大学生的交往范围，促进了交往中的强关系（加深了同学情、增进了朋友来往、缩小了与父母的代沟），使大学生发挥了主体能动性，帮助大学生实现自我价值，以及加快了大学生的社会化进程[③]；微信使大学生的现实人际关系更加密切，进一步满足了大学生情感诉求的表达，以及以微信朋友圈为基础的虚拟社区使大学生有了更强的归属感；等等。[④] 韩晓宁等则将研究焦点锁定在微信订阅号的使用调查，发现大学生的新闻信息获取动机最高，其次是社会交往动机和功能性体验动机。[⑤]

张钰的文章，虽然是在分析导致人们产生微信依赖现象的原因，但从另一个角度来看，她所罗列的依赖需求，如人际沟通与传播的需要、人际关系维持与拓展的需要、自我表露的需要、社会交往的需要、获取信息的需要[⑥]，

---

① 匡文波：《中国微信发展的量化研究》，《国际新闻界》2014年第5期，第147～157页。

② 孙藜从社会功能的角度分析了微信对于政治公共领域的影响，认为“互联网影响社会结构的一个路径，是以电子书写的方式重构公共生活”。参见孙藜《We Chat：电子书写式言谈与熟人圈的公共性重构——从“微信”出发的一种互联网文化分析》，《国际新闻界》2014年第5期，第6～20页。

③ 周贻霏：《微信对华东师范大学学生社会交往的影响研究》，硕士学位论文，华东师范大学，2014。

④ 温如燕：《微信对大学生人际交往的影响研究——以呼和浩特市3所高校的大学生为例》，硕士学位论文，兰州大学，2014。

⑤ 韩晓宁、王军、张晗：《内容依赖：作为媒体的微信使用与满足研究》，《国际新闻界》2014年第4期，第82～96页。

⑥ 张钰：《微信依赖研究——基于使用与满足理论》，《科技传播》2014年第11期上，第47、49页。

恰恰也体现了微信的传播功能。

聂磊等则从社会网络的视角提出了微信朋友圈作为网络虚拟社区所具有的三个功能层次：基础层满足人们的安全感、归属和身份感、个人投入和共同标识系统等，成员身份是关键要素；中间层是基于基础层扩展而来的，满足人们的信息交换与分享需求；顶层是合作的集体行动（见图1-1）。[①]

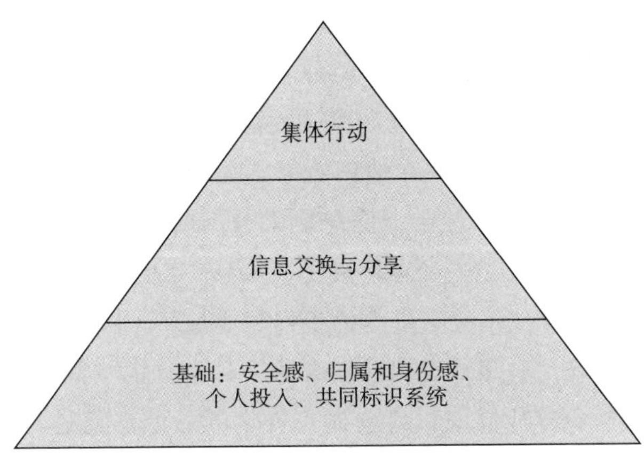

图1-1　微信虚拟社区的功能结构

资料来源：聂磊、傅翠晓、程丹：《微信朋友圈：社会网络视角下的虚拟社区》，《新闻记者》2013年第5期，第73页。

值得注意的是，无论是基于使用与满足理论，还是基于社会网络理论、空间理论及社区研究，很多学者都指出：微信有助于满足人们扩大社会交往、维系社会关系、培育社会资本的需要。[②] 谭震在描述微信新功能时提到，“通过微信，人际交往从个人所熟悉的强联系人群，拓展到原本遥远陌生的弱联系人群。虚拟社交圈与实际社交圈达成交融，人们的传播与交流变得更加现实化、紧密化，其用户群也较其他产品用户更富有黏性，也拓宽了移动社交的横向和纵向空间”[③]。党昊祺认为，如果按照亲疏远近，将人们现实生活中的交往关系归为近距离、中距离、远距离的话，

① 聂磊、傅翠晓、程丹：《微信朋友圈：社会网络视角下的虚拟社区》，《新闻记者》2013年第5期，第71~75页。

② 王勇、李怀苍：《国内微信的本体功能及其应用研究综述》，《昆明理工大学学报》（社会科学版）2014年第2期，第100~108页。

③ 谭震：《传统媒体如何借助微信扩大影响——微信的媒介功能及影响分析》，《中国记者》2013年第5期，第101~102页。

微信则实现了全面覆盖，“形成了全方位、立体化的社交网络”[①]。刘颖基于个案的深入研究得出：个人的社会资本在一定程度上可以通过群体之间的交流与共享获得，微信用户关系是一个典型的人际沟通网络，有效利用微信维护与发展人际关系是积累和培育个人社会资本的重要方式。[②] 聂磊等也认为，“人们出于特定的目的进入虚拟社区，比如加强社会联系、传播信息、收获经验、交流观点等。人们将现实生活中的社交关系转换成在线关系，并形成新的规范，这些规范使人们更易于知晓如何在线表现以及如何获得一种社区归属感。从这个意义上讲，微信朋友圈为社会资本的形成提供了一个重要的途径”。在他们看来，社会资本是来自特定社会结构中人与人之间的关系，只有在个体与他人分享时才存在。作为虚拟社区，微信将现实生活中的社交关系转换成在线关系。“借助移动互联网的应用，微信朋友圈可以促进线下社会资本的积累和增长。”[③] 刘涛从空间的社会化生产角度指出，碎片空间是后现代社会的一种常见的空间形态。社会化媒体在极力拯救这些碎片空间，将这些非资本领域的空间进行资本化处理，使其成为一个资本生产空间。[④] 而微信作为社会化媒体之一，“在人脉关系的激活、连接与再造方面发挥着独有的功能”[⑤]。

此外，王欢、祝阳也从微信的工具设置本身出发，概括了微信具有的人际沟通功能：“X 轴是以语音、文字、图片、视频为主的基本功能，延续了其他网络通信工具的功能，尤其是短语音信息的实现，颠覆了传统的人际沟通方式；Y 轴是以朋友圈、通讯录、QQ、微博、邮箱为主的 SNS 的功能，建立起以强关系为主的熟人圈，SNS 实现了由弱关系交往向强关系交往的转变；Z 轴则是以附近的人、摇一摇、二维码、漂流瓶等表现形式为主的 LBS 功能，利用人际交往的地缘信息，为人际互动提供可能。”但

---

① 党昊祺：《从传播学角度解构微信的信息传播模式》，《东南传播》2012 年第 7 期，第 71 ~ 72 页。

② 刘颖、张焕：《基于社会网络理论的微信用户关系实证分析》，《情报资料工作》2014 年第 4 期，第 56 ~ 61 页。

③ 聂磊、傅翠晓、程丹：《微信朋友圈：社会网络视角下的虚拟社区》，《新闻记者》2013 年第 5 期，第 71 ~ 75 页。

④ 刘涛：《社会化媒体与空间的社会化生产——列斐伏尔“空间生产理论”的当代阐释》，《当代传播》2013 年第 3 期，第 13 ~ 16 页。

⑤ 刘涛：《社会化媒体与空间的社会化生产：福柯“空间规训思想”的当代阐释》，《国际新闻界》2014 年第 5 期，第 56 页。

王欢强调，微信只是发挥了有限的工具性作用，人际沟通最终还是要回归到传统沟通范式与框架中。①

综上所述，已有的研究分别从概念、属性、传播形态和社会功能等多个视角对微信展开了较为全面的探索与研究，并取得了一定的进展，其中不乏独到的观点和见解，为本研究工作的开展奠定了良好的基础。例如，针对微信属性的探讨厘清了微信的“社交媒体”本质。对于微信传播形态和特征的研究，进一步概括了微信融合人际传播、群体传播、大众传播的复合传播特质；以及微信作为一个舞台，人们在其上的自我呈现与表演。有关微信功能的研究，则提出了本研究关注的命题：微信对于扩大社会交往以及培育社会资本的影响。不过，目前的研究成果也仍有不足之处，例如，在研究视角方面仍偏重于从单一学科视角切入，而缺少多学科视角融合；在研究样本的选择方面，绝大多数实证研究是以在校大学生为调查对象的，让人质疑这一群体是否能够代表其他群体，特别是身居职场的新中产阶层；在观点的呈现方面，除客观经验主义范式的研究外，一些诠释经验主义范式的研究成果多主观描述，少论证过程，例如一些研究指出了微信有助于社会资本的培育，但就微信是如何实现这一功能的，仍缺少严谨的论证与分析。正如聂磊等在文尾所指出的，“在深究虚拟社区与社会资本二者的关系时，必须密切关注人们进入虚拟社区和从事线上活动的具体目的，并要考虑虚拟社区用户之间的差异性，从线上和线下同时探寻有效培育社会资本的行动框架”②。因而在后续研究中，进行用户区分，并针对用户的动机、行动框架进行细致考察就尤为必要。本研究将考察的对象锁定在中国正在崛起的新中产阶层群体。

（二）中产阶层的社交媒体使用研究

社交媒体（Social Media），也称社交媒体，是指随着 Web 2.0 时代的到来，出现的用以分享意见、见解、经验和观点的工具和平台，现阶段主要包括社交网站、微博、微信、博客、论坛、播客等。近年来，有关社交媒体的研究层出不穷，但有关中产阶层与社交媒体使用的研究仍相对有限。

① 王欢、祝阳：《人际交往视角下微信功能的探讨》，《现代情报》2014 年第 2 期，第 82 ~ 85、93 页。

② 聂磊、傅翠晓、程丹：《微信朋友圈：社会网络视角下的虚拟社区》，《新闻记者》2013 年第 5 期，第 75 页。

1. 国外有关中产阶层与社交媒体使用的研究

在西文最大的数字期刊库之一美国威尔逊全文期刊精选库中，以“middle class”与“social media”为主题词进行检索，共有153条结果。研究的热点主要集中在以下几个方面。第一，社交媒体的使用对于政治格局的影响。例如，哈西姆（Hashim，Mohd Adnan）等针对马来西亚的年轻中产阶层使用社交媒体的情况进行在线调查后发现，社交媒体对于改变马来西亚的政治景观具有非常重要的作用。对于年轻的城市中产阶层来说，社交媒体拓展了他们的民主表达空间，符合他们发表观点以及自由处理政府有关国家政治议题的期望。也就是说，“与政府支持的主流媒体相比，社交媒体能为受过良好教育的马来西亚城市年轻人寻找满足好奇心的信息、自由讨论主流媒体认为的敏感问题提供平衡”[①]。此外，塔伦特（Tarant，Zbyněk）也分析了社交媒体在2011年“阿拉伯之春”的革命和反革命斗争中的作用，他认为社交媒体是一把双刃剑，在动员受过教育的阿拉伯中产阶层行动者中扮演着重要的角色，但也在镇压过程中发挥着作用。由此来看，社交媒体是一把双刃剑，其作用如何发挥关键还在于年轻人使用媒介的能力。[②] 此外，诸如中国厦门和大连等城市反PX化工厂项目计划等，均涉及中产阶层如何通过社交媒体表明政治态度、维护自身权益的研究。研究方法以定量调查为主。

第二，社交媒体与阶层归属感、身份认同的研究。这类研究主要是对比性研究，通过不同群体或阶层在社交媒体中形成的虚拟社区，研究这些群体和阶层受社交媒体使用影响的认同感与归属感。例如，皮特·马修（Peter Matthews）通过对爱丁堡一个贫困社区在Facebook上创建的在线社区的数据收集与研究，强调了社交媒体有助于社区与居民的讨论，以及为理解工人社区搭建了桥梁。文章指出，工人阶层与中产阶层的居民对立，

---

① Dr Mohd Adnan Hashim，Melina Mahpuz，Norafidah Akhbar，Dr Norzaid Mohd Dand，“Investigating the Use of Social Media Among the Young Urban Middle Class in Malaysian Politics，and Its Potential Role in Changing the Nations Political Landscape，” *Advance in Natural & Applied Sciences*，2012，6（8）：1245－1251.

② Tarant，Zbyněk，“‘The Revolution Will Not Be Twitterized！’－Critical Overview of the Role of Modern Technology and Social Media in the Arab Revolutions and Conthra-Revolution，” *REXTER：Politicko-Sociolický Casopis*，2013，11（2）：50－89.

社会对工人阶层社区往往进行污名化。[①] 安妮塔（Anita，Mannur）通过对网络中有关烹饪的文本比较，试图分析如何利用社交网络构建一种跨越年龄、种族，强调阶层的性别平等女性主义者，以及在当代种族运动中，白人中产阶层女性主义者所面临的深深焦虑。[②]

第三，还有一些研究将焦点对准了社交媒体使用与阶层婚恋关系的分析等方面。例如有研究者对不同阶层伴侣进行调查后发现，结识自己伴侣的地点和方式不同，会影响关系支持的社会网络建构。通过深度访谈，研究发现与中产阶层夫妇相比，工人阶层夫妇通常是在比较混乱的场所结识，而且通常是通过一些"弱连接"关系认识彼此，不利于获得有助于关系稳定的支持。[③]

其实，国外期刊发表的研究成果中不乏有关中国中产阶层对社交媒体使用的研究，其中大多数出自中国大陆及中国台湾的华人研究者，涉及的主题如：如何利用社交媒体对崛起的中产阶层进行营销[④]，中产阶层如何使用社交媒体在反 PX 项目事件中表明态度[⑤]，微博是否成为中产阶层与工人阶层及农民工等阶层的新边界[⑥]，等等。其中，张鹏翼的研究被《中国图书馆学报》进行摘要转载，研究通过文本内容分析方法对新生代农民工的微博的主题、类型等进行分析，并通过社会网络分析方法，确定新生代农民工群体在微博上的意见领袖。该研究发现："微博为新生代农民工提供了超越原有以血缘与地缘为基础的社会网络信息获取与发布平台；获得情感发现和支持的渠道；通过@公众人物获取原有社会网络资源中难以获得的资源和影响力。"但是，该研究还指出，社交网站等新的媒介技术既为

---

① Matthews, Peter, "Neighbourhood Belonging, Social Class and Social Media——Providing Ladders to the Cloud," *Housing Studies*, 2015, 30 (1): 22 – 39.

② Mannur, Anita, "Food Networks and Asian/American Cooking Communities," *Cultural Studies*, 2013, 27 (4): 585 – 610.

③ Sassler, Sharon, Miller, Amanda Jayne, "The Ecology of Relationships: Meeting Locations and Cohabitors' Relationship Perceptions," *Journal of Social & Personal Relationships*, 2015, 32 (2): 141 – 160.

④ Hong, Li, "Marketing to China's Middle Class," *China Business Review*, 2014, (1): 11.

⑤ Kingsyhon Lee, Ming-Sho Ho, "The Maoming Anti-PX Protest of 2014," *China Perspectives*, 2014, (3): 33 – 39.

⑥ Zhang Pengyi, "Social Inclusion or Exclusion? When Weibo (Microblogging) Meets the 'New Generation' of Rural Migrant Workers," *Library Trends*, 2013, 62 (1): 63 – 80.

新生代农民工带来了增加社会融入的可能性，也带来了进一步拉大数字鸿沟的威胁。①

总体来说，国外有关中产阶层与社交媒体使用的研究更多是偏向于政治表达权与政治动员工具的研究，但也有研究从婚姻、社区等角度阐述了社交媒体使用在阶层之间存在的差异。

2. 国内有关中产阶层与社交媒体的研究

相比国外的研究，在国内，有关中产阶层与社交媒体使用的专项成果屈指可数。在学术数据库中国知网上，以“中产阶层”和“社交媒体”为主题词进行检索，结果为零；以“中产阶层”、“微博”或“微信”和“SNS”“开心网”等为主题词进行检索，得到的检索结果也少之又少。是否社交媒体不存在阶层使用的差异？或者说这一领域还未被研究者关注？又或是研究方法所限而导致的研究成果匮乏？基于以上情况，在梳理有关这一主题的中文文献时，本研究将考察范围扩大至“媒介与中产阶层”以及“媒介与阶层”，以期找到有助于中产阶层社交媒体使用研究的启示与脉络。

（1）大众媒介与中产阶层研究

以知网上的文献为例，截至 2013 年 9 月 16 日，分别以“中产阶层”“中产阶级”“中间阶层”为主题词进行搜索，共得到新闻传播类研究成果 145 篇。其中最早的研究始于 2002 年，研究主要探讨了电视、杂志与中产阶层的关系，还有个别文章涉及网络媒介、小说等媒体与中产阶层的研究，如《网络空间中的小资形象传播》《消费社会中产阶层生活想象——新感觉派小说文本的欲望化叙事》等。

在中产阶层与大众媒介的研究中，杂志与中产阶层的研究相对最成体系，成果也最多。从研究范式来看，这些研究主要采用的是批判理论范式与诠释经验主义范式，但也有少量研究采用了客观经验主义研究的范式，通过内容分析等量化研究，考察杂志对中产阶层的影响。从主题来看，围绕大众媒介对中产阶层身份建构的议题是这一领域的主流，此外，有关媒

① Zhang Pengyi, “Social Inclusion or Exclusion? When Weibo (Microblogging) Meets the ‘New Generation’ of Rural Migrant Workers,” *Library Trends*, 2013, 62 (1): 63 - 80. 张鹏翼：《社会融入还是排斥？当微博遇到“新生代”农民工》，《中国图书馆学报》2013 年第 3 期，第 70 ~ 71 页。

介阶层偏倚现象的研究也逐渐成为学者们关注的主题。

具体到内容，笔者曾将这些研究归纳为以下四种类型①。其一，基于社会变迁分析大众传媒的“中产化热潮”。这些研究多为粗线条的宏大叙事，或隐或现地涉及媒介与中产阶层身份认同的关系。其二，在媒介产业化背景下，分析以中产阶层为目标受众的杂志风格及定位。研究多以个案方式呈现，论述媒介对中产阶层身份认同的作用。然而，重心均落在媒介市场化策略的制定方面。其三，基于文化研究视角，解读媒介与中产阶层身份建构的关系。这类研究对中产刊物中的消费主义倾向多持批判态度，但因缺乏微观的文本分析而显得论述笼统。其四，以中产阶层身份建构为题，进行翔实论述。其中，尤以何晶、郑坚的研究为著，其深入讨论了以报刊为代表的大众传媒对中国中产阶层的“形象建构”“话语建构”“议题建构”，研究具有开拓性。

对于当前中国而言，中产阶层的概念可以说是外来的、后生的，这一阶层缺少一段共同的“阶级经历”，因此也就缺少了认同的根基。② 媒介，特别是以中产阶层为目标定位的电视、杂志，作为信息和概念的提供者，从文化、形象、消费、议题等方面共同建构起了中产阶层的身份想象，并驱使人们为实现“中产”梦想提供动力源。

总体而言，有关大众媒介与中产阶层的研究成果，从整体上肯定了杂志、电视等大众媒介对中国中产阶层的建构作用。这些研究有助于笔者进一步思考，作为新兴的网络媒介，社交媒体越来越多地占据着人们的时间和注意力，那么它们对中产阶层是否仍会起到身份建构的作用？或者在社交媒体中是否也存在着一个中产阶层的“想象共同体”或虚拟社区？

（2）网络媒介与中产阶层研究

如前文所述，目前有关媒介与中产阶层的研究成果，更多的是集中在电视、杂志等传统大众媒介领域。虽然也有研究者逐渐将研究焦点锁定网络媒介，但这方面的成果仍屈指可数。

2004 年，郑坚发表的论文《网络空间中的小资形象传播》可以算作中

---

① 郭瑾：《大众媒介与中产阶层的身份建构——一项传播社会学视角的文献考察》，《现代传播》2014 年第 10 期，第 26～31 页。

② 郭瑾：《大众媒介与中产阶层的身份建构——一项传播社会学视角的文献考察》，《现代传播》2014 年第 10 期，第 26～31 页。

国最早涉及网络与中产阶层关系的研究。针对当时各大网站的“小资热”现象，郑坚指出，这种“热”一方面与当时网络的用户构成有关，另一方面也与网络作为新的传播形态带来全新的生活方式与交往方式有关。[①] 该研究关注的焦点仍是网络对“小资”这一中产阶层的重要构成群体的建构作用。但随着网络的普及，以及用户构成的改变，“小资热”的状况被网络“大众化”“娱乐化”的趋势稀释，从社区、社群角度切入网络的细分研究，逐渐成为一种新的取向。例如，柳珊通过对“越狱迷”进行田野调查后发现，“‘智力快感’与‘自我存在的现实焦虑感’是中国中产阶层文化认同的核心要素”[②]。该研究使我们看到了以中产阶层感兴趣的话题、事物为载体，凝聚中产人群的网络“中产社区”“中产社群”的可能性，也为网络媒介对中产阶层身份认同的影响做出了注脚。

值得关注的是，一些学者开始考虑网络用户的阶层差异，从社会结构视角分析网络媒介的使用状况。如杜骏飞在《中国中产阶层的传播学特征——基于五大城市社会调查的跨学科分析》一文中，讨论了中产阶层潜在的媒介素养特征，指出“知识中产与非中产在对新媒介的选择上有明晰的区分（而职业分化对社会成员接触新媒介的表现没有明显影响）；在对博客网站的选择上，甚至在所有类型的中产阶层中，只有知识中产与非中产有显著差异”，并得出结论，“即使在 Web 2.0 时代，依然是由那些知识领先的阶层掌握着传播的主动权”。中产阶层作为具有“网络依赖”和“电视疏离症”的人群，会导致数码沟的加深，以及社会阶层新的不平等。[③]

此外，还有研究者将网络传播置于社会分层的大背景下进行研究，旨在充分认识网络传播和当代中国社会分层的相互影响关系，认识网络传播对社会阶层流动的利弊。研究发现，“当代中国社会阶层的划分使网络传播的目标受众更加明确，内容进一步分化，特别是近年来中间阶层的日益发展壮大，使越来越多的人能够参与到网络传播中来，这无疑有利于网络传播的发展。与此同时，网络给传统的教育和就业带来了新的机遇和活

---

① 郑坚：《网络空间中的小资形象传播》，《新闻界》2004 年第 6 期，第 56 ~ 57 页。

② 柳珊：《媒介迷群与中国中产阶层的文化认同——以美国电视剧〈越狱〉的中国网络社群为个案》，《传播与中国 · 复旦论坛（2009）——1949 - 2009：共和国的媒介、媒介中的共和国论文集》，2009。

③ 杜骏飞：《中国中产阶层的传播学特征——基于五大城市社会调查的跨学科分析》，《新闻与传播研究》2009 年第 3 期，第 82 ~ 92 页。

力，从而推动了社会阶层的流动。网络传播对中间阶层的报道，也使其社会地位更加稳固。而另一方面，网络传播带来的‘知沟’扩大和网络犯罪的增多，也给社会阶层的良性上行流动带来了不利因素”①。

总体而言，网络媒介与中产阶层的相关研究虽然数量有限，但共同指向了阶层结构带来的“知沟”与“数码沟”的现象，以及网络传播中关于中产阶层报道对于阶层认同与稳固的影响。还有个别文献从社会分层的角度验证了在网络社会将延续现实社会的分层，“那些在现实社会中处于优势地位的个体，其在网络社会中也具有资源优势，而那些现实社会中处于劣势的人，在网络资源占有方面仍身处劣势”②。不过，也有研究指出，以信息资源为核心的社会资源的流动已经成为对社会分层最有力的影响因素，网络社会中的社会分层已经开始发生变化，现实生活中的金字塔阶层结构，正在变成“空中花园”。也就是说，在网络社会特有的信息技术支持下，一些小利益集团或有共同兴趣的小团体正在形成，它们的力量虽然还不足以改变整个金字塔结构，但正在影响和消解原本自上而下的权力结构。③

（3）社交媒体与中产阶层研究

围绕社交媒体与中产阶层的有限研究，主要是以不同的社交媒体形式为例，关注中产阶层的公共领域，关涉中产阶层的媒体表达权。

金卉、范晓光在《中产阶层的网络表达：以“微博”为例》中指出，“利益表达是中产阶层研究的重要议题之一”，“微博”是中产阶层实现利益诉求的重要工具之一，然而，网络信息的“去中心化”、中产阶层的“夹心化”，都使得中产阶层的大量表达并未真正实现其诉求目标。④

刘左元、李林英根据社会学的分层理论，对微博、网络论坛等新媒体平台进行研究后提出，新媒体平台使不同阶层、不同社会地位的人群之间产生了广泛的对话，并且由于媒介和新技术具有“创造社群”的作用，让利益相同的人联合起来，从而帮助人们建立全新的社会关系，在不同舆情

① 窦碧云：《当代中国社会分层背景下的网络传播》，硕士学位论文，兰州大学，2007。

② 程士强：《网络社会与社会分层：结构转型还是结构再生产?》，《兰州大学学报》（社会科学版）2014 年第 2 期，第 1 ~ 9 页。

③ 张斐男：《网络社会社会分层的结构转型》，《学术交流》2015 年第 3 期，第 160 ~ 163 页。

④ 金卉、范晓光：《中产阶层的网络表达：以“微博”为例》，《中共杭州市委党校学报》2012 年第 2 期，第 62 ~ 65 页。

事件中扮演不同的传播角色。①

总体来说，有关媒体与中产阶层研究的回顾，既显现出当前社交媒体研究的不足，如缺少从社会结构角度考察不同阶层人们使用社交媒体的行为差异，由此就很难准确描述社交媒体作为新技术对社会发展的影响，也有助于从已有的大众媒介、网络媒介与社会阶层的研究中汲取智慧，如身份认同在中产阶层“想象共同体”建构中的作用、网络社会“数字沟”现象的分析，以及“以信息资源为核心的社会资源的流动已经成为对社会分层最有力的影响因素”等观点，都为本研究的设计提供了参考。

（三）社交媒体使用与社会资本研究

1. 传统媒体使用对社会资本的影响

早期传播学研究中没有引入“社会资本”的概念，而是将媒介使用与人们的社会交往、交流相关联，但是这些研究实与社会资本的内涵有着紧密联系。关于媒介对人们日常社会交往的影响，往往存在两种观点。一种认为，媒介可以为人们提供话题和谈资，从而有助于缓和人与人的社会交往。例如，电视作为“社会化的代理人”，是“一个社会学习机会，也是更广泛参与社会的一种手段”②。但另一种观点认为，媒介会削弱人与人的社交潜能，批评“电影造成观众与现实的隔离，广播电视扼杀了人们之间的交流，削减了户外社会活动，使人们退归家庭的小圈子”。还有学者指出，并没有足够的证据证明，媒介使用与脱离社会之间存在因果关系。③

最早将大众媒介与社会资本相关联的是来自社会学家有关媒介与政治、社会政策及选举的研究，如大卫·鲍布罗（Davis B. Bobrow）于1980年发表的《大众传播与政治体系》等。其中，最引人关注的研究是1995年，美国社会学家罗伯特·普特南（Robert D. Putnam）在《独自打保龄》（*Bowling Alone*）一书中对美国人社会资本的分析，以及政治学者皮帕·诺瑞斯（Pippa Norris）随后对其观点的回应。在普特南看来，“独自打保龄

① 刘左元、李林英：《新媒体打破了以往社会分层的对话机制和模式》，《新闻记者》2012年第4期，第95页。

② Rosengren, K. E., & Windahl, S., *Media Matter: TV Use in Childhood and Adolescence* (Norwood, NJ: Ablex, 1989).

③ 参见 D. J. Canary, B. H. Spitzberg, “Loneliness and Media Gratification,” *Commuwioation Research*, 1993, 20 (6): 800 - 821; E. M. Perse, A. M. Rubin, “Chronic Loneliness and Television Use,” *Joumal of Broadcasting & Electronic Media*, 1990, 34 (1): 37 - 53.

球”的现象意味着美国社会资本的衰减，而导致美国公众对公共政策日趋冷漠，人际交往与社会参与热情降低的原因，被他归结为电视的影响。但是，诺瑞斯认为，普特南的结论过于简单，忽略了行为背后复杂的心理因素，以及电视节目类型对于公众参与会产生不同的影响。他指出，电视虽然降低了人们参与公共事务的热情，但电视的内容又会影响人们的参与意愿。

2000 年，传媒集团 DDB 发布的《尼汉姆生活方式调查》印证了诺瑞斯的研究，指出新闻类节目有利于社会资本的积累，而娱乐类节目则会降低人们的社会参与热情，导致社会资本的减少。[①] 台湾政治大学彭芸在针对大学生的媒介使用情况进行研究时，也得出了类似结论。[②]

以上研究开拓了媒介与社会资本相关联的研究视角，并以人际信任、社团参与、生活满意度等作为测量社会资本的指标。此外，研究者还观照到了不同类型的媒介内容对社会资本的影响。

2. 互联网媒介使用对社会资本的影响

随着互联网的兴起，一些持媒介导致疏离观点的批评者将批评的目标指向了网络。他们认为，深陷网络中的沉迷者与世界失去了联系。例如，罗伯特・克劳特（Robert Kraut）等认为，“长期使用互联网的人，经常会陷入难以名状的孤独感和寂寞感”[③]。

但是，还有众多研究者的研究与上述观点迥异。例如，美国学者卡茨（Katz, J. E.）等在考察互联网对社会资本的影响时发现，“互联网的使用，能够增进人们的社区参与和政治参与热情。经常使用互联网的人，在虚拟世界的交往与现实世界的交往同样活跃”[④]。沙赫（Shah, D. V.）等针对“美国人生活方式调查”的数据进行研究后，也认为互联网有助于社会资

① 郑素侠：《网络时代的社会资本——理论分析与经验考察》，上海：复旦大学出版社，2011，第 114 页。

② 彭芸：《我国大学生的媒介使用、社会资本与政治信任对象之关连性研究》，《新闻学研究》2004 年第 79 期，第 91～133 页。

③ Kraut, R., M. Pattterson, V. Lundmark, S. Kiesler et al., “Internet Paradox: A Social Technology that Reduce Social Involvement and Psychological Well-being?,” *American Psychologist*, 1998, 53 (9): 1017－1031.

④ Katz, J. E., R. E. Rice, and P. Aspden, “The Internet 1995－2000: Access, Civic Involvement, and Social Interaction,” *American Behavioral Scientist*, 2001, 42 (3): 405－419.

本的积累，但是，网络活动的类型会影响这种积累。[①]

威尔曼（Wellman, B.）等的观点则相对折中，他们通过对国家地理网站用户的研究发现，不能不加区分地得出网络行为导致人们与周围隔离的论断。他认为，互联网技术本身是中性的，它对社会资本的影响取决于如何使用它。一方面，互联网可以帮助建立更多、更广泛的联系，为他们获取信息提供新渠道；另一方面，网络又弱化了同家人及朋友的联系，通过网络新建立起来的联系缺少牢固的纽带，是一种“弱连接”，很难培养人与人的信任，并产生一致的行动。[②]

周启瑞在探讨网络社会分层的标准时，将个体所拥有的网络资源与网络社会资本等同，并提出网络社会分层的指标主要来自四个方面：网络社会中社会个体对信息资源的获取能力和利用能力；拥有的信息资源状况；对网络信息资源的获取意识；网络社会中社会个体的时间消费状况。[③]

总体而言，有关网络中社会资本的测量仍沿用了人际信任、行动参与等指标。但也有研究者关注到了网络在帮助人们建立广泛联系以及获取信息方面的能力，并将其纳入考量的要素。

3. 社交网络的使用与社会资本的获得

2003 年，全球第一家社交网站诞生，随后在国外形成了 Facebook、MySpace 等社交网站热，以及在国内形成校内网、开心网风潮。然而，数字技术更新换代迅速，近几年，除了 Facebook 仍屹立潮头，国内外一批新的社交媒体如 Twitter（推特）、微博、微信等则发展势头正劲。有关这类媒介与社会资本的研究成为国内外社会网络研究的热点，切入研究的视角可谓五花八门。例如，有研究者基于社交网络分析社会资本对社会动员的网络机制[④]，

---

① Shah, D. V., N. Kwak, and R. L. Holbert, “Connecting and Disconnecting with Civic Life: Patterns of Internet Use and the Production of Social Capital,” *Political Communication*, 2001, 18 (2): 141 - 162.

② Wellman, B., A. Q. Haase, J. Witte et al., “Does the Internet Increase, Decrease, or Supplement Social Capital? Social Networks, Participation, and Community Commitment,” *American Behavioral Scientist*, 2001, 45 (3): 436 - 445.

③ 周启瑞：《网络社会分层研究》，硕士学位论文，湖南师范大学，2007。

④ 参见 Fleck, Matthes, “The Pursuit of Empowerment through Social Media: Structural Social Capital Dynamics in CSR-Blogging,” *Journal of Business Ethics*, 2013, 118 (4): 759 - 775; Warren, Anne Marie, Sulaiman, Ainin, “Understanding Civic Engagement Behavior on Facebook from a Social Capital Theory Perspective,” *Behaviour & Information Technology*, 2015, 34 (2): 163 - 175.

提出社会资本的三个测量维度，如社会交往的联系（结构）、信任（关系）、共享的语言和观点（认知）；将社会资本作为研究视角与策略，分析虚拟网络社区如何促进电子商务①；社交媒体与公司管理②、知识整合③、改进医疗保健服务④、高校教育和青少年教育⑤、移民融入⑥以及民主制度的关系⑦；甚至还有关于社交网络游戏的使用动机对社会资本的影响⑧的研究；等等。

从国外研究的总体情况来看，虽然社交媒体是网络媒介技术发展的新产物，但是，它与网络媒介相比，具有了更显著的社交基因，天然就与人们的社会交往、社会关系的构建密不可分。因此，在有关媒介与社会资本研究的价值评判上发生了明显的转向：研究者不再陷入媒介究竟是削减了社会资本，还是有助于社会资本积累的讨论，而是向更具体、更微观、更深入的层面进行延伸。

---

① Kim, Haejung, Kim Jiyoung, & Huang Ran, "Social Capital in the Chinese Virtual Community: Impacts on the Social Shopping Model for Social Media," *Global Economic Review*, 2014, 43 (1): 3 - 24; Shalom Levy, Yaniv Gvili, "How Credible Is E-Word of Mouth Across Digital-Marketing Channels," *Journal of Advertising Research*, 2015, 55 (1): 95 - 109.

② Sun, Yuan, "The Interplay between Users' Intraorganizational Social Media Use and Social Capital," *Computers in Human Behavior*, 2014, (37): 334 - 341; Paniagua, Jordi, "Business Performance and Social Media: Love or Hate?," *Business Horizons*, 2014, 57 (6): 719 - 728; Liu, Haixin et al., "A Model for Consumer Knowledge Contribution Behavior: The Roles of Host Firm Management Practices, Technology Effectiveness, and Social Capital," *Information Technology & Management*, 2014, 15 (4): 255 - 270.

③ Cao, Xiongfei, Guo Xitong et al., "The Role of Social Media in Supporting Knowledge Integration: A Social Capital Analysis," *Information Systems Frontiers*, 2015, 17 (2): 351 - 362.

④ Wenhong Chen, Kye-Hyoung Lee, et al., "Getting a Second Opinion: Social Capital, Digital Inequalities, and Health Information Repertoires," https://www.mccombs.utexas.edu/~/media/Files/MSB/Centers/Health%20Care%20Initiative/2014%20Symposium/Wenhong_repertoire%20approach%2004092014.pdf.

⑤ "Summer Bridge Program 2.0: Using Social Media to Develop Students' Campus Capital"; Social Network Site Use, Mobile Personal Talk and Social Capital among Teenagers.

⑥ Keough, Sara Beth, "Don't Touch That Dial: Media and the Accumulation of Social Capital Among Newfoundlanders in Fort McMurray, Alberta," *American Review of Canadian Studies*, 2012, 42 (2): 156 - 170.

⑦ Manaev Oleg, "Media in Post-Soviet Belarus Between Democratization and Reinforcing Authoritarianism," *Demokratizatsiya*, 2014, 22 (2): 207 - 229.

⑧ Jin, Chang-Hyu, "The Role of Users' Motivations in Generating Social Capital Building and Subjective Well-being: The Case of Social Network Games," *Computers in Human Behavior*, 2014, 39: 29 - 38.

巴伦苏埃拉（Valenzuela，S.）等在对美国大学生的 Facebook 使用行为对于个人社会资本的影响进行研究后发现：Facebook 的使用频次与大学生的生活满意度、社会信任、公共参与呈正相关。不过，这种正相关的显著关系很小，因此社交网络并非能够解决大学生不参与公共事务的一个好办法。①

米歇尔（Michael Chan）就智能手机的使用对社会资本的影响进行了关联研究②，观照到了不同类型的手机应用对社会资本的影响。通过对 514 位香港市民进行调查，该研究发现：手机同步语音通信有助于身处异地的"强关系"个体间的联系，私信和社交网站有助于"弱关系"个体间的弥合社会资本；手机语音通信与幸福感呈正相关关系，可以为个体带来社会和情感支援。

尼克尔·埃里森（Nicole B. Ellison）等通过调查分析人们在 Facebook 的发帖与回应，洞察社交媒体所嵌入的社会资本运行机制。特别是通过这些互动，可以看到个体怎样以及为何向朋友进行网络求助，以及得到何种结果。调查发现，那些在 Facebook 中发布动员需求、有更高社会资本的个体，更有可能回应朋友提出的需求，并倾向于将这个网站视为一个获取信息、协调和网络交流的更好渠道。③

从国内来看，国内有关网络媒介与社会资本的研究也呈现欣欣向荣的趋势，涌现出一批包括硕士、博士学位论文和论著在内的优秀成果。例如，郑素侠基于博士论文出版的专著《网络时代的社会资本——理论分析与经验考察》，在系统梳理社会资本理论的基础上，采用定量与定性相结合的研究方法，对武汉高校大学生进行抽样调查和焦点小组访谈，从网络媒体的使用程度、网络依赖、网络内容偏好、网络使用动机等方面，对人

① Valenzuela, S., Park, N., & Kee, K. F., "Is There Social Capital in a Social Network Site: Facebook Use and College Students' Life Satisfaction, Trust, and Participation," *Journal of Computer-Mediated Communication*, 2009, 14（4）: 875 - 901，转引自郭瑾《90 后大学生的社交媒体使用与公共参与——一项基于全国 12 所高校大学生调查数据的定量研究》，《黑龙江社会科学》2015 年第 1 期。

② Chan, Michael, "Mobile Phones and the Good Life: Examining the Relationships among Mobile Use, Social Capital and Subjective Well-being," *New Media & Society*, 2015, 17（1）: 96 - 113.

③ Ellison, Nicole B., Rebecca Gray, Cliff Lampe, Andrew T. Fiore, "Social Capital and Resource Requests on Facebook," *New Media & Society*, 2014, 16（7）: 1104 - 1121.

际交往、社团参与、人际信任、生活满意等社会资本的四个维度进行考察，探寻大学生互联网社会资本的影响因素。研究发现，网龄对社会资本无显著影响，每日上网时长对社会资本有负向影响，每周上网频次对社会资本有正向影响，信息搜集动机对社会资本无显著影响，人际互动动机对社会资本有显著正向影响，娱乐消遣动机对社会资本有显著正向影响，新闻资讯偏好对社会资本的四个维度均有显著正向影响，情感娱乐偏好和游戏偏好对社会资本无显著影响，网络依赖对社会资本有显著负向影响。在促进个人与社会融合方面，互联网扮演着积极、正向的角色。[1] 该研究得到的一些结论对理解网络时代的社会资本很有助益，但是由于其考察对象为在校大学生，其结论是否适用于其他群体仍有待考察。

周宇豪的专著《作为社会资本的网络媒介研究》，以思辨与实证相结合的方式，对网络媒介与社会资本的关系进行深入研究，并明确提出了“网络社会资本”的概念。他认为，网络社会资本是社会资本的一种新型形态，是以网络媒介为载体编织而成的社会网络关系，是嵌入社会网络结构中的社会资源。[2] 对于网络社会资本的测量，可以从微观（行动个体）、中观（组织或群体）及宏观（区域或国家）三个层次进行测量。[3] 与传统传播媒介时代的社会资本构建相比，周宇豪认为，网络媒介时代的社会资本，既有虚拟性又有现实性，网络媒介本身成为社会行为主体之间发生关系并建立某种程度联系的社会资源；除了那些本来在现实社会建立起来的稳固黏结型关系外，由网络建立起来的关系多为桥接型关系，交往关系相对游离且脆弱，其深入与否取决于交往主体间的价值观和思维模式是否趋同，以及延伸至线下交往的可能性和程度。“传播社会学意义上的网络媒介社会资本也成为社会行为主体生存、发展不可缺少的工具、手段和资源。”[4] 虽然该研究一直致力于解答网络传播媒介如何与人际网络关系结合到一起，以及网络媒介传播对社会结构变迁发挥作用的内在动力和机制，但研究并未给出清晰的答案。此外，该研究虽然提出，“网络媒介社会资

① 郑素侠：《网络时代的社会资本——理论分析与经验考察》，上海：复旦大学出版社，2011，第 244～246 页。

② 周宇豪：《作为社会资本的网络媒介研究》，武汉：武汉大学出版社，2014，第 79、62、153 页。

③ 周宇豪：《作为社会资本的网络媒介研究》，武汉：武汉大学出版社，2014，第 85 页。

④ 周宇豪：《作为社会资本的网络媒介研究》，武汉：武汉大学出版社，2014，第 153～154 页。

本直接将那些不能或不会使用网络媒介的群体排除在了潜在使用资源的范围外，从而形成了新的‘知沟’现象，以及由此带来的拥有和控制社会资本存量的差异”[①]。“网络媒介社会资本形成‘局部’社会网络关系和社会资源也会造成新的不同社会集团的产生和新的社会分层的出现。”[②] 同时，该研究又指出，“网络媒介社会资本与其他社会资本的不同还在于它打破了传统的阶层划分，任何参与网络媒介传播活动的行为主体无论是身份、地位的高低还是受教育程度的高低，在由网络媒介编织的社会网络内获取潜在资源的机会都是平等的，这是由网络的隐匿性决定的”[③]。而新的社会分层究竟如何则未能给出解答。

邓建国也在其博士论文基础上出版了专著《强大的弱连接：中国 Web 2.0 网络使用行为与网民社会资本关系研究》，围绕 Web 2.0 时代如何改善人类的传播、提高人们的社会资本，进而推动社会进步的问题进行了深入研究。基于对 Web 2.0 时代的三种主要的网络应用——博客、网络大众分类网站、社会交友网站进行的系统分析，该研究发现：上述三种网络应用的使用者比非使用者有更多网络社会信任，并且上网增加了或没有降低他们的网下社会参与；三种网络应用的使用时间与他们的社会资本呈正相关关系；三种网络使用行为分别作用于社会资本的三个维度（社会信任、社会网络、社会参与），且对于社会信任的影响最大。该研究指出，“Web 2.0 时代，网民因为不同的网络使用行为而在社会资本上存在差异”，而且，使用者和非使用者之间可能存在“社会资本沟”[④]，发人深省。但是，该研究更多的是从传播学意义上对 Web 2.0 时代三种主流网络应用的分析，对于“社会资本沟”的探讨缺少社会结构视角的考察，仅仅将其视为使用与否的行为区隔。

陈静茜的博士论文《表演的狂欢：网络社会的个体自我呈现与交往行为——以微博客使用者之日常生活实践为例》虽然不是直接将媒介使用与社会资本作为研究主题，但她的论文提出的观点对本研究具有启发性。该

① 周宇豪：《作为社会资本的网络媒介研究》，武汉：武汉大学出版社，2014，第 62 页。

② 周宇豪：《作为社会资本的网络媒介研究》，武汉：武汉大学出版社，2014，第 86 页。

③ 周宇豪：《作为社会资本的网络媒介研究》，武汉：武汉大学出版社，2014，第 63 页。

④ 邓建国：《Web 2.0 时代的互联网使用行为与网民社会资本之关系考察》，博士学位论文，复旦大学，2007；邓建国：《强大的弱连接——中国 Web 2.0 网络使用行为与网民社会资本关系研究》，上海：复旦大学出版社，2012。

研究基于符号互动论与交往行为理论，将线上与线下的表演行为作为整体进行了动力学研究，深入观照了新媒介技术和传播情境的改变给个体心理过程带来的影响。研究认为，网络社会中的个体、地位群体和舞台三者之间的互动是一个动态过程，为了唤起集体在场的陌生人的“注意力”所交换的声望和认可，微博客们基于微博这样的“注意力机制”舞台，展示自我内在。在互动过程中，以互联网作为中介的互动，使得使用者对互动对象的选择的指向性更为清晰。加上国内微博客通过“实名认证”平移了线下社会科层，让使用者更倾向于与行业领袖、社会名人、明星等发生联系，“微博客舞台的分层进一步发生深化”。[①]

与陈静茜的观点类似，李林也将社交媒体视为一个“强大的公共表演舞台”，并明确提出社交媒体的出现带来了社会资本与人脉圈子的重构。在这个“舞台”上，“人们的社会阶层与主体属性被重新标识，新的交往关系按照权力与资本所铺设的逻辑被源源不断地生产出来”，“各种微文本形态行走其中，灵动又不失深刻，精练又不失智慧，召唤着人脉、圈子等看不见的社会资本。人们关注、发布或者转发一条微博，已不是一个普通的传播行为，而是一个指向人脉圈子构建的社会学行为”。[②]“在社会化媒体平台上，圈子是由关注数、转发数、粉丝数等数字内容共同搭建的一种象征关系，个体的话语影响力实际上还原为这些数字关系的较量。”[③]“对权力进行数字化表征的同时，社会化媒体同样激活并征用了现实生活中那些温情脉脉的细节与纹理，使得媒介化圈子得以进入现实交往的深层结构。”[④]该研究提出了很多有价值的观点，但限于篇幅，对具体观点没能展开深入论证与剖析。

此外，值得关注的是刘涛对于空间理论的一系列思考，对于理解社交媒体与社会资本的关系也很有启示作用。他认为，“空间是权力实施的场

---

① 陈静茜：《表演的狂欢：网络社会的个体自我呈现与交往行为——以微博客使用者之日常生活实践为例》，博士学位论文，复旦大学，2013。

② 李林：《媒介化生活的社交圈子与人际关系重构》，《中国社会科学报》2013年3月6日，第B04版。

③ 李林：《媒介化生活的社交圈子与人际关系重构》，《中国社会科学报》2013年3月6日，第B04版。

④ 李林：《媒介化生活的社交圈子与人际关系重构》，《中国社会科学报》2013年3月6日，第B04版。

所与媒介”，而“社会化媒体深刻改写了整个社会的空间体验和空间结构，即从中心空间到边缘空间、从静态空间到移动空间、从生产性空间到消费性空间、从线性结构空间到拓扑结构空间”。[①] 他还指出，“在社会化媒体普遍而深刻的‘过度分享’趋势中，现代社会进入了一种‘共视社会’……社会化媒体打破了传统媒体对‘可见性生产’的垄断地位，人脉在‘过度分享’之中不断界定并获得自己的可见性”[②]。在他看来，“人们窥视他人和暴露自己变成一个同步进行的‘共赢’的过程，这使得‘观看’不再是对个体的压制，而是个体步入公共生活、获得主体意识的积极的空间实践”[③]。“他人的关注、赞许、转发、收藏等被描述为一种‘象征利润’，以一种极为逼真的方式重新确认自我身份与社群关系。”[④]

应该说，大多数研究者认同，“社交网站的出现改变了人们的沟通模式和交友方式，将现实生活中的好友复制到了虚拟的网络空间中，又在处于不同国家和地区的人之间建立了新的连接，它已经成为人们交友和维持人际关系的一个重要平台，是人们寻求社会资源和社会支持的一个重要渠道”[⑤]。但也有学者在针对人人网进行考察后质疑了SNS网站基于“六度空间”理论提出的理想：SNS网站是否能帮助人们维护并同时扩张自己的社交圈，通过建立广泛的“弱连接”，提升个人及整个社会的资本量。庄佳婧认为，“所谓‘弱连接’同时拓展社交圈的概念尽管非常诱人，但是距离成为现实还有相当的距离，SNS网站尚只有‘维护社交圈’的作用”，“对于拓展人际网络乏善可陈”。[⑥] 这一观点也提请本研究关注：微信作为新时代的社交工具，在拓展人脉、维护社交圈中的表现又当如何？

---

① 刘涛：《社会化媒体与空间的社会化生产：福柯“空间规训思想”的当代阐释》，《国际新闻界》2014年第5期，第48~63页。

② 刘涛：《社会化媒体与空间的社会化生产：福柯“空间规训思想”的当代阐释》，《国际新闻界》2014年第5期，第48~63页。

③ 刘涛：《社会化媒体与空间的社会化生产：福柯“空间规训思想”的当代阐释》，《国际新闻界》2014年第5期，第48~63页。

④ 刘涛：《社会化媒体与空间的社会化生产：福柯“空间规训思想”的当代阐释》，《国际新闻界》2014年第5期，第48~63页。

⑤ 李景辉：《社交网站使用对线上社会资本的影响研究》，硕士学位论文，兰州大学，2013，第36页。

⑥ 庄佳婧：《拓展人脉还是维护关系——社会资本视野下的SNS网站研究》，硕士学位论文，复旦大学，2010。

综观现有文献，可以说“媒介与社会资本”已经初步构成了传播社会学研究的主题，并形成了丰富的研究成果。但这些研究仍有不足之处：在研究对象的选择上，大多数研究是以大学生为样本进行的调查，而有关职场人士特别是新中产阶层的社交媒体使用的深度调查仍暂付阙如。在研究聚焦的社交媒体类别上，微信作为新型的社交媒体工具，因其众多的功能与特性，已经成为包括中产在内人们的一个重要的社交工具，但当前尚无相关成果，即使有涉及也只是蜻蜓点水，一带而过。在研究方法上，绝大多数研究采用的是以定量为主的研究方法，有关社会资本的测量则多引介国外的测量指标，如人际交往、人际信任、社会参与、生活满意度等。但是，这些指标是否符合中国国情，是否有助于理解中国语境下的社会资本仍值得商榷。此外，虽然一些研究也结合了深度访谈等定性研究方法，但由于将重心放在了对上述定量研究的解读与补充，反而受数据之累。要了解新媒介技术对社会的影响，若对象选择不明，泛泛而谈，难免会有论述不清的问题。此外，对于社交媒体与社会资本背后所蕴含的机制也缺少系统深入的梳理。

在新的社交媒体环境中，作为职场人士，新中产阶层的社交媒体使用有什么样的特征？这些使用特征会如何影响他们的社会交往与社会关系？这些网络社会交往是否都能构成新中产阶层的社会资本？什么样的行为能为其带来社会资本的生产与再生产？这一系列的问题，恰恰串起了剖析社交媒体对于人们的社会资本建构的红线。

三　研究对象与研究方法

社会学家布迪厄认为，量化研究是用粗笔描绘事件，虽然粗略却完整，不过，通常只观察到了现象，却无法探知事件背后的影响。质性研究则比较适于揭示现象之下的意义，给出问题背后的解释。传播学家丹尼斯·麦奎尔（Denis McQuail）也指出，抽样调查的方法不可避免地会消解受众群体与社会网络之间的复杂联系，只能生产有关个体受众的总体信息，进一步强化将受众行为视为个体消费活动产物的趋向，受众的群体特征被忽视或者完全湮灭。[①] 本研究主要是在戈夫曼的拟剧理论、梅罗维茨

---

① McQuail D., *Audience Analysis* (London: Sage Publications, 1997), p. 22.

的媒介情境理论的分析框架下对社交媒体对于社会资本的建构展开论述，即对以微信为代表的社交媒体的发展环境、新媒体环境下人的角色的改变，以及由此产生的相应行为进行分析。因而选择在遵循严格的质性研究程序的基础上，主要采用半结构式访谈、观察法和案头分析法。

（一）半结构式访谈（Semi-Structured Interviews）

本研究旨在理解新中产阶层社交媒体的使用是如何建构其社会资本的，因而，通过深度访谈除了试图获取中产阶层使用社交媒体的一般行为，更注重获取不易通过问卷反映出来的社交媒体使用背后的态度、动机以及对社会交往的影响。就像一位质性研究者所言，通过访谈得到的是“有灵魂的数据”。本研究的半结构式访谈严格遵循对新中产人群的界定，进行样本选择。需要指出的是，本研究的深度访谈分两个阶段进行，第一阶段主要就以下内容对被访者进行访谈：社交媒体的使用行为（时间、时长、频次、内容偏好、互动习惯）、使用动机、对社交媒体的评价；日常生活中的人际交往状况（社交圈的数量、大小，所处社交圈的位置）；网络交往状况（社交媒体中的朋友圈规模、结构、成员关系强弱、群数量、群大小、群结构、互动内容与频次），以及线上与线下交往的互动与身份认同；等等。通过第一次访谈，笔者添加了大部分访谈对象的微信，并对访谈对象发布的微信内容进行观察。第二阶段根据访谈对象发布的微信内容进行观察并做补充访谈。访谈内容主要涉及更具体的媒介使用行为背后的心理动机。例如，为什么会使用某种类型的头像？觉得自己换不同头像时，会对自己与其他人的网络交往有影响吗？为什么会选择发某条信息，发布这条信息时会帮助他或她与哪些人产生互动呢？等等。

1. 访谈对象的选择

在半结构式访谈中，访谈对象的选择不依赖于抽样样本，而是根据研究问题的需要，有目的、有意识地选择访谈人群。本研究通过滚雪球的方式，请朋友帮助介绍符合新中产界定的访谈对象，并通过被访者再介绍，共进行面对面访谈31例。接受访谈的对象均同意对访谈过程进行录音，并整理成文字稿。所有访谈对象均有翔实的访谈日志与笔记。为了保护受访者的身份，在涉及受访人信息时，以个案代码 + 被访者姓氏大写首字母进行编码，例如个案 N + X 女士/先生，具体见表1-2。

表 1－2　半结构式访谈名单

序号	姓名	性别	年龄（岁）	北京本地/移民	职业/职务	行业	单位性质
1	C 女士	女	42	移民	证券公司经理	金融	民营
2	G 女士	女	37	移民	航空公司经理	交通运输	外企
3	L 女士	女	40	本地	口腔医院医师及股东	医药卫生	私企
4	L 先生	男	35	移民	科员	公共管理与社会组织	国家机关
5	W 先生	男	47	移民	处长	公共管理与社会组织	国家机关
6	Z 女士	女	33	本地	茶艺馆馆主	商业	个体
7	G 先生	男	40	移民	大学副教授	教育	事业单位
8	Z 先生	男	50	本地	律师	律师	私营
9	H 女士	女	47	本地	律所合伙人	律师	民营
10	W 先生	男	36	移民	公司高管	医药卫生	外企
11	L 先生	男	34	移民	工程师	能源	国企
12	C 女士	女	47	移民	家居设计师	家居	私营业主
13	F 女士	女	47	本地	舞美设计师	艺术	事业单位
14	W 女士	女	47	本地	装饰公司设计师	装饰工程	外企
15	H 先生	男	36	移民	医生	医药卫生	事业单位
16	L 先生	男	30	移民	干部	公共管理与社会组织	事业单位
17	Z 女士	女	41	移民	空乘	交通运输	国企
18	Z 先生	男	37	移民	财务总监	金融	国企
19	B 女士	女	38	移民	专职妈妈	美容化妆	私企
20	Y 女士	女	43	移民	职员	能源	国企
21	L 女士	女	37	移民	资深媒体人	媒体	自媒体
22	L 先生	男	46	本地	中学教师	教育	事业单位
23	Z 女士	女	31	移民	媒体/代购	微商	自由职业者
24	W 先生	男	37	移民	电视台研究员	媒体	事业单位
25	H 先生	男	45	本地	意大利奢侈品品牌大中华区合伙人	奢侈品	外资
26	W 女士	女	27	移民	测试工程师	互联网	民营
27	L 先生	男	23	本地	外企销售经理	互联网	外资
28	G 先生	男	47	移民	干部	能源	国企
29	W 女士	女	40	移民	大学讲师	教育	事业单位
30	L 女士	女	57	本地	干事	慈善	NGO 组织
31	L 先生	男	31	移民	部门负责人	网游	民营/上市

（1）年龄分布

据2007年《北京中产阶级的现状与特征》调查报告，中产阶层的绝大多数成员为中年人，主要集中在30~59岁。其中，30~39岁的占比为30.19%，40~49岁的占比为24.38%，50~59岁的占比为22.99%，30岁以下及60岁以上的分别占8.59%与13.85%。本研究访谈的对象年龄基本在这些区间内。

（2）性别分布

根据《北京中产阶级的现状与特征》，北京中产阶层的男女性别比例为50.97∶49.03，男性略高于女性。本研究访谈对象的男女比例也基本与之相符。

（3）职业分布

在职业方面，新中产阶层被界定为：领薪水的专业技术人员、企事业单位管理人员、中高级行政办公人员。本研究访谈对象主要为党政/事业单位领导干部（2名）、党政/事业单位一般干部（1名）、国企管理人员（3名）、外资企业管理人员（3名）、民营企业管理人员（1名）、科研人员和教师（3名）、文化传媒专业人员（4名）、经济/司法专业人员（2名）、工程技术专业人员（4名）、医药卫生专业人员（2名）、个体工商户（2名）、自由职业者（3名）、NGO组织干事（1名）。

（4）受教育程度分布

受过高等教育是新中产阶层的典型特征，本研究访谈对象除1位女士早年高中毕业进入航空公司外，其他均受过大专及以上教育，这也反映出新中产阶层受教育程度高的典型特征。其中，受过大专教育的有5位，受过本科教育的有7位，受过硕士研究生教育（含MBA及EMBA）的有12位，取得博士学位的有6位。

2. 访谈开展及形式

为了找寻研究焦点，本研究于2014年9月在北京做了5个试访谈。随后根据预调查者的访谈情况，对调查问题进行了微调，正式访谈于2015年2~5月在北京展开。大多数的被访者是由笔者的朋友和熟人介绍的，除个别有过一面之缘外，大多数不认识。

（1）访谈时间

第一次访谈的时间平均在2~3小时，第二次访谈控制在半小时以内。

对个别被访者进行了三次以上的访谈。为了使被访者放松，在访谈中间往往会穿插与访谈关联较弱的日常生活话题。在此基础上，对被访者就关键问题进行交流与追问。

（2）访谈地点

访谈地点大多安排在被访对象的工作单位、工作地点或居住地附近的咖啡馆，以便被访者放松交谈，同时无须顾虑时间。

（3）访谈形式

访谈形式主要是面对面、一对一的访谈。访谈为半结构式访谈，即在准备好的问题框架下，与被访者展开即兴交谈，并根据谈话内容进行追问。访谈双方的关系是平等、互动的，在个别访谈中，会有互相激发的思考与讨论。

（4）访谈内容

访谈中，笔者会适时做笔记，对被访者提到的重要观点，或者出现的某个有意味的表情或动作进行记录，访谈结束后对访谈录音进行文字整理，最后对录音整理文件进行标注与分析，旨在得出新中产阶层个体在微信等社交平台上的自我呈现、交往行为、线上交往与线下交往、社交媒体使用与社会资本建构的关系模式。

（二）案头调研

主要是根据本研究的问题，针对各种市场调查公司、专业机构发布的新媒体使用、社交媒体使用等相关调查报告进行收集、筛选。如WPP集团旗下凯度公司（Kantar）发布的《2014中国社交媒体影响报告》《社交媒体用户与城市居民比较》，零点调查发布的《网络生态环境发展状况调查》等报告。这些调查报告与研究课题的要求有较大差别，因此在使用时主要是宏观数据的补充。

（三）参与观察法

借鉴虚拟民族志研究[①]设计，本研究对微信的中产使用者分别进行了跟踪观察。通过添加访谈对象的微信，作为朋友，对其发布的微信使用行

---

① 它是以网络虚拟环境为主要的研究背景和环境，利用互联网的表达平台和互动工具来收集资料，以探究和阐释互联网及相关的社会文化现象的一种方法。该定义来自卜玉梅《虚拟民族志：田野、方法与伦理》，《社会学研究》2012年第6期，第217~236页。

为及发布的内容进行观察。例如，对其头像使用、昵称、发布内容及频次进行收集和记录。针对有些内容，可使用截图、收藏等方式进行完整记录。为了保证与受访对象的真诚交流，研究者也将自己的微信朋友圈对受访者开放（将“不让他看我的朋友圈”选项关闭），以保证彼此的信任。此外，针对非访谈对象，但符合新中产阶层界定的笔者微信朋友圈的朋友的微信使用行为进行观察和参考。

第二章

关键概念及基础理论

一　新中产阶层

新中产阶层概念的界定，关系到全书的论述与分析，而对其进行界定，首先需要了解经典分层理论对中产阶层的论述。其次，才能在中产阶层概念厘定的基础上界定新中产阶层。

（一）古典分层理论对中产阶层的论述

“分层”是地质学的概念，社会学家借用这一词对不平等的社会结构进行描述，并提出了“社会分层”的概念。虽然对于社会分层现象，一直存有争议，但不管是功能论还是冲突论都承认社会是有分层的。其中，有关社会分层最有影响力的理论范式包括卡尔·马克思的社会阶级理论范式、马克斯·韦伯的多元分层理论范式，以及埃米尔·涂尔干的功能主义理论范式。

卡尔·马克思（Karl Heinrich Marx）的阶级理论以生产资料的占有关系（生产领域的社会关系）为阶级划分标准，也就是说，是否占有生产资料是划分阶级的决定因素。马克思认为，在某一特定的社会生产方式中，只存在两个主导的阶级，即统治阶级和被统治阶级。在他的论著中，没有关于“中产阶级”的直接陈述，而是以“中间等级”“中间阶级”进行表述，如“除了资产阶级和无产阶级以外，现代大工业还产生了一个站在它们之间的类似中间阶级的东西”[①]，以及在《共产党宣言》中，“以前的中

① 《马克思恩格斯全集》第十六卷，北京：人民出版社，1964，第75页。

间等级的下层，即小工业家、小商人和小食利者，手工业者和农民——所有这些阶级都降落到无产阶级的队伍里来了”[1]。也就是说，中间等级是少量占有生产资料的阶层，而非一个阶级。

不同于马克思的经济因素决定论，韦伯（Max Weber）的多元分层理论以经济地位、社会声望、政治权利作为阶级划分的要素。根据韦伯给阶级下的定义，他将社会结构划分为特权阶级（占有财产的阶级，如拥有土地和房产的人；具有技能资格和经营商贸的阶级，如企业家、商人、银行家、专业人员等）、没有特权的阶级（没有财产特权的阶级，如不自由的人、下等人、贫民；没有商业特权的阶级，如技术工人、半技术工人、无技术工人）以及“中产阶级”，如农民、手工业者、公共和私营部门的官员、自由职业者和具有文凭证书和技能的工人。[2] 在上述划分中，是否拥有专业技能也成为衡量的一个重要标准。

涂尔干（Emile Durkheim）的研究并不关注阶级区分等一般性的社会分层问题，而是着重研究劳动分工、职业分化和社会分化现象。在他的《劳动分工论》一书中，几乎看不到“阶级”等词语，但他的研究对社会分层具有深刻影响，凸显了职业在社会分层和阶级区分中的作用。到20世纪四五十年代，美国结构功能主义代表塔尔科特·帕森斯（Talcott Parsons）在韦伯理论的基础上，提出声望分层理论，将社会声望作为社会分层的重要维度，但他所谓的社会声望，主要是以职业地位来确定的。在他看来，个人的财富、权利和声望都依赖于其所拥有的职业。持有相同观点的，还有美国社会学家布劳和邓肯[3]，以及英国社会学家戈德索普。他们都将职业作为阶级划分的基础。

在古典分层理论中，对分层分别提出了相应的标准，无论是以经济资源为标准，还是以职业分化为标准，或以经济、权力、声望为标准，都是以社会上最有价值的资源作为划分标准，而处于占据各种资源中间位置的阶层即所谓的“中产阶层”或“中间阶级”。划分标准不同，占据中间位

---

① 《马克思恩格斯选集》第一卷，北京：人民出版社，2012，第408页。

② Max Weber, *Class, Status and Power: Social Stratification in Comparative Perspective*, edited by Reinhard Bendix and Seymour Lipset（New York: The Free Press, 1966）, p. 21.

③ Peter M. Blau, & Oliver D. Duncan. *The American Occupational Structure*（New York: John Wiley & Sons, 1967）.

置的人员构成有显著差异。

（二）现当代社会分层理论中对新中产阶层的界定

二战结束后，西方各国经济开始复兴和增长，社会结构发生深刻变化：蓝领工人阶级逐渐衰落，发端于19世纪末第二次工业革命的新中产阶级迅速崛起。[①] 正如达伦道夫（Ralf Dahrendaorf）指出的，老中产阶级（手工业者和小店主）在衰落，但由经理人员、专业人员、非体力工人组成的新中产阶级正在发展壮大。[②] 这一时期，现代社会分层理论也随之形成，由马克思的阶级理论发展出来的“新马克思主义学派”，以及由韦伯的多元分层理论发展出来的“新韦伯主义理论”在论及分层时，对新老中产阶级进行了区分。

新马克思主义学派的马丁·尼古拉斯（Martin Nicolaus）对马克思的阶级理论进行修正和重构，提出了“新中产阶级”一词。他认为，股份公司、大规模生产以及帝国主义的兴起，造就了一个全新的阶级，即新中产阶级，也被他称为“剩余阶级”（Surplus Class）。他们居于工人和资本家之间的位置，由秘书、办公室职员、销售人员、律师、工程师等构成。他们不拥有资本，但服务于资本运作；不从事商品生产，但创造剩余价值，是一个消费剩余价值的阶级。[③]

希腊学者尼科斯·普兰查斯（Nicos Poulantzas）则将新中产阶级命名为“新小资产阶级”（New Petty Bourgeoisie），指出其具有非生产性的特征。[④] 他将资产阶级和无产阶级之外的阶级称为“小资产阶级”，而这一阶级又分为“新小资产阶级”与“旧小资产阶级”，前者主要由管理人员和专业技术人员构成，后者主要由小商人、小贩、小农和手工业者等构成。“新”与“旧”的区分主要在于，在经济上，“新小资产阶级”不占有生产资料，靠工资谋生；在政治上，对他人有一定的支配权；在意识形态

① 吴浩：《新中产阶级的崛起与当代西方社会的变迁》，《南京师大学报》（社会科学版）2008年第5期，第26～32页。

② Ralf Dahrendaorf, *Class and Class Conflict in Industrial Society* (Stanford University Press, 1959).

③ Martin Nicolaus, "Proletariat and Middle Class in Marx: Hegelian Choreography and the Capitalist Dialectic," *Studies on the Left*, 1967, 7: 22－49. 转引自李春玲、吕鹏《社会分层理论》，北京：中国社会科学出版社，2008，第88～89页。

④ Nicos Poulantzas, *Classes in Contemporary Capitalism* (London: Verso, 1974).

上，从事脑力工作，使资本对劳动的统治管理合法化。

法国学者马勒（Mahler）认为，二战后的社会发生了巨大变化，工人内部的结构发生变化，出现了“新工人阶级”，他们包括受过高度训练的工人、科研人员、技术人员、管理人员、工程师和科学家。这一阶级人员的构成与其他学者命名的“新中产阶级”有着高度的重合性。

意大利的古格里尔莫·卡切蒂（G. Carchedi）在分析资本的职能时，观照到了“新中间阶级”的存在。他认为，资本呈现的是一种总体职能，这种职能不再集中在资本家阶级身上，而是分散在不占有生产资料的人身上。也就是说，总体资本的职能不再由资本家阶级完成，而是由其他阶级来完成，这个阶级就是“新中间阶级”。[①] 中间阶级分为“新中间阶级”与“老中间阶级”，区分的要素有三个：一是是否掌握生产资料，二是完成资本职能的情况，三是角色扮演的情况——既是劳动者又非劳动者，既是剥削者又是被剥削者。在他看来，“新中间阶级”仅指工厂企业的中下层管理人员。

美国学者芭芭拉·艾伦莱克（Barbara Ehrenreich）认为，发达资本主义国家出现了一个新的阶级——“专业－管理阶级”。这个阶级主要是指不占有生产资料的、拿薪水的脑力劳动者，如中级管理人员、工程师、文化工作者、科技人员。他们受雇于资本，并管理、控制与支配劳动。[②]

从韦伯的多元分层理论发展而来的社会学者，则多以职业为评析的基点，对以“白领”为代表的新中产阶层的出现进行分析。其中，C. W. 米尔斯（Charles Wright Mills）的《白领——美国的中产阶级》一书最有代表性。米尔斯认为，老式中产阶级拥有财产，而新中产大多没有可供运营的财产，以领取薪水为生，由专业技术人员、经理、市场营销人员、办公人员等构成。

总体来看，西方学者关于“新中产阶层”的界定，仍然是基于古典分层理论，对社会结构变迁的一种回应，职业与专业技能是分析的框架，而拥有生产资料与否是其与老中产阶层分类的界限。

---

① 汪浩鸿：《“新中间阶级”理论及其意义》，《经济与社会发展》2009年第3期，第73～76页。

② Barbara Ehrenreich, & John Ehrenreich，《专业－管理阶级》，《激进美国》1976年第8期，转引自沈瑞英《矛盾与变量：西方中产阶级与社会稳定研究》，北京：经济管理出版社，2009，第11页。

（三）中国学者对中产阶层及新中产阶层的界定

在中国，经济学家和政府往往以个人与家庭收入作为标准来衡量中产阶层。目前，学术界与民间仍沿用十年前国家统计局提出的标准，即年收入在6万~50万元的城市家庭被定义为中等收入群体。然而，收入显然不足以涵盖中产阶层的特征，以及该阶层所拥有的其他资源（资本）。

李友梅、刘欣等人主要以职业及职务级别作为划分标准，认为职业往往能包含收入、学历、声望等多项指标。还有更多学者趋向于使用综合指标对中产阶层进行判定，如李春玲综合了收入、职业、消费水平及自我认同等指标；周晓虹、李培林、张翼等学者则从收入、职业、教育三个维度进行划分。

基于以上对中产及新中产阶层界定的梳理，本研究也以拥有生产资料与否作为划分新旧中产阶层的界限，以职业为核心指标，综合收入、受教育程度等多元指标，将新中产阶层界定为受过高等教育、领取薪水的专业技术人员、管理人员，以及中高级办公室行政人员。具体来看，按照中国社会状况综合调查（CSS）的职业编码表，本研究将“国家机关、党群组织、企事业单位负责人”、“专业技术人员”，以及“办事人员与有关人员”、“商业/服务业人员”中收入超过社会平均水平、学历在大学专科以上的人员划入新中产阶层研究的范畴。

根据北京市统计局、市人力社保局发布的数据，2014年北京市职工平均工资（又称社会平均工资）为77560元，月平均工资为6463元。工资的统计范围包括国有、集体、联营、私营、股份制经济、外商投资及港澳台商投资单位、个体工商户、灵活就业人员。[①] 由此，本研究将人均收入7万元确定为北京市中产收入标准的底线。

需要指出的是，按照以上对新旧中产阶层的界定，商人、企业家等作为生产资料的拥有者被纳入老中产阶层。虽然作为现代市场经济的主体，他们中很多是受过高等教育，掌握先进科学技术的学者型、专家型的现代商人和中小企业家，但是，从总体来看，作为一个独特的群体，商人群体

---

① 《北京市人力资源和社会保障局北京市统计局关于公布2014年度北京市职工平均工资的通知》，http://www.bjrbj.gov.cn/LDJAPP/search/zxfgcletail.jsp? no=201506051617089905，最后访问日期：2018年9月10日。

构成复杂，内部有着极大的差异，既有上述提到的现代儒商，也有自改革开放之初，凭借敏锐的市场洞察力和过人胆识，从小商品、小买卖做起的传统商人。后者虽然有着敬业、乐业的精神，但大多文化程度不高。因此，要将这一群体与新中产阶层一并纳入研究的对象，反而不利于研究的开展与问题的解答。因此，本书仅将研究锁定在职业、行业差异虽大，但共性相对较多的新中产阶层。

二 社会资本

（一）西方学者对社会资本的界定

“资本”是一个经济学的基本概念，是一种基本生产要素。根据汉语字典的解释，它是用来生产或经营以谋利的生产资料和货币，也用来比喻谋取利益的凭借。[①] 由此演绎，资本可作为人类谋取物质、精神等各种利益的资源总称。

资本的提出最早可追溯到马克思。他认为，资本是能够产生利润的那部分剩余价值，只有资本家才拥有生产剩余价值的资本，劳动者只能获得赖以生存的工资。然而，亚当·斯密（Adam Smith）认为，个体劳动者也可以拥有资本，即劳动者所有获得的、有用的能力，如通过教育、培训及经验获得的知识与技能。美国经济学家舒尔茨（Theodore W. Schultz）等人则明确提出“人力资本”的概念，强调了知识和技能可生产剩余价值的价值。作为对人力资本的回应，社会学家、政治学家则从人与人之间的互动层面，提出“社会资本”（Social Capital），强调“非经济的社会关系”对经济增长和社会发展的影响。但是，社会学家和政治学家的视角不同，对社会资本的界定就存在较大分歧。

法国社会学家皮埃尔·布迪厄（Pierre Bourdieu）是第一位在社会学领域对社会资本进行分析的学者。在他看来，资本具体可以分为经济资本、文化资本和社会资本。所谓社会资本就是“实际的或潜在的资源集合体，这些资源与所拥有的持久网络有关，而且这些网络或多或少是制度化的相

---

① 中国社会科学院语言研究所词典编辑室：《现代汉语词典》（2002 年增补版），北京：商务印书馆，2004，第 1662 页。

互默认或承认的关系”[①]。

美国社会学家詹姆斯・科尔曼（James S. Coleman）从微观和宏观相结合的角度对社会资本进行研究，旨在通过社会资本研究社会结构。他认为，“社会资本的功能体现为人们可以实现个人利益价值的社会结构资源”[②]。也就是说，社会资本是有助于人们实现个人利益的社会结构资源。如果没有社会资本，目标则难以实现或者必须付出极高的代价。但是，这一定义以结果作为衡量原因的方式意味着，社会资本的潜在原因只能通过结果来获得。

在科尔曼的基础上，罗伯特・普特南（Robert D. Putnam）将社会资本从个人层面提升到集体层面，从公民参与的角度论断社会资本不再是个人拥有的资源，而是团体甚至国家拥有的财富。普特南这样定义社会资本，“是诸如信任、规范和网络的社会组织特征，能够通过协调行动来提高效率”[③]。与其说这是有关社会资本的定义，不如说是对社会资本具有的特征和功能的梳理，为社会资本的测量提供的参照：信任、互惠和合作；推动社会行动。这种定义容易出现个体替代总体以及彼此相互定义的问题，例如，信任是社会资本等。但是，值得关注的是，普特南在《独自打保龄》一书中，将社会资本分为两类：黏结性社会资本（Bounding Social Capital）与桥接性社会资本（Bridge Social Capital）。前者是指紧密联系的“强连接”关系（strong tie），能够转换成高成本形式的人力资本和有形资本；后者多与“弱连接”关系（weak tie）相关，有助于获取新异的信息和多元的视角。[④]

华人社会学家林南（Nan Lin）则在社会资源理论[⑤]的基础上，将社会

---

① Bourdieu P.，“The Forms of Capital，” in Richardson J.，ed.，*Handbook of Theory and Research for the Sociology of Education*（New York：Greenwood，1986），pp. 241 – 258，251.

② Coleman J. S.，“Social Capital in the Creation of Human Capital，” *American Journal of Sociology*，1988，(94)：95 – 120，101.

③ Putnam R. D.，*Making Democracy Work*：*Civic Tradition in Modern Italy*（NJ：Prenceton University Press，1993）.

④ Putnam R.，*Bowling Alone*（New York：Simon & Schuster，2000）.

⑤ 林南将每个人拥有的资源分为个体资源与社会资源，个体资源是指个人所拥有的可以为个人所支配的资源，包括对物质和符号物品的所有权，如财富、体魄、知识、地位等；而社会资源则是指嵌入个人社会网络关系中的资源，如权力、声望和财富等，是一种只有在人与人之间的社会交往中才能具备的资源。

资本定义为“在目的性行动（purposive action）中被获取的和/或被动员的、嵌入社会结构中的资源”[①]。其概念的前提是，“期望在市场中得到回报的社会关系投资”[②]。在他的定义中强调了资源的结构性嵌入，以及人的行动能动性。林南将社会行动区分为工具性行动与情感性行动，前者是指获取不为行动者拥有的资源，带来的回报是经济、政治和社会回报；后者是指维持已拥有的资源，获得的回报是身心健康、生活满意。由于林南的社会资本定义具有更多的可操作性，因此很多研究者在进行社会资本实证研究时，将工具性回报和情感性回报也作为了测量的重要维度。

虽然社会学家们对于社会资本的定义和描述有差异，但无论是布迪厄、科尔曼，还是林南等都认为，社会资本是通过社会关系获得的资本，由嵌入社会关系和社会结构中的资源组成。

（二）中国学者对社会资本概念的界定

中国学者对于社会资本的界定主要划分为能力说、资源说、社会网络说、综合论。

能力说的代表学者边燕杰认为“社会资本是指个人通过社会联系，摄取稀缺资源并由此获益的能力”[③]。其所界定的稀缺资源包括权力、地位、财富、资金、学识、机会、信息等。他的界定强调的是个体所具有的社会联系能力。

资源说的代表学者如赵延东，他从可操作化的测量方法入手，将社会资本界定为“通过社会网络可获得的社会资源的总和”[④]。具体操作化为个人所拥有的父母、配偶、亲戚、朋友的数量，以及这些人的职业与职务结构。此外，张广利也认为，“社会资本是个人或组织为实现一定的目标，能够调动和利用的嵌入其所拥有的社会关系网络中的各种社会资源，包括

---

① 林南：《社会资本——关于社会结构与行动的理论》，张磊译，上海：世纪出版集团、上海人民出版社，2005，第 28 页。

② 林南：《社会资本——关于社会结构与行动的理论》，张磊译，上海：世纪出版集团、上海人民出版社，2005，第 18 页。

③ 边燕杰、丘海雄：《企业的社会资本及其功效》，《中国社会科学》2000 年第 2 期，第 87 ~ 99 页。

④ 赵延东：《社会资本与教育获得——网络资源与社会闭合的视角》，《社会学研究》2012 年第 5 期，第 47 ~ 68 页。

权力、资金、保障、信息、机会、劳力、决策、合作等"[1]。虽然两种界定都将落脚点放到了"社会资源"上，但一个是将社会资源作为社会资本动员的手段，另一个则将社会资源作为社会资本的目标和结果。

张其仔将社会资本定义为社会网络，一方面指称其为"一种最重要的人与人之间的关系"；另一方面又将其视为资源配置的一种重要方式。[2] 还有一些学者从多元维度将社会资本综合为以下四个方面，如社会成员之间相互关联的网络、社会参与、人际信任、群体规范。

综合国内外学者关于社会资本的界定，虽然角度不同，但均指出了社会资本与社会网络关系相关。本研究采用林南的定义，认为"社会资本是一种嵌入社会结构中的、可以通过目的性行动来摄取或动员的资源"，即社会个体（行动者）所拥有的能够帮助其实现工具性或情感性目标的社会网络。

（三）社会资本的测量

学者们切入研究的角度不同，形成了观点各异的社会资本概念，这些概念进而引发不同的测量指标。例如，布迪厄提出可以从以下两个维度测量个体所拥有的社会资本，即群体和网络规模及成员所拥有的资本存量。科尔曼则将社会资本分为五种表现形式，如义务与期望、获取有用信息的信息网络、规范和有效惩罚、权威关系、多功能组织和有意创建的社会组织。由此，其考量社会资本的要素为信任、规范、准许、权威和封闭。而普特南的测量指标则如上文所析，其定义就为社会资本的测量提供了参照，即信任、互惠和合作，以及推动社会行动。威廉姆斯则发展了一套网络社会资本量表（Internet Social Capital Scales，ISCS），从不同维度对社会资本进行测量，如"与更广泛的社区互惠交流"、"获得稀缺资源"及"交往人群更广泛"。[3] 他试图通过测量探寻普特南曾提出的"黏结性资本"与"桥接性资本"。从总体来看，学者们主要是从个体性与群体性两

---

① 张广利、陈仕中：《社会资本理论发展的瓶颈：定义及测量问题探讨》，《社会科学研究》2006 年第 2 期，第 102 ~ 106 页。

② 张其仔：《社会资本论：社会资本与经济增长》，北京：社会科学文献出版社，2002。

③ Williams D.，"On and Off the Net：Scales for Social Capital in an Online Era，" *Journal of Computer-Mediated Communication*，2006，（11）：593 – 628.

个方面对社会资本进行测量。个体性方面主要是从社会网络规模进行测量，群体性方面主要是通过社会参与及人际信任进行测量。

基于以上研究，本书主要考察的是新中产阶层社交媒体使用对其社会资本影响的主观性测量。主观性社会资本的考察，主要是对社会资本的影响结果的态度测量。研究的总体测量依据林南的“投资—获得—回报”框架进行设计。

1. 社会资本投资的考察

投资主要考察的是新中产阶层作为嵌入社会结构中的行动者，如何通过社交媒体使用，对潜在有价值的社会资源（社会关系）进行投资。这些问题涉及：①在社交网络上沉溺的时间；②关注的频次；③互动的频次；④互动的内容；⑤自我呈现。在结构内部，新中产阶层处于中间位置，其文化与意识形态、教育层次、经济生产力等都会影响其对社会资本的投资与获取的机会。

2. 社会资本获得的考察

社会资本的获得是对新中产阶层获取和使用社会资源的考察，其中，社会资本的动员过程连接着获取与使用两个要素。可获取的社会资源主要是对新中产阶层行动个体在社交媒体上的社交网络数量、规模和结构的考察。具体如：①微信通讯录中成员的数量；②微信通讯录中成员的关系构成；③微信通讯录中成员身份（单位、级别、职业声望等）；④群的数量；⑤群的大小（人数）；⑥群成员的关系格局；⑦群成员身份（单位、级别、职业声望等）；⑧行动者在群中的角色；⑨群的关系紧密度。

为了对比社交媒体使用对线上与线下社交圈的影响，研究也同时考察行动者（新中产阶层）的线下社交圈情况：①最经常交往的朋友大概有多少个？②朋友、亲属、认识但不熟悉的人涉及的职业？③身边人的亲友比例、本地户口比例、同乡比例、外国人比例、性别构成比例？④对身边人的信任程度？

具体问题以对日常交往中亲友、本地户口、同乡、外国人及性别构成的比例考察进行衡量，关系的远近通过以下三个问题的递进来考察：闲暇时一起玩的人，相对来说交往比较密切，但可能属于泛泛之交；谈心的人未必经常在一起玩，但是信任感最强；帮助自己的人，关系相对来说比较复杂，应该是信任度比较高的社会网络关系。如在情感上帮助自己的，未必是比自己位高权重的人，但是在工具性上帮助过自己的人，则可能是比自己更有权力的人；经常接触的人则可能包括休闲娱乐之外的工作、同行等关系。

布迪厄认为，社会资本是"一种体制化的关系，不是一种由亲属关系和血缘关系建立起来的自然联系"，即指存在于工作、群体、组织中的关系。但在中国传统社会，社会资本是以核心家庭、血缘关系为主，是同质化的交际网络，是一种"强联系，强关系"。然而，中国现代社会虽仍受传统的影响，但已经发生改变，例如北京、上海、广州等特大城市，人口流动非常普遍，人们离开自己的亲属、血缘关系到大城市打拼，血缘在社会资本中的影响逐渐递减，地缘关系也不如传统社会那样影响显著，或者说中产阶层人群较少依赖于地缘关系的社会资本，而是建立起一种新的社会资本，与西方更接近，即人们往往通过异质化的交际网络，如社区参与完成社会资本的积累。因此，在本研究中使用表2－2对行动者的日常交往的制度性结构进行调查，既避免涉及个人的隐私，又可以适当了解被调查者的社会网络中不同地位和不同关系的人所提供的资源情况。同时，考虑到了血缘、地缘关系（此关系在表2－1、表2－2中体现）。

表2－1　日常交往人员构成情况

	过去一年是否有人	亲友比例	本地户口比例	同乡比例	外国人比例	性别构成比例
人群	1. 有 2. 没有 3. 不需要	1. 全是亲人 2. 大部分是亲人 3. 全是朋友 4. 大部分是朋友 5. 各一半	1. 全都有 2. 大部分有 3. 一半有 4. 少部分有 5. 都没有	1. 全都是 2. 大部分是 3. 一半是 4. 少部分是 5. 都不是	1. 有 2. 无	1. 都是男性 2. 大部分是男性 3. 大部分是女性 4. 都是女性 5. 各占一半
经常接触的人	—					
朋友	—	—				
帮助自己的人						
谈心的人						
闲暇时一起玩的人						

表 2－2　日常交往中的成员职业结构

职业名称	亲属		朋友		认识 但不熟悉的人	
	有	无	有	无	有	无
科学研究人员	1	2	1	2	1	2
法律工作人员	1	2	1	2	1	2
经济业务人员	1	2	1	2	1	2
行政办事人员	1	2	1	2	1	2
工程技术人员	1	2	1	2	1	2
政府机关负责人	1	2	1	2	1	2
企事业单位负责人	1	2	1	2	1	2
厨师、炊事员	1	2	1	2	1	2
饭店餐馆服务员	1	2	1	2	1	2
家庭保姆计时工	1	2	1	2	1	2
产业工人	1	2	1	2	1	2
大学教师	1	2	1	2	1	2
中小学教师	1	2	1	2	1	2
医生	1	2	1	2	1	2
护士	1	2	1	2	1	2
司机	1	2	1	2	1	2
民警	1	2	1	2	1	2
营销人员	1	2	1	2	1	2

3. 社会资本回报的考察

社会资本回报的考察主要是对于社会资本的主观性考察，是对社会资本带来的结果的了解。这个过程实际上是考察社会资本如何成为资本，或者说如何直接或者间接地影响了个体的政治、经济、社会资本，或者是身体、心理健康和生活满意。如图 2－1 所示，社会资本的回报可分为工具性回报和情感性回报：工具性回报是指新中产阶层通过人际交往和社交网络等建立起与他人的关系，获取额外的或新的资源，如有价值的信息、对工作开展的帮助等；情感性回报指新中产阶层通过同质性的互动，获得相似资源的认可、关心和信任等，通常表现在个体对自己的生活状态的主观感受，如身体健康、心理健康、生活满意。具体考察的内容为：①工具性行动结果的考察：a. 新关系的建立状况；b. 有价值的信息的获取情况；②情感性行动结果的考察，如生活满意度、人际信任等。

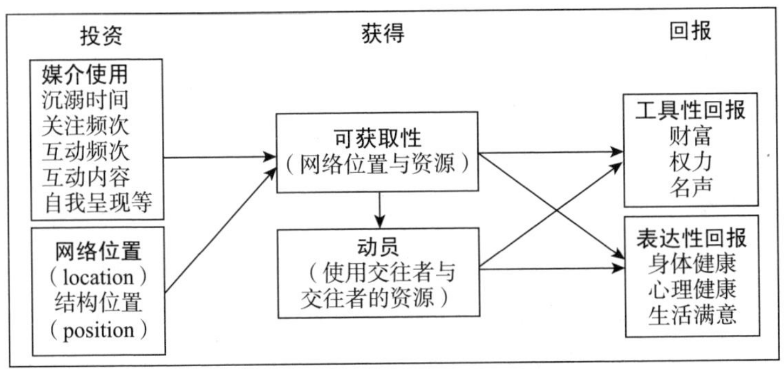

图 2-1　社会资本的测量模型

三　“场景-角色-行为”社会交往理论

林南在考察因特网与电子网络中的社会资本时提出，我们正在经历电子网络所代表的社会资本革命性上升的时代。电子网络所承载的资源超出了单纯的信息用途，不仅富含社会资本，而且成为参与者在生产和消费市场中目的性行动的重要投资。[①] 但是，参与者究竟是如何在电子网络中采取行动为其社会资本投资的，林南则没有分析。本书将借鉴戈夫曼的拟剧理论与梅罗维茨的媒介情境论，从“场景-角色-行为”的理论视角，对以微信为例的社交媒体形态下新中产阶层的社会行为进行研究，关注作为行动者的新中产阶层在新的电子网络空间中的社会资本投资、动员行为，以及由此可能带来的社会资本回报。

（一）社会交往理论谱系

1. 马克思对“人的本质”的解读

对人的社会交往的分析离不开对人的本质的理解，即人区别于其他一切事物的根本属性。在马克思主义哲学的框架下，“人的本质不是单个人

---

① 林南：《社会资本——关于社会结构与行动的理论》，张磊译，上海：世纪出版集团、上海人民出版社，2005，第 214 页。

所固有的抽象物，在其现实性上，它是一切社会关系的总和”[①]。

首先，马克思认为，人与动物的区别不在于它的自然属性，如吃、喝、性等表面可见的行为，而在于其社会属性。正如恩格斯指出的，“人类社会和动物界的本质区别在于，动物顶多是采集，而人则从事生产”[②]。而人类的生产不可能是一种孤立的生产，在生产活动中必然要结成一定的社会关系。也就是说，人之所以能够从猿发展到人，地理环境变化虽然提供了外部条件，但是，要战胜恶劣的自然环境，单靠个体的力量是无法实现的，只有结成一定关系的劳动才使得人与猿区分开。此外，人类要生存和发展，也必须解决衣食住行等问题，这些都有赖于有目的性的劳动创造，而在这种生产劳动实践的基础上，人就会产生一种动物所不具备的属性，即人的社会性。正如马克思分析的那样，“只有以一定的方式共同活动和互相交换其活动，才能进行生产。为了进行生产，人们相互之间便发生一定的联系和关系；只有在这些社会联系和社会关系的范围内，才会有他们对自然界的影响，才会有生产”[③]。

其次，人所具有的社会关系是基于物质生产形成的一个多层次的、复杂的结构总和，包括在生产基础上形成的政治的、法律的、道德的各种复杂的社会交往，以及由此形成的各种关系。但是，在所有的这些关系中，起决定作用的是最基本的经济关系，即人与人之间在物质资料生产过程中结成的生产关系。其他关系受生产关系的影响，并反作用于生产关系。

对于人的本质属性的理解为本研究进一步分析新中产阶层如何处理与他们的生产实践密切相关的社会交往，以及如何通过社交媒体工具重构社会关系结构奠定了哲学基础。

2. 戈夫曼的拟剧理论：场景与行为

戈夫曼的拟剧理论可以追溯到社会心理学视野的符号互动论（Symbolic Interactionism），乔治·赫伯特·米德（George Herbert Mead）被认为是这个理论的创立者。该理论认为，经过长时间的互动，人们对某些术语或行动的意义会形成共识，从而以这种特定的方式来理解社会现象和事物。而

---

① 《马克思恩格斯选集》第一卷，北京：人民出版社，1995，第60页。

② 《马克思恩格斯选集》第四卷，北京：人民出版社，2012，第518页。

③ 《马克思恩格斯选集》第一卷，北京：人民出版社，2012，第340页。

事物之所以能成为事物的唯一条件是命名，即通过符号来再现它。[①] 由此而言，“符号在一定程度上是指具有象征意义的事物”，事物对个体行为的影响不在于其本身所包含的内容或功用，而在于其相对于个体的象征意义，而这个意义即来自个体与他人的互动。米德指出，自我（the self）是对社会客观现实的内化和主观解释，本质上也是一种社会结构，其概念是在社会互动中产生的。“该个体的自我完全由他和其他个体参与的特定社会动作中其他个体对他以及彼此所持有的特定态度的一种组织所构成。”[②] 在分析自我的过程中，米德提出了“角色扮演”的概念。他认为，自我的形成是在人与人的交往中实现的。在人与人的互动中，主体采取了一组影响行动的他人的态度，这就是客我。客我分为自我关于他人对自我形象的心理表象，以及自我对他人对自我的期望的内在化。通过扮演特定的他人角色，使自我得以获得。

除了米德，库利（Chares Horton Cooley）等人也对符号互动论做出了重要贡献。例如，库利提出的“镜中我”的理论，进一步发展了符号互动论。他指出，自我是一种“镜中自我”（looking-glass self），是以他人的态度为镜子，通过他人可以看见并评价自己。那么，这种自我就包括了三个部分：对别人眼中自己形象的想象、对他人对这种形象判断的想象、某种自我感觉。也就是说，自我的发展就是对于他人评价的反映。

欧文・戈夫曼（Erving Goffman）则进一步运用“戏剧”为隐喻，将社会比作舞台，发展出了“拟剧理论”。他用“情境”“角色表演”“印象管理”等来解释人们为什么会在不同的场景中，表现出不同的行为。他指出，“人们的情境定义通常依据的是个人经验与价值，以及社会常识与规范，正是为了维持有效的社会互动和符合社会期望的情境定义，人们处处都在演戏”[③]。在不同的社会舞台上，人们所扮演的角色具有多样性，以及对不同的观众展示不同的自我。

在戈夫曼的理论中，他以舞台为类比，提出了“前区”、“后区”以及

① 斯蒂芬・李特约翰、凯伦・福斯：《人类传播理论》（第九版），史安斌译，北京：清华大学出版社，2009，第 94 页。

② 乔治・H. 米德：《心灵、自我与社会》，赵月瑟译，上海：上海译文出版社，1992，第 140 页。

③ 陈静茜：《表演的狂欢：网络社会的个体自我呈现与交往行为——以微博客使用者之日常生活实践为例》，博士学位论文，复旦大学，2013，第 17 页。

“局外区域”的概念，并指出“环境的限定影响着个体行为”，即与“前区”相对应的“台上行为”，以及与“后区”对应的“后台行为”，人们在不同区域扮演着理想概念的社会角色。当每个人进入社会环境后，都需要了解场景和其他参与者，需要立刻判断、组织和行动，因此，通过建立有社会意义的“印象”，人们可以识别出自身并对他人和自己相互间的行为做出期待。

值得关注的是，戈夫曼将阶层流动纳入研究的视角。他指出，“大多数社会都存在着一种主要而普遍的分层系统，同样，在大多数等级社会中，都存在着对高阶层的理想化，以及那些低阶层人向高阶层流动的某种抱负”。正是基于此，“向上流动需要人们呈现恰如其分的表演，并且，无论是为向上流动所做的努力，还是为了避免向下流动所做的努力，实际上都是人们为维持前台而做出的牺牲”①。

3. 梅罗维茨的媒介情境论：媒介、场景与行为

戈夫曼的研究为理解日常生活中个体的行为开辟了一个独特的视角，但在梅罗维茨看来，该理论“忽略了角色和社会秩序的变化”，分析的社会背景是在“固定的规则、角色、社会背景以及固定的团体”的条件之下，因而无法解释20世纪60年代所发生的诸多社会角色及行为的变化。不过，戈夫曼的理论为理解新媒体对行为的影响提供了很多隐含的线索，如“任何能够改变社会舞台结构的因素或者使社会观众重组的因素都会对社会行为有很大的影响”②。在此理论基础上，梅罗维茨将麦克卢汉的媒介理论与戈夫曼的拟剧理论进行整合，提出了“媒介情境论”，认为新的媒介会产生新的社会情境，从而影响情境中的人物角色，并进一步影响人们的行为。“情境”（situation）是该理论的核心概念，情境－角色－行为构建起了整个理论的分析框架。虽然这一理论主要是针对以电视为代表的电子媒介展开，但依然能为理解当前社交媒体时代人们的社会行为提供重要的研究依据。

首先，梅罗维茨指出“社会情境形成了人们语言表达及行为方式的神

① 欧文·戈夫曼：《日常生活中的自我呈现》，冯钢译，北京：北京大学出版社，2014，第30页。

② 约书亚·梅罗维茨：《消失的地域：电子媒介对社会行为的影响》，肖志军译，北京：清华大学出版社，2002，第30页。

秘基础”[①]，而情境应被视为“信息系统”，“与他人接触的行为的某种模式”。他提到，虽然社会学家早就指出，人们在不同的社会场景中，会有不同的行为和举止，会受到所在地方和参加者的影响。但是，“对人们交往的性质起决定作用的并不是物质场地本身，而是信息流动的模式”[②]。也就是说，社会场景不只是戈夫曼强调的面对面的物质地点和有形空间，而是媒介传播形成的“信息系统”，它既包括“物理场景”，也包括媒介创造出的“信息场景”。情境既包含了静态的场景又包含了动态的信息变化。他洞察到，情境之所以重要，不是因为地点的分隔，而是因为“什么或谁在其中”，或者是“什么或谁不在其中”，也就是说“什么样的行为可以被谁观察到”。例如，男生在更衣室说话的方式，是由其他男生的在场决定的，也是由女生、父母、老师和校长不在场决定的。[③] 以往，这种空间的分隔可以由物质结构来完成，但是媒介技术的变迁，特别是电子媒介的发展，改变了时间和空间对于社会交往的重要意义。梅罗维茨进而认为，“电子媒介对人们的社会行为的影响，是因为重新组合了人们交往的环境”。

其次，梅罗维茨提到的重要论点是“情境的分离使行为得以分离”。他认为，行为与情境是互相匹配的，“完全不同的行为需要有性质完全不同的场景”。观众变化了，社会行为也会发生变化。个体的行为是根据其所处社会所定义的场景来塑造和修改的。电子媒介影响社会行为的原理并非麦克卢汉所说的“感官平衡”，而是表演舞台的重新组合，以及由此带来的对“恰当行为”认知的变化。“当不同的社会场景组合在一起，原本恰当的行为可能就不合适了。”[④] 他阐述说，人们对于每一社会情境都需要有明确的界限，从而保持社会角色扮演的连贯一致性。当两种或两种以上的情境融合时，不同的角色就会发生混乱。[⑤] 然而，电子媒介打破了物理

---

① Joshua Meyrowitz, *No Sense of Place*: *The Impact of Elcetronic Media on Social Behavior* (NY: Oxford University Press, 1984), p. 23.

② Joshua Meyrowitz, *No Sense of Place*: *The Impact of Elcetronic Media on Social Behavior* (NY: Oxford University Press, 1984), p. 33.

③ Joshua Meyrowitz, *No Sense of Place*: *The Impact of Elcetronic Media on Social Behavior* (NY: Oxford University Press, 1984), p. 39.

④ Joshua Meyrowitz, *No Sense of Place*: *The Impact of Elcetronic Media on Social Behavior* (NY: Oxford University Press, 1984), p. 4.

⑤ Joshua Meyrowitz, *No Sense of Place*: *The Impact of Elcetronic Media on Social Behavior* (NY: Oxford University Press, 1984), pp. 44 - 46.

空间和社会情境的传统关系，混合了两种以上的传统情境，导致了“中区”行为的产生。这种行为既不是“前台”行为，也不是“后台”行为，而是任何两个或多个以往不同场景的融合所产生的行为。通常，两个或多个场景之间的距离越大，一个人从一个场景到另一个场景的行为变化也就越大。新媒体允许个人形成“更深的”后台，以及“更前的”前台。①

最后，梅罗维茨还认为，新媒介通过改变各类社会人群所接触的场景类型，改变了我们对各种社会角色的认识。“电子媒介将不同类型的人带到了相同的‘地点’，于是许多从前不同的社会角色特点开始变得模糊。”通过个案研究，梅罗维茨进一步证明了，群体身份的角色、社会化的角色，以及权力等级的角色因媒介带来的新的社会场景而改变。他指出，个人常常具有交叉的群体身份，当我们简单地用我们是“谁”的方式来考虑群体隶属时，我们的身份也被我们在哪儿以及“谁”和我们在一起所改变。通过所造成的场景结构的变化，新媒介会改变人们对“我们”和“他们”的感觉，改变“谁同谁分享社会信息”。② 新媒介通过影响群体来控制对其后台行为接触的程度，并影响个体社会化的过程。在等级社会中，权威角色在很大程度上依赖于对信息的控制以及限制下级只能接收少数信息的台上场景。而且地位越高，越需要这种控制信息的能力。③

梅氏比喻说，电子媒介带来的新的社会场景就好像一个偌大的建筑物被移走了墙壁，将很多以前各自独立的场景，如办公室等一下合并到一起。在这种混合的社会场景中，学生也许会看到自己的老师在电视机前睡着了；蓝领工人看到自己的老板被孩子大吼大叫；选民看到政治家喝一杯酒就醉了；等等。当旁人得到很多我们自身的信息时，我们就很难在不同的人群前展示非常不同的自我。“由于电子媒介融合了以往不同的公共场景，模糊了私下和公开行为的分界线，隔离了环境‘位置’和社会‘位置’的传统联系，因此，我们看到了群体身份的模糊，社会化不同阶段的

① Joshua Meyrowitz, *No Sense of Place*: *The Impact of Elcetronic Media on Social Behavior* (NY: Oxford University Press, 1984), p. 47.

② Joshua Meyrowitz, *No Sense of Place*: *The Impact of Elcetronic Media on Social Behavior* (NY: Oxford University Press, 1984), pp. 50 - 51.

③ Joshua Meyrowitz, *No Sense of Place*: *The Impact of Elcetronic Media on Social Behavior* (NY: Oxford University Press, 1984), p. 63.

融合以及社会等级的消失。”[①] 但是，当社交媒体同样将很多传统情境融合时，是否会出现这种“身份的模糊”和“社会等级的消失”呢？

（二）基于社会交往理论的分析模型与诠释框架

本研究既是有关社交媒体使用的研究，也是有关社会分层与社会资本的研究，研究者希望在媒介情境（新的社会情境）的视阈下剖析日常社交媒体使用对于社会资本建构的作用（见图2-2），即以戈夫曼的拟剧理论和梅罗维茨的媒介情境论为分析框架和线索，解析处于社会结构中间位置的新中产阶层在新的社交媒体环境中的网络社交行为表象背后的机制，进而洞悉其社交媒体使用行为与社会资本建构之间的关联（见图2-3）。

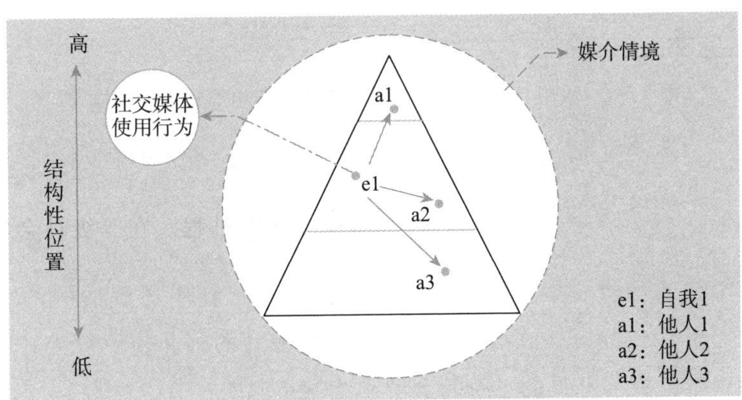

图2-2 媒介情境论视阈下新中产阶层社交媒体使用与社会资本建构的考察

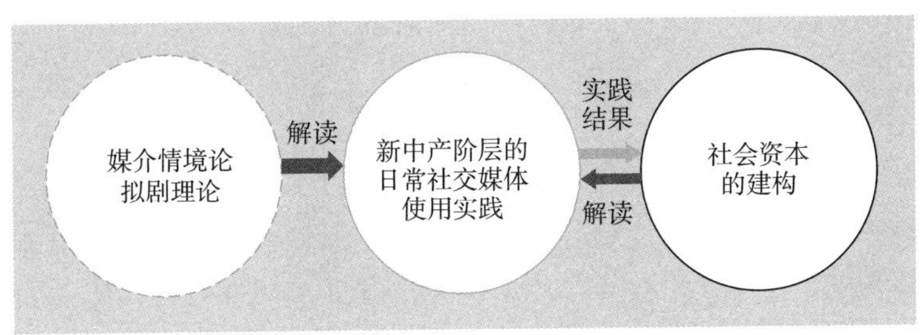

图2-3 新中产阶层的社交媒体使用与社会资本建构分析模型

---

① Joshua Meyrowitz, *No Sense of Place: The Impact of Elcetronic Media on Social Behavior* (NY: Oxford University Press, 1984), p. 8.

在前文的理论梳理基础上，本研究建立了如图 2－4 所示的“新中产阶层社交媒体与社会资本建构”分析框架，从以下三个层面对新中产阶层社交媒体的使用及其对社会资本的建构进行诠释和分析。

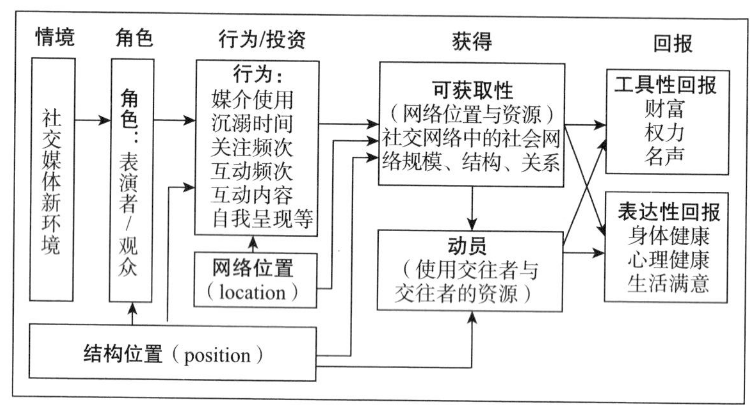

图 2－4　新中产阶层社交媒体及其社会资本的建构诠释框架

第一，系统层面。主要是基于社交媒体的改变带来的新的社会情境的分析，以及由情境变迁导致的角色认知的改变。

第二，实践层面。主要是对新中产阶层社交行为的分析，是对置身于以微信为代表的社交媒体情境中的行动主体——新中产阶层的“微信行动”进行的深入分析。该行动已经不仅仅是普通的媒介使用行为，还是指向社会资本投资与动员的具有社会资本建构指向的社会学行为。

第三，效果层面。该层面是对微信行动带来的社会资本生产与再生产的效果分析。主要是从工具性回报与表达性回报两个方面考察新中产阶层的社交媒体行为/社会资本投资行动带来的利益。

第三章

新中产阶层的社交媒体使用实践：微信朋友圈

要了解社交媒体对于新中产阶层社会资本建构的影响，首先要掌握新中产阶层社交媒体使用的具体情况。因此，在接下来的两章中，我们先就新中产阶层在日常生活中的社交媒体使用实践进行总体描述，旨在从广泛的经验内容中梳理出新中产阶层使用社交媒体时所具有的特征，抽取出现象中的普遍性、共同性和独特性的内容，为后续的理论解析奠定经验基础。

如图 3－1 所示，第三章主要是从社交媒体的接触习惯、使用动机、社交规模、社交结构、内容偏好五个方面对新中产阶层的社交媒体使用情况

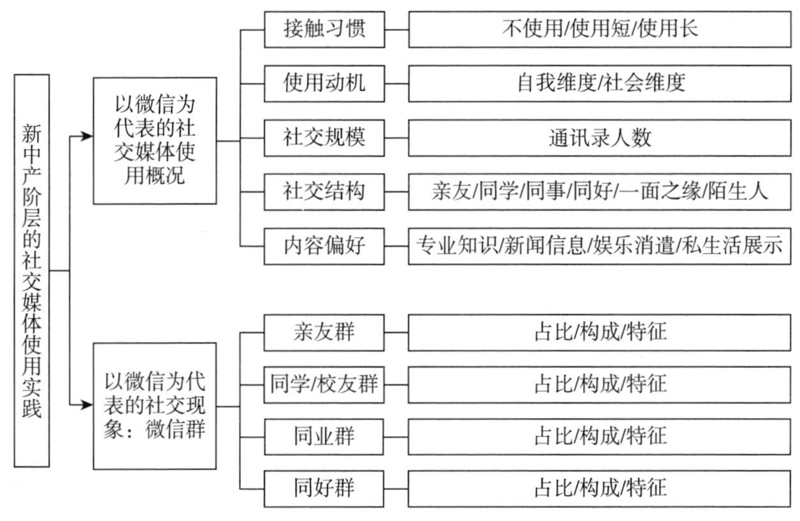

图 3－1　新中产阶层的社交媒体使用实践结构

进行描述与概括。第四章则将社交媒体使用中较为突出的功能和现象——“群”的使用状况抽离出来，进行描述与概括。在描述中，研究将主要从职业、性别、年龄三个因素对新中产阶层的社交媒体使用状况进行比较，探寻阶层内部的使用差异，从而对新中产阶层的社交媒体使用状况有较为清晰的了解。

从访谈来看，新中产阶层接触和使用社交媒体的状况非常普遍，但是针对不同的社交媒体，接触情况又有较大的差别：总体上，微信在新中产阶层中非常普及，其次是 QQ 和微博，新中产阶层对于社交网站、论坛的使用相对较少。

微信的使用率非常高，但在具体使用当中，存在着行业、年龄的显著差异。例如，在市场化程度相对较高的行业，微信使用的频次更多，被使用到的功能也更多；在政府部门以及更注重信息保密的行业，微信使用的频次则较少。但是，就后者而言，又存在明显的年龄差异，年轻人使用微信沟通的频次相对较多，年长者或权威人士则较少使用微信。

随着微信的崛起，QQ 的使用明显减少。以前使用 QQ 的新中产阶层，即使现在仍在使用，使用的频次也明显减少。或者说，通过 QQ 与通过微信联系的对象及功能开始分化。QQ 作为很多人学生时代开始使用的即时通信工具，带有很深的“学生气”烙印，但鉴于 QQ 具有传输大文件甚至超大文件等独有的技术特性，在很多新中产青睐的社交工具中，它又更多地承载了传输文件、留存业务沟通信息的功能，因而被赋予了“工作工具”的属性。例如，个案 1C 女士提到：

> 我们业务有个特殊性，有的时候报价啊什么的，都是 MSN、Q（Q），但是 MSN 不是不稳定吗，……它（QQ）敲过来的价格就很清楚。打电话说未必能听得清楚。而且别人与你合作业务，我这边的聊天记录都是要求保留的。特别是有个业务对我可能有风险，我们的聊天记录（都要保留），电话也都是录音电话。这样没有书面凭证的东西，我们这些都要留。

个案 10W 先生谈及 QQ 也提到，“很少使用了，QQ 可能就传输文件的时候用”。此外，如前所述，QQ 与微信上添加的人群因开发时间与用户启用时代不同而有所差异。对于一些被访者来说，QQ 是学生时代的交流工具，上面还有很多自己的老同学，因此还会保留使用 QQ 的习惯，但是使用也越来越少了。例如个案 16L 先生在访谈时提到还在偶尔用 QQ，是因为“同学在 QQ 群”。被访者普遍认为微信比 QQ 使用更简便。

微博虽然仍是社交媒体时代的“三剑客”之一，但具体到新中产阶层的使用来看，用微博的人相对较少了，但是仍在坚持使用微博的新中产会将其效用最大化。对坚持用微博的中产们来说，有的是将其作为一种“获取专业信息的工具”，例如个案 20Y 女士，她在微博上添加的关注有 785 个账号（包括媒体、名人、经济学家等），其中大多是财经类的账号。在她看来，“微信朋友圈的信息相对来说比较窄，信息量比较少，同质性的信息会多”，通过微博这种更“社会性的媒体”，她能在第一时间获取财经行业信息，而且信息来源更广泛一些。因此，在闲下来的时候，她大部分时间都在看微博，而不是微信或 QQ。个案 7G 先生，也仍在坚持使用微博，他将微博作为自己的“文件存储工具”，当看到一些不错的信息或者文章时，他会通过微博转发的方式将这些有用的信息存储下来。按照他的介绍，这个微博账号只有他自己知道。个案 1C 女士，则将微博作为“更私密的日志”，抒发个人情感，并会关注一些与自己爱好相关的茶艺内容等。相对于微信，微博对 C 女士来说，反而是更“私密”的交流工具，不必担心一些情绪被不必要的熟人或同事看到。此外值得注意的是，无论是将微博还是微信作为专业资讯获取的渠道，新中产人士大多会将两者区别使用，例如个案 15H 医生，在微博上添加的 50 个关注账号主要是网络名人、网络大 V 等一些公众人物，按他的话说“都是线下不太认识的人”，而微信则是同行居多，而且基本都是认识的，“抛开网络来说，在线下都是认识的人”。

社交网站和论坛使用的人已经非常少，有个别因兴趣爱好还在使用论坛的新中产相对集中在男性中产人士当中，例如个案 10W 先生是典型的车友，喜欢在空闲的时候上汽车论坛和天涯论坛，“基本上每周才会上一两次”。他看论坛，一是为了获取资讯，如“特别重大案件很多的论坛都会报道的……比如说北京出现大事了，你就上论坛，各种各样的论坛，它都是有图有真相的报道，虽然不如新闻那么严谨，那么专业”。另外，在他看来更重要的一点，是希望了解网络营销的方式。“如果我来推广一款新车，我要怎么样动用这些水军。”再如个案15H先生是医生，也是摄影爱好者。他喜欢上一个叫“色影无忌”的摄影爱好者论坛，但在这个论坛上他其实很少看摄影内容，看的“主要是时政的内容”。从访谈来看，仍在坚持使用论坛的新中产，通常使用黏度还比较高，例如H先生说他看论坛的频次“非常多”，“因为网络上一些很好玩的东西，一开始（出现）在这上面马上就有，这些时政的东西在这里马上能体现出来”。但是，他通常不在上面发言，因为“有时候你一说话，就跟你争上了，也没有意义，看看拉倒”。

对于既使用微信，又使用微博和QQ等社交工具的新中产而言，个案1C女士的使用方式也许比较有代表性，她提到：

> QQ一般上班都挂着，微信则没有固定的时间，因为要弄小孩儿。小孩儿睡了的话，临睡前看一下。微信里没有什么信息，我就会转到微博里。因为微博里我还是加了很多经济方面的东西的。看那些碎片化的信息会比较快，我会大概浏览一下。我觉得这两个频次差不多的。

基于新中产阶层的社交媒体使用的基本情况，本研究将焦点集中在新中产阶层普遍使用的社交媒体——微信上，以便更深入了解他们使用社交媒体的动机、行为和态度。需要指出的是，微信、微博和QQ虽然都是社交媒体，但它们的技术属性和运作逻辑则差异显著（关于它们的差别请参看表5-2），对于微信的使用分析虽然让问题更聚焦，分析更具体，但难免在新中产阶层社交媒体使用的总体考察方面有所遗漏，这将留待未来做更深入的比较研究。

一 微信的接触习惯

社交媒体作为新型的信息传播形式，其使用不仅需要有硬件，如智能手机、平板电脑（Pad）等移动终端设备，而且需要有使用意识。新中产阶层既具备了经济条件，同时又对新事物具有尝试和创新使用的精神。中国社会科学院新闻与传播研究所发布的《新媒体蓝皮书：中国新媒体发展报告 No.5（2014）》对北京、武汉、广州三个城市的微信发展状况调查显示，收入结构中占比最高的是月收入为3000～5000元的中产阶层，占比为32.0%。[①] 从本研究访谈的31位北京新中产阶层的被访者来看，所有人都使用过QQ、微信等社交媒体。但是，在使用频次、时长等方面新中产阶层的社交媒体接触习惯仍有着明显的个体差异，这主要体现在职业、年龄方面。

微信，作为人们使用最多的社交媒体之一，不仅是信息的承载者，更重要的是它还具有凝聚社会资源、促进社会交往的功能。但是，个体因职业及工作方式不同，对于信息来源以及社交需求自然存在差异，对于微信的使用和接触也就有着明显的不同。从访谈情况来看，从事人际交往需求更多的职业[②]，以及处于市场化程度更高的行业[③]的新中产人士，使用微信、QQ等社交媒体的时间相对较长，频次较多；反之，处于社会交往范围需求相对较低以及更注重信息安全的职业与行业的新中产人士，使用社交媒体的时间通常比较短，频次也更少（例如个案5、个案16等）。

个案2G女士，在一家外资航空公司工作，负责该公司的对外宣传和公关传播。她的工作除了要与集团内部保持密切交流，还需要与各种媒体、广告公司、公关公司等的相关人员有密切联系，因此使用社交媒体相对频繁。她表示，在从家到公司的15分钟上班路上，她都会刷刷微信和微

---

① 唐绪军主编《新媒体蓝皮书：中国新媒体发展报告 No.5（2014）》，北京：社会科学文献出版社，2014，第45、54、61页。

② 职业是按工作职能来划分的，根据《中华人民共和国职业分类大典》，我国的职业分为8个大类，66个中类，413个小类，1838个细类。8个大类为：（1）国家机关、党群组织、企业、事业单位负责人；（2）专业技术人员、室内装饰设计师、企业人力资源管理人员；（3）办事人员和有关人员；（4）商业、服务业人员；（5）农、林、牧、渔、水利业生产人员；（6）生产、运输设备操作人员及有关人员；（7）军人；（8）不便分类的其他从业人员。相对来说，第（2）与（4）类职业在工作中需要与人打交道的情况较多。

③ 行业是按照工作对象来划分的，根据国民经济行业分类与代码（GB/4754－2011）的分类，行业可分为：（1）农、林、牧、渔业；（2）采矿业；（3）制造业；（4）电力、热力、燃气及水生产和供应业；（5）建筑业；（6）批发和零售业；（7）交通运输、仓储和邮政业；（8）住宿和餐饮业；（9）信息传输、软件和信息技术服务业；（10）金融业；（11）房地产业；（12）租赁和商务服务业；（13）科学研究和技术服务业；（14）水利、环境和公共设施管理业；（15）居民服务、修理和其他服务业；（16）教育；（17）卫生和社会工作；（18）文化、体育和娱乐业；（19）公共管理、社会保障和社会组织；（20）国际组织。相对来说，第（1）（2）（3）（5）（6）（8）（9）（10）（11）（12）（18）等类行业的市场化程度较高。

博。除了这段时间，她与同事或者同业的交流也会用到微信的群聊功能。她觉得，“现代通信工具，（特别是）即时通信工具，大大提升了工作的效率”。比如，“我们现在要与公关公司、social media agency（社交媒体机构）好几方一起讨论一个 topic（主题）的时候，就把大家一起加到一个群中，每个人都发表一下自己的意见，事情就搞定了……我是觉得它大大提高了效率”。

个案 7G 先生，是北京一所高校的副教授，非常喜欢使用微信，虽然自己并不在微信朋友圈中发布信息，但是会分类对不同的人群进行定向传播。他“随时”就上微信，“一会儿没事就上去看一看”。他认为微信很方便，“我可以马上建立一个群，可以随时发布消息，比如说人力资源管理方面的，或者我们这个劳动关系领域的，就特别快”。

个案 5W 先生，是在国家公共管理与社会组织行业工作的公务员，属于国家行政机关干部。他在访谈中表示自己很少使用 QQ，“（QQ、朋友圈）那些我平时都让它不提醒，也没什么太有用的价值”。对于微信，使用得比 QQ 还少。“我基本上不用微信交流。也就是说，我一般不主动用微信跟人交流。除非是偶尔，我不经常看微信，不经常上。”他工作主要联系的对象都是单位同事、地方的相关业务单位，对于他来说更方便的联系方式是电话。

个案 16L 先生，是某事业单位的干部，属于参公人员，他使用微信还算相对频繁，“20 分钟一次，在微信里面绝对不会超过一个小时，一天加在一起也就半个多小时”。

其实，新中产阶层无论是任职于哪个行业都比较强调工作效率，但是解决沟通效率的方式则因具体的工作不同而有明显的差异。相对来说，市场化程度更高的行业对于微信的依赖程度较高。但是，在更注重信息安全的行业工作的新中产，即使个人会使用社交媒体作为休闲工具，也很少将其作为工作上与同事及相关人员沟通的工具。例如个案 18Z 先生是某大型国企财务总监，日常虽然很忙，但浏览微信的频次还比较多，按他的话说“太多了”，“几分钟就刷一次”。工作的时候“刷一下就过去了，我不会太在意上面的东西，就是浏览一下。有的财经类内容会深度阅读”。同样，个案 28G 先生也在大型国企工作，但所从事的是党政宣传工作，与集团下属地市级单位，以及与媒体等需要保持密切联系，因此，他在日常工作和生活中都会比较频繁地使用微信。

除了职业的影响，年龄也是造成新中产阶层微信使用时长和频次多少的组内差别的一个重要因素。例如，同为国家公务人员，年轻人比中年人使用社交媒体的时间更长，频次也更多。从日常工作交往来看，个案4L先生与个案5W先生交往的人群特征类似，但是L先生35岁，比W先生小12岁，两个人在社交媒体使用习惯上的差异就比较明显。与W先生相比，L先生使用社交媒体相对较频繁。其年龄背后的因素，可能是受其工作之外的朋友交往的影响比较大，L先生的朋友、同学年龄相仿，大多在35岁上下，彼此的交流也会更多用到微信等社交媒体。但是个案5W先生虽然也用微信，但是“不经常看微信，不经常上”，偶尔上的话，“一般是等到晚上，什么都干完了看一看”。W先生属于处级干部，日常与他人沟通时除面对面外，更多的是使用电话和邮件。值得注意的是，并非年长者都会排斥使用新媒体。使用与否还受子女、专业和个性的影响。例如个案30L女士，虽然已近60岁，但看起来非常年轻，而且算是较早使用微信的一批用户。用她的话解释，“我是（清华大学）学机械的，动手能力强，新的东西都愿意去尝试……还有就是为了方便与孩子交流。开始（微信的联系人）就是自己的孩子，只是不发朋友圈”。她身边比她大十几岁的姐姐和姐夫（接近70岁）也都在使用微信，而且基本都是由她普及的。

从性别差异来看，新中产阶层的微信使用时长和频次的差别不明显，这与《新媒体蓝皮书：中国新媒体发展报告No.5（2014）》的结论一致：“微信用户结构的性别差异并不明显，男性占比为50.5%，女性占比为49.5%。”导致这一现象的原因可能主要是社交媒体作为一种社交工具和新闻信息接收的入口，已经成为新中产阶层生活中的一部分，有很高的普及性。

此外需要指出的是，新中产阶层一天中浏览社交媒体的时间分配因人而异，总体来说，他们很少用整段时间和大段时间来浏览微信等社交媒体内容，而是利用自己的“碎片化”时间段来使用社交媒体。正如个案8提到的，“我闲暇、没事的时候可能会看（微信）”。上下班或出行途中（个案2、个案4、个案7、个案16等）、手术空当或课间等繁忙工作的空隙（个案7、个案8、个案15、个案20等）、等餐或饭后休息时间（个案3、个案10等）、上厕所（个案7）、睡前（个案1等）等都是他们所谓的闲暇时间。就算有的新中产阶层，如个案 6Z 女士的先生那样每天会看很多次，但是大多也只是“溜一眼”。个案 4L 先生算是“及时更新”朋友圈的类型，如果没有看到，会过段时间（空下时）再看。但是，也有极个别的新中产会在微信上花费比较长的时间。例如个案 29W 女士是一个“凡事要强”“对自己有要求”的女性。她每次发布一条微信，不但写大段大段的心灵感悟（偶尔会因为太长而不得不分为上、中、下三篇），而且会精心编辑每一张图片。因此，经常编辑一条微信内容就会用 1 个多小时。她说自己是将微信当作一个“自媒体”、一个栏目在做，内容会有一点点高于生活。

个案 2G 女士的微信使用比较随性。

> 你看我发的基本上都是比较 personal 的。很生活化的，就是我自己开心了，想发了就发了……坐在这儿喝着咖啡，无聊了，发一个呗。

个案 18Z 先生使用微信主要是“茶余饭后”的事情，是一种“消遣”，闲的时候刷一下，工作归工作，生活归生活。

> 也没有把它当成什么重要的事情，也不是说没有这东西就觉得不行，或者说有这个东西感觉就丰富了。

从访谈的情况来看，微信的使用已经成为填补新中产阶层日常“碎片时间”和“碎片空间”的方式之一。与非中产相比，在开始使用这一工具的时间方面会存在一些差距，但这种差距目前正在缩小。在接触习惯的特征方面，与非中产的职场人士差别也不算太大，均为碎片化使用。但是，“碎片化”时间和时长对于中产与非中产来说则存在差异，在此不做赘述。

二　微信的使用动机

作为独立思考的个体，每个人接触和使用媒介的行为都会为某种动机所“激励”。对此传播学领域的很多学者基于“使用－满足理论”投入大量的精力进行研究，并产出了很多成果。微信使用动机研究显示，个人的动机和目标是构成媒介依赖关系的重要维度，而微信依赖背后的动机主要源于以下几个方面：人际沟通与传播的需要、人际关系维持和拓展的需要、自我表露的需要、获取信息的需要。[①] 此外，还有研究者针对微信平台媒介性质内容（如公众号内容）的依赖进行研究，将微信使用动机又细分为：社会交往动机、新闻信息获取动机、功能性体验动机（如追赶潮流和新鲜事物、从现实烦恼中脱离出来、排解孤寂、获取各种优惠、利用零散时间等）。[②] 然而，这些研究因受限于信息传播的视角，挖掘出的仅仅是"需要"，而非更深层的内心需求——动机。它们忽视了这样一个视角：个体首先是置身于社会结构中的"生活者"和"行动者"。从这个角度来看会发现，维持和获得有价值的资源成为行动者行动的两个主要动机，只要有机会，所有的行动者都会采取行动维持和获得有价值的资源，以实现他们的自我利益。而维持有价值的资源，通常会促进表达性行动——寻找感情和支持的行动的发生；获得有价值的资源则通常会唤起工具性行动。前者可概括为"情感性动机"，后者可概括为"工具性动机"。[③] 在社会资本研究专家林南看来，"前者比后者更重要"。综合以上两种视角，并结合访谈结果，本研究发现工具性目的（动机）或情感性目的（动机）是真正驱动新中产阶层使用社交媒体的深层动机。

（一）工具性动机

林南认为，"拥有或者获取资源，对于保护和改善个体在社会结构中的地位非常重要"[④]。而寻找和获取额外有价值的资源通常会激发个体的工具性行动。在社交媒体的使用当中，这种动机主要体现为新中产阶层希望通过社交媒体满足其工作所需，特别是实现专业信息的交流、对稀缺资源和对于自己有价值的实用信息的获取，以及拓展人脉和维持人际关系。

---

① 张钰：《微信依赖研究——基于使用与满足理论》，《科技传播》2014 年第 11 期上，第 47、49 页。

② 韩晓宁、王军、张晗：《内容依赖：作为媒体的微信使用与满足研究》，《国际新闻界》2014 年第 4 期，第 82 ~ 96 页。

③ 林南：《社会资本——关于社会结构与行动的理论》，张磊译，上海：世纪出版集团、上海人民出版社，2005，第 29、31、45 页。

④ 林南：《社会资本——关于社会结构与行动的理论》，张磊译，上海：世纪出版集团、上海人民出版社，2005，第 40 页。

1. 专业信息的获取

无论从事何种职业，新中产阶层使用社交媒体的一个最显著且较为普遍的动机是对于专业信息的获取需要。这一点仅从他们通讯录中的社交网络构成就有所隐现，在具体的使用当中则体现尤其明显。

个案 1C 女士是金融人士，她提到自己目前了解信息的主要渠道就是微博和微信。微信“基本上是看订阅号里的东西”。例如她加了《中国证券报》的微信客户端，“它每天把最主要的新闻推送出来，我就先看一下”。此外，她会“更多地看圈子里，包括证券界有一些金牌的研究员，他们会对一些东西有自己的看法……他们每次写的东西都比较专业。《中国证券报》（记者）写的东西就没有他们写的东西那么专业”。

个案 3L 女士是一名牙医，她将微信作为与同行交流的一个便利工具，会与同行在微信上讨论病例。

> 这个病例不错。或者有人说：你给我挑挑毛病。或者我有一个病例不错，发（到微信）上去。大家说，你这个（牙）洞弄得不对啊，弄得有问题的。这些是我（使用微信）的重点……
>
> 现在微信对我的作用，就是同行之间的交流。

个案 9H 女士是一位律师，她在访谈中提到通过微信朋友圈会最快与同行分享法律方面最新的信息。

> 法律方面有一些比较专业比较快的，你比方说今天是 20 日，19 日最高法、最高检出什么东西了……你看一眼，就是不一定要背下来，我就扫一眼，或者我知道有这么一个题目，将来我需要用什么东西，电脑一查就有了，但是你脑子里没有东西就不行，你就跟不上。

个案 11L 先生也提到：

> （微信）里面不光是人嘛，还有一些行业的东西，比如说业务上往来的公司，我们兄弟公司，然后还有我们集团的业务，还有就是类似于同行业的新闻等。

个案7G先生虽然表示随时上微信看看会很浪费时间，但仍肯定了微信对于他在专业上的帮助。

> 微信还有一个好处（是）它分享的很多（是）有价值的东西。朋友圈共享，我觉得有很多有价值的（内容），而且它里边有很多的订阅号，对我的专业很有帮助。

2. 有价值的实用信息的获取

有价值的实用信息所覆盖的信息面更宽广，与前面提及的专业信息不同，它更多的是包括与生活、健康等有关的知识与信息。例如，健康和养生知识、有助于调整心态的“鸡汤”、旅游攻略的出行信息、养老与社保政策等。对于这些与生活密切相关的实用信息的获取也是新中产阶层关注微信朋友圈与公众号的一项内容，从严格意义上讲，这与其说是一种需求，不如说是一种使用带来的附加结果。但通过后文分析可知，这种需求在内容偏好中占有很高比例。可以说，这种对于实用信息的希求，应归为消遣娱乐动机。

个案9H女士提到：

> 你要让我现在看书学习，我哪有那么多时间，但是这里面一篇篇的文章，他们（朋友圈）发上来的东西，都是他们觉得不错的，那么我就把大家的东西都筛选一下（看）。

她举例说：

> 比方说（我朋友圈里）有一些人是医学的教授，各方面都比较顶尖的一些人，他们发的一些东西都比较不错，他们会把对人的身体有一些什么帮助的内容发给大家。

此外，个案15H先生在评价微信时，也明确表示他使用微信“主要还是想获取新的资讯”。

3. 拓展人脉和维持人际关系

虽然被访的新中产阶层并不直接表示“拓展人脉和维持人际关系”是自己使用社交媒体的主要动机，甚至他们并不认为社交媒体能够帮助他们拓展新的社交圈，但是对于“老关系”的维系甚至重新找回老朋友、老同学的功能并不否认。

例如个案1C女士提到：

> 可能是性格的问题，我不大会在（微信）上面认识新朋友。它最好的特点就是把小学同学（组成）一个圈，初中同学一个圈，大学同学一个圈，可能好久好久都没有联系的同学都能找到了。这个是特别好的……我就觉得这对很多失散多年的同学联系是非常好的。

个案11L先生，虽然在微信中添加的联系人并不多，但也提到微信是“朋友圈的朋友圈，朋友的N次方”。在他的微信通讯录中，最多的是“朋友，亲密的朋友，经常玩的朋友。……90个人中有四五十个人吧”。以前添加的只是与他同一个圈子的同事和有些业务相关的人，在他看来“这种业务上经常见面的也相当于朋友”，“一开始是谈工作，后来一块打球，一块吃饭，一块干吗，就这样子发展起来的”。除了朋友和家人，后来他会慢慢添加开会认识又聊得来的人，这种微信中的联系人就算“平常不怎么沟通，但也知道名字，也知道是干吗的”，总体来说，朋友圈可以做到“平常有什么事，找你帮一下忙，知道你是干吗的，他是干吗的，你能做什么，他能做什么，就类似于这样的”。由此可知，虽然并非通过微信认识的陌生人，但微信帮助他保存了一些原本不会联系的新关系。

个案7G先生从不在微信朋友圈中发信息，而是根据具体的信息内容定向发给某个联系人。比如，“我看到一个特别好，我觉得你做这个东西挺有意思的，或者是想跟你分享，指定发给你了……有时候我也会把一些特别好玩的东西，发在我们班群里……比如说我给我媳妇发，我更愿意跟你分享”。他在追问下细想自己这样做的原因，主要是“希望信息价值最大化……无论是对我还是对对方来说更有价值。有些东西你发出去，别人感兴趣”。但其实这样做更深层的动机是与对方形成更有效的沟通，更有助于维护关系的沟通。

个案10W先生在访谈中也提到“车友们是拓展朋友圈的很有意思的平台”，像他们的车友，搞房地产的、做金融的杂七杂八。虽然，这个未必是他使用微信的主要动机，但也是他通过微信结识和维系的一类关系。

再如个案28G先生原本认为：

> 微信交往会让小圈子更近。因为每天只有24小时，人们只会是基于熟人的交往越来越多，与陌生人的交往会更少。线上的关系会让线下的关系更密切。

但是，他在细想自己的微信使用时，也不由得感慨：微信对于拓宽陌生人圈子也是有帮助的，但还是要分人分阶段。

他通过微信工作群，与未谋面的“陌生人”保持着业务联系，方便工作线上线下、随时随地进行。

4. 传播工具性使用

微信作为一种社交应用，首先是一种新型的传播和通信工具，这是很多新中产使用者首先看重的。例如个案10W先生说他自微信推出就开始使用，因为“开车的时候我发语音短信……我觉得这个很方便，并且我跟国外的很多朋友打电话还是很不方便的，微信就太方便了……世界都变小，这多方便呢。我跟日本的朋友有的时候你比如说打个电话加这个圈加那个圈，我没那个时间，我微信就微他了，多方便呀，真是这样的。有个事你说不明白就拍个照片”。此外，他会通过微信重点关注一些有见地的人，通过他们的角度看世界，例如他朋友圈中一个60多岁的新闻记者。他非常直接地说：“基本上我是把微信当成语音和短信来用的。”

个案9H女士现在基本上办公都使用微信。她提到：

> 最方便、最快捷的就是微信，微信信息加邮箱，你所有的事在微信里。我可以建一个群，有各种各样的群，有各种各样的朋友圈，比方说我要干什么去了，或者有什么好的文章跟大家分享，或者有什么好的法律法规的规定、好的案例，然后我就通过微信，这个微信圈，一发就完事了，而且现在好多工作我都是用微信。你比方说我们（律师事务）所，我就把大家都拉到微信圈里了，有什么通知，我就在微信里一通知就完事。

此外，她还认为看微信可以让人不落伍，或者“就算落伍也不至于落到哪儿去”。

个案 7G 先生表示：

> 微信我觉得挺好的，我喜欢微信。一是它有个交流功能，这个跟 QQ 是一样的。我觉得它的交流功能比较直接，就咱们有个目的的要说事的，而且也很方便。另外微信里面的群聊比较有价值，像咱们都做这个东西加个群就很方便，而且在手机上登录起来它很快，QQ 我觉得就挺麻烦的。……但是微信其实因为它是手机绑定，很方便，所以我可以马上就建立一个群，可以随时发布消息，比如说人力资源管理方面的，或者我们这个劳动关系领域的，就特别快。

特别值得一提的是，为了上课便利，G 先生自己也申请了一个订阅号，主要是给学生提供教学服务。后来他就让学生弄这些东西，“我分了一些组，让他们也可以分享一些东西”。

再如个案 12C 女士，是一家软装公司的高级设计师，个性很“直”，或者说“比较自我”，认为微信朋友圈变得再复杂都和她没有关系，“因为我做什么事不太考虑别人”，但因为业务关系，她会考虑她的客户和与她生意和工作有关的人以及供应商。“在加我微信的那一天起，我就把他分组了，他是看不到我的内容的，但是他可以跟我交流和对话。”在她看来，使用微信的一个原因是多了一种通信的工具，“我常联系的朋友就那些吧，都是通过微信来发语音留言”。

其实，新中产强调微信通信功能使用的背后依然是希望它能够有助于方便联系到需要联系的各种关系，其深层仍然是拓展与维系关系的社交动机。

（二）情感性动机

“维持资源需要他人对要求获得这些资源的财产权，以及与他人分享自己的情感的合法性的认可。”[①] 按照林南的分析，表达性行动最可能导致

① 林南：《社会资本——关于社会结构与行动的理论》，张磊译，上海：世纪出版集团、上海人民出版社，2005，第 44 页。

行动者个体寻找与其有相似资源，并且在维持和保护资源中有相似利益的其他行动者。这种相似的行动者往往处在与个体相似的结构位置上，拥有相似的社会经济地位特征、生活方式和态度。为了增进行动效果，行动者往往通过互动获取社会资本。而互动参与者的资源越相似，就越可能共享维持或保护这些资源的理解和关心，共鸣和共同的关心继而会进一步促进彼此的互动。[①]

具体到微信的使用和互动，情感性动机主要是指新中产阶层作为个体行动者通过使用微信与同质关系的互动，以满足其表达性行动的目的，具体如赢得身份认同、排解情绪、打发零散时间，以及自我表露的需要。林南认为，丧失已经拥有的资源比获得额外的资源对自我生存将产生更大的精神和身体威胁，因此这些对于维持已拥有的资源的需要——寻找情感和支持的行动，比前述工具性的行动和动机更重要。

1. 自我表露的需要

“自我表露”（self-disclosure）是美国人本主义心理学家西尼·朱拉德（Sidney Jourard）于1958年提出的。他认为，自我表露就是告诉他人有关自己的信息，真诚地与他人分享自己的私密想法与感觉的过程。中国研究者李林英将自我表露界定为，个体与他人交往时，自愿地在他人面前将自己内心的感觉和信息真实表现出来的过程。[②] 为什么会有这样的行为产生？社会渗透性理论认为，自我表露在发展友谊等亲密关系时，是一种社会交换的基本形式，随着关系的发展，这种交换会越来越广泛深入。不确定性降低理论认为，在人际交往中，个体在不断寻求信息以减少不确定性，为了减少人际的不确定性，个人往往通过表露自己的信息，寻求他人的信息，进行社会交换，并将得到的信息进行处理以形成人际认识，从而有助于社会生活的顺利进行。但是，人们的信息亲密水平并不尽相同。社会互惠理论认为，人际交往就是“得到东西回报相应的东西”，是一种亲密关系与信息表露之间的匹配。沟通隐私管理理论则认为，自我表露涉及隐私边界的管理。这些理论从不同角度分析了自我表露在人际交往中的作用。在陌生人的网络中，人们将自己的信息和想法呈现出来，是为了更好地释

① 林南：《社会资本——关于社会结构与行动的理论》，张磊译，上海：世纪出版集团、上海人民出版社，2005，第44、48、57页。

② 李林英：《自我表露与心理健康》，北京：北京理工大学出版社，2008。

放自己，但是在以熟人为主的网络中表露自我，则与个性、经历、建立亲密关系等有关。从访谈来看，将自我信息直接呈现在微信朋友圈中的并不算多，即使呈现也是一种“有限度”的呈现，而且呈现经历了从多到少的过程。这主要受朋友圈的联系人从亲密关系逐渐向弱关系拓展的影响。说明新中产阶层的关系边界总体来说划分得非常清晰。他们的自我表露大多是为了一种个人观点的抒发和释放，是一种自我导向的表露。

个案12C女士对自己的通讯录进行了分组，凡是非朋友的关系，都不会让他们看到自己发在朋友圈中的内容。因此，只要是发到朋友圈的内容，她反倒不用“太考虑什么私密的东西”，要是觉得需要更私密的话，“就是见面打电话了”。对她而言，“微信本来就是一个公众的场所，它就是要分享……你实际上想通过一种方式‘秀’给人家看：看你的生活，看你的状态，看你对自己和生活的要求，或者让别人去了解你是一个什么人，其实有时候它也是一种工具”。即便现在她发的内容很少，不是因为她不想发，而是她对自己的要求很高，她认为自己“贴图拍得又不好看，我的文字能力又不行，我可能想象能力还可以。但是在我真的要把一些观点、一些语言、一些感受变成文字的时候，我觉得我的语言组织能力不足以表达我的东西，所以我干脆就是沉默算了”（从这点来看，她关注的还是别人怎么看）。此外，C女士作为一位从事艺术工作的人士，对于一些事物有强烈的表达意愿。例如她提到，有些人在“黑”陈丹青，认为陈丹青连画都不会画了，但她认为陈丹青是“挺有思想的人”，觉得指责陈丹青的人“特傻”。她原本“想保持沉默，但实在忍不住了”，所以会将相关指责转发并表达自己的意见。

> 我说一个艺术家，他画得不好，但是他精神上很伟大，他就能画出好东西来，有的人精神上永远画不出好东西来。其实有的人，比如说他没有动手的能力，因为艺术家也有周期的，艺术家不是永远都要很棒，每一幅画都要很棒的，但是他如果有这个思想，是很进步的，他能拯救一批人，他的思想就是精神上的领袖，我觉得这种人更伟大。如果他去美院，他能拯救一批人，我觉得现在美院都是什么孩子，老师的教育都是墨守成规的这种，我觉得现在更需要一场思想上的革命，这是说实话……他现在到这个年龄不屈服，还在说，至少他

是一个理想主义者。我觉得任何一个理想主义者，不管是为魔鬼而理想，还是为最崇高的事情理想，他们都是特棒的人，因为他是有信仰的一个人，我是这么认为的。

个案6Z女士的先生，在微信上会发一些个人的感受，发的内容主要是看心情，“如果心情好的话，一天能写好几首诗，如果心情不好，那就隔一个礼拜，比如说很忙，比如一直在上海出差，这段时间就没发”。有时他也会发些评论，但“即便是评论，也是稍微搞笑一点的评论，不会触碰领导人的话题，包括宗教的话题”。因为他觉得“小日子过得好了就行了，没有必要关心领导们都干什么。也不用显示自己知道多少，做老百姓挺好的，比较自在”。他不在乎别人的评论，“你也没期待获多少赞，或者有多少评论，有这个当然会更好，你会觉得有一点知己，没有也无所谓，我就是我，我不喜欢某个人，我直接把他删掉，我不会在意你们什么脸色”。

个案19B女士的生活“很简单”，为了孩子，她从职场退回到家庭。现在，她每天大多时候面对的是刚满2岁的孩子，与外界交流的工具基本上是通过微信、微博等社交平台。她提到：

城市生活还是挺孤单的，必须享受孤单才能在这个城市生活下去。现在刚好闲下来了，每天面对他（孩子），这种人际交往相对还是比在小城市的时候少一些。

因此，发微信时通常就是觉得“自己想说点什么”：

比如说今天小孩子很可爱的，但很难对某个朋友说：“小Z可可爱了，我发几张照片给你看吧。”我觉得这样挺没意思的，那我就可以发到那里（朋友圈），你们爱看的人看到了就好了。因为即使是父母也不可能老打电话告诉他们，说小Z很好玩……哪怕多肉开花了，心情挺不一样的，都会发一个。

与以上几位被访者不同，个案7G先生在使用微信时，虽然更多的是从工具性动机出发，但是他在微信信息定向转发的背后，其实也是一种情感沟通的需要，希望将交流效果最大化。他提到，“比如说我看到特别好的东西，我想跟学生分享，或者我想跟你分享，我就直接告诉你了，有的什么东西你要看就看一下，我就直接把这个东西跟你说了”。其核心仍在于“分享”。此外，他还提到，“我在我们的群里边比如说分享一个笑话一个知识点，没人理我，我也会经常发”。这从另一个侧面表明，他的目的更多的是表达观点的需要，而非其他。

在此需要提到一种经常被认为是社交媒体提供的需求——生活日志的需求，将微信作为生活日志的载体虽然也是在朋友圈对自我生活进行披露，但它更多的是面向自我，是一种生活梳理的方式。例如个案 27L 先生介绍说，“（自己在朋友圈里发的）有关励志的内容，主要是说给自己的。还有的是为了记录一个时间，例如 7 月 31 日的记录是换了好的工作，等明年再看这个的时候会有很多感慨”。然而，通过访谈可知，从日志动机出发使用微信等社交平台的新中产相对较少，即使有个别新中产通过微信记录每天的生活，这些公开的“日志”背后的动机也仍是与他人交流与互动。他们并不希望获得他人对所披露的生活的认可，而更多的是一种自我表达的需要，“只是我想发”。

2. 身份认同的需要

无论是发布个人的生活信息还是与工作相关的信息，在很大程度上源自一种对身份认同的需要。这一点在新中产阶层对职业身份的关注方面体现得尤为明显。他们虽然不会发布很多有关自己工作的信息，但是会转发很多与自己专业相关的文章，从而获得相似位置的他人的共鸣与认可。

例如，个案 15H 先生发布在朋友圈的信息中有近一半内容关乎专业，其中还有一些是由他主导的开颅手术的 X 光片。他表示，发这些信息是“觉得这个东西很有成就感，或者我做了这个事挺好的，这个东西有一定意义”。这些能让他与同行有共鸣感，并因此有一种强烈的归属感。

此外，从一些被访者评价别人对“被点赞”的态度可知，当发布在朋友圈的内容被点赞时，他或她也会觉得很有成就感。例如个案 7G 先生在评价点赞行为以及分析那些关注点赞的人的行为时提到：

> 可能他是想证明他的价值，他的朋友圈子很多，可能也有一种攀比，自我肯定，或者说生活中在某些地方不如意，可以在这个方面得

到一些肯定和自我激励。……有这种东西在里边，人有时候需要这样的。在现在这个社会里边，人太孤独了。就算你感觉朋友特别多，当你打开手机你会发现，真正可以马上打电话联络的没几个人，尤其是你可以不分时间地打电话的，这是很不容易的。……通过这个可以弥补他心里面某种程度上的不安全感、孤独感，我觉得应该有这个因素。因为生活的压力太大，没法向别人倾诉，通过这个可以替换一下，把压力转换为生活感，从而感到满足，可能有这种置换的功能在里边。

个案13F女士是舞台设计师，在朋友眼中她是很有品位的人。她在朋友圈通常会发一些个人的感受、美好的东西和精彩的东西，不喜欢发饭菜。

我就发我的思想感受，美的东西、很好的东西、愿意跟大家分享的精彩的东西。

她提到，被大家点赞最多的是自己的照片。虽然未必每条内容都是个人形象的展示，但都是她审美趣味的一种表达。这种表达其实也是一种被认同的需要。

人们通常不会提及在朋友圈发布专业信息的动机，但作为“旁观者”的个案7G先生认为，自己朋友圈里在企业工作的同学发布微信的目的性很强。

虽然也是共享，但他就是让这些（朋友圈）的朋友看的……他们会定期发，经常发，你一看那个就专业性很强，搞证券的，搞企业管理的，或者做人事的……实际上是不断地在强化他那种所谓的关系嘛，引起共鸣啊。

3. “偷窥”的动机

微信不知不觉已成为人们生活的一部分，正如腾讯在宣传中提到的，“微信是一种生活方式”。不管是什么职业的人群，利用碎片时间浏览手机，看一眼微信似乎成为生活常态。虽说新中产阶层的自控力会更强，浏览微信只是“茶余饭后”打发闲散时间的方式；对于微信上的内容并不会太在意，“有时候过了就过了”，“有些好友有特别重要的事情，他们会电话联系。在上面发的基本上都是这些开心的事情，或者是日常的事情”（个案 16L 先生）。但是，究竟是什么力量让他们在无数段碎片时间刷微信朋友圈呢？

前面我们提到，“自我表露”是现代人的一种需求。与其相对应，“偷窥”这个原本在传统社会被视为禁忌的行为，在“祛魅”的现代社会，却成为一种普及的现象。基于人类的好奇心、安全感，甚至有些失控的心理变态等不同的原因，通过微信、微博等社交网络平台“窥视”他人或愿意被他人“窥视”成为一种当代的“窥视文化现象”。如果说偷窥是一种本能欲望，在传统社会，受制于各种限制，人们总能在欲望与禁忌中找到一种平衡。但是，在现代社会，网络则通过“匿名性”打破了很多“禁区”，在“偷窥”与“被偷窥”过程中，处于或隐匿或暴露位置的个体均享受各自的快感。有评论者认为，网络窥视也是一种“现代性个人主义自由的产物”。《我爱偷窥》的作者霍尔·涅兹维奇（Hal Niedzvieck）认为，“我们现代人活在‘隐私权’的城堡里却感觉孤单寂寞，特别是现代人活在一个实体小区和邻里关系分崩离析的世界，个人的绝对自由却不会使人自在。于是我们借着各种‘暴露’和‘表演’行为来引起别人的注意，希冀在虚拟小区找到共同感，有人说赞、欣赏或观看。这个虚拟小区既可满足我们被认同的需要，又可安全地保护我们在实质世界里的隐私”[①]。

微信作为熟人的线上虚拟社区，为个体“公开”地了解身边人在做什么、想什么提供了平台，既满足了人们的好奇心本能，也打发了闲散时间。这一点，对于身处职场的新中产阶层如是，对于现代社会中的每个人也同样。

从总体来看，新中产阶层的微信使用动机更多是“自我导向”的社交媒体使用习惯，很少出现为了寻求他人眼中的“自我”而沉溺于社交媒体，或者为了“刷存在感”“刷关注感”发布信息或与人互动。正如个案7G 先生谈到的，“你像这个存在感吧，对有些人来说他觉得很重要，但是

---

① 霍尔·涅兹维奇：《我爱偷窥：为何我们爱上自我暴露和窥视他人》，黄玉华译，北京：世界图书出版公司，2014。

在我看来无所谓，为什么一定要别人知道你的存在呢，当有需要的时候，真正需要你的时候那种存在感是很重要的。需要帮忙了，你的朋友多，关键时候谁能帮你，这才是重要的。所以我觉得这种存在感意义不大，所以我不重视这个”。从霍曼斯（George C. Homans）的情感－互动假设①的角度来看，新中产阶层与其朋友圈中“有相似的生活方式和社会经济特征的个体”会有更多互动，而个体互动越多，他们越可能共享情感，共享情感越多，也越可能参加互动和参加活动。从这一点来看，无论是工具性动机还是情感性动机，新中产在微信上获得的更多是一种同质人群的认同和共鸣，促进的是一种维系已有资源的表达性行动。

三　微信的社交网络规模

社交网络规模在本研究中主要是指个体用户在其社交媒体上添加交往对象的总量。具体到微信应用上，是指个体用户在微信通讯录内添加“联系人”的数量（经用户筛选，有些联系人发布的信息能够在朋友圈中显示，但有些因被用户拉入“黑名单”而无法出现在朋友圈）。根据英国牛津大学人类学家罗宾·邓巴的“150定律”（也称“邓巴数字”），人类大脑皮层的容量有限，提供的认知能力只允许人类拥有稳定社交网络的人数是148人，四舍五入大体是150人。虽然有很多研究者对“邓巴数字”提出质疑，如拉塞尔·伯纳德（Russell Bernard）和彼得·基尔沃兹（Peter Killworth）等人类学家指出，人类社交网络的上限几乎是邓巴数字的两倍，美国哈佛学者彼得·巴斯等（Peter Marsden）则认为，即使经常从事社交活动的人也只会和少数好友谈论重要的事情，所以核心交往人数又少于“邓巴数字”。但本研究仍将“邓巴数字”作为分析新中产阶层微信社交网络大小的一个参考指标，按照通讯录中人数多少将微信的社交网络规模划分为四档：100人以下、100～200人、201～300人、300人以上。

从访谈对象来看，微信通讯录中少于100人的有5位，通讯录中有100～200人的有4位，通讯录中有201～300人的有9位，通讯录中超过

---

① Homans, George C, *The Human Group* (New York: Harcourt, Brace, 1950), pp. 37－40. 转引自林南《社会资本——关于社会结构与行动的理论》，张磊译，上海：世纪出版集团、上海人民出版社，2005，第38页。

300 人的有 13 位，最多的达到 1191 人（见表 3－1）。绝大多数被访的新中产人士，微信联系人数量超过了“邓巴数字”的上限，说明大多数新中产人士通过微信联系的社交圈规模都相对较大。联系人数量的多少固然受职业因素的影响，但从两类极端的个案（联系人少于 100 人，以及人数超过 1000 人）来看，职业（单位属性）、性格以及对微信媒体的定位和评价是影响新中产阶层微信社交规模[1]的重要影响因素。

表 3－1　北京新中产阶层深访对象微信社交网络规模

单位：人

	个案 1 C 女士	个案 2 G 女士	个案 3 L 女士	个案 4 L 先生	个案 5 W 先生	个案 6 Z 女士	个案 7 G 先生	个案 8 Z 先生	个案 9 H 女士
人数	296	206	492	97	89	164（夫）	310	713	341
	个案 10 W 先生	个案 11 L 先生	个案 12 C 女士	个案 13 F 女士	个案 14 W 女士	个案 15 H 先生	个案 16 L 先生	个案 17 Z 女士	个案 18 Z 先生
人数	372	90	313	188	93	217	295	350	201
	个案 19 B 女士	个案 20 Y 女士	个案 21 L 女士	个案 22 L 先生	个案 23 Z 女士	个案 24 W 先生	个案 25 H 先生	个案 26 W 女士	个案 27 L 先生
人数	84	173	1191	256	412	241	1084	200	594
	个案 28 G 先生	个案 29 W 女士	个案 30 L 女士	个案 31 L 先生					
人数	458	380	221	275					

个案 4L 先生与个案 5W 先生都在国家机关工作，他们的单位性质以及公务员或“参公”[2] 身份似乎潜在影响了他们的人际交往原则：谨慎。他们较少添加“不相关”或“有可能相关”的交往对象。与其说他们的交往圈子小，不如说他们更注意管理自己的交往范围。个案 18Z 先生作为国企管理人员，以他自己的经验举例说明年龄和职务级别对社交媒体使用的影响：“一般微信里的人，年轻人比较多。手机通讯录里有一些老同志，或者稍微有点儿级别、地位的，这些人一般都不愿意加到微信里……而且一

① 需要指出的是，微信通讯录中的人数仅仅是一个参考值，很多新中产通过“群聊”功能，在微信上还有着很多未添加到通讯录中的社交圈人员。

② “参公”是我国政府各单位政工干部和工作人员比较口语化的一种表述，全称是参照公务员管理法管理，参公人员是指政府委托或授权具有行政执法能力的单位和不属于公务员系列的人员。

些领导也非常注重隐私，通常也不想让别人（特别是同事和低级别的人）看到他在干什么。”此外，Z 先生还提到，他们公司同事之间的沟通更多的是通过打电话。当然，他们公司里年轻一些的同事也和他用微信联系，手机上朋友圈中的人喜欢通过微信联系，但是工作上有交集的人，需要解决事情都是通过电话联系。“工作上的事情需要解决的，是以电话为主……微信这个东西显得太单薄，只能问一下对方电话、在哪里等简单的信息。但是，要讨论则不可能在那儿发信息，而是通过语言，更有真实性、全面性，也能更加深入。”此外，Z 先生所在公司因工作性质所限，“社会服务型行业可能不涉及隐私问题，但像我们要深入讨论的可能会涉及企业比较重要的、机密的事情”，所以相对于市场化公司所注重的“效率”，Z 先生所在公司开会更注重的是信息安全，“不要把信息扩散出去”，所以也很少用微信、QQ 等社交型工具。

个案 11L 先生的职业是国企工程技术人员，他的交往圈主要是同学和同事。相对于其他行业的被访者，他的工作环境相对单纯，与程序打交道的时间远远超过与人交往的时间。他喜欢打羽毛球，但即使是工作之余一起健身打球的固定朋友也多是他的同事。他不会将球馆认识的人添加到微信通讯录，一是因为“没怎么聊在一起，没到那种程度”，二是“里面的人流动比较大，不是固定的”。

个案 14 W 女士，成长于文艺世家，是地地道道的北京人。她工作经历丰富，因工作关系，社会交往的范围相对较广，但是她处事严谨，微信中添加的联系人只有 93 人。她表示：“我不太愿意加人，其实我在加到三四十人的时候，是我频繁发微信的时候，到了 90 多个人的时候，我好像最近一个月不太在微信上面发东西了。”

与上述 4 个案例形成鲜明对比的是个案 8Z 先生，他是一位热心肠的律师，有着极广的交往圈。除了职业因素使其与他人有着广泛的联系外，他还参加了一些社会组织，同时还成立了一家与公益有关的公司，这些都促使他愿意或不排斥扩大自己的社交范围。作为朋友的朋友，研究者也被他热情地邀请到了他在微信上搭建的一个公益活动群中。在访谈中，他多次表示，“他只要申请添加我成为朋友，我就加，我就来者不拒”。因为他觉得，“人家加你，是出于好心好意……人家看到你的朋友圈，人家是一种善的，想要跟你做朋友，这是友好的一个意思表示，那我们得接受”。当然，如果接触以后，Z先生觉得这“朋友”不符合他的标准范围，会再把他删掉。正是由于上述各种因素的影响，他的通讯录联系人高达713人。

与个案8Z先生同为律师职业的个案9H女士，也有着类似宽广的交际圈。虽然H女士的通讯录中没有添加那么多人，但是从她的讲述可知，她在微信社交媒体上的交往范围已远远超过通讯录中的人数。“341就是我通讯录上的数字，但是我的圈子里（微信群聊）基本都是几百几百的。”H女士举例说，“你看我这儿有个刑事辩护圈是125（人），然后全国刑辩律师朋友群是101（人），然后海淀事务委员会是95（人），还有一个新联盟是116（人）……我这儿还有一个思源的，385（人）……”也就是说，通讯录中的朋友只是存储的联系人数量，而新中产人群通过微信联系的人数则远远超过这个数量。

在31位新中产访谈对象中，有两位被访者的微信联系人超过了1000人，一位是个案21L女士，往返于北京和香港的自媒体人，她的联系人有1191人；一位是个案25H先生，意大利奢侈品牌中国合伙人，他的联系人有1084人。虽然他们所处行业和职业不同，但都需要更多地和人打交道。L女士会通过微信与她采访过的对象保持联系，也需要通过发展粉丝联系人增加节目的黏度和影响力。H先生交友广泛，各行各业都有，媒体人士、时尚圈、企业家、设计圈等，这些交往的关系都从不同方面与他的工作有着密切关系，如品牌宣传推广、时尚趋势发布、企业管理等。通过微信，他与这些关系保持着日常互不相扰、有事随时联系的“君子之交”。

有一个值得关注的现象——身处市场化水平较高行业的新中产阶层，其社交媒体使用程度也相对较高，他们对于自己微信通讯录中的人数估计常常超过实际数量。例如个案2G女士，在查看微信通讯录前，估计自己的通讯录中大概有500人，但实际为206人；个案3L女士，估计自己的通讯录联系人有600多人，实际为492人。个案10W先生也提到，“我手机通讯录联系人有上千个了，微信几百个应该是有了”。这都从侧面反映出行业和职业市场化较高的新中产阶层日常人际交往更广，且互动更多，容易将各种通过社交应用的交往经历都附加给微信，也从另一方面折射出他们对微信交往的肯定与信赖。

“中国社会变迁与中国都市中等收入群体的成长”课题组2005年的调查结果显示，社交圈的数量与个人的家庭收入、支出和学历呈现明显的正相关关系，也与调查者个人对自身社会地位的主观评价呈正相关关系。也就是说，社会地位越高的人往往社会交往范围越广，而社交范围越广也就越可能提升个人的社会地位。[①] 当年，该调查主要是通过社交圈数量的多少来考察人们的社交范围，如今则可以通过社交媒体中的具体数字来体现。大多数被访的新中产人士提到，经常保持线下交往的一般在 20 ~ 30 人。即使是微信通讯录中有 700 多位联系人的个案 8Z 先生，如果没有微信的话，常联系的朋友也就“20 人左右”，在微信上经常互动跟帖点赞的“有五六十人”。总体来说，微信扩大了新中产阶层的日常交往范围。虽然这种更广的交往范围未必能提升他们的社会地位，但是增加了他们通过更广泛的交往在更宽泛的社会结构中获取有价值资源的能力和可能性，也就是说，无论从工具性还是表达性行动中均可能获取更多的社会资本。第六章将对新中产阶层的微信使用行为如何促进社会资本的获取进行理论阐述与分析。

四　微信的社交网络结构

费孝通先生在解剖中国传统社会时，使用了社会结构分析的方法，将中国社会与西方社会分别用“差序格局”和“团体格局”进行区分。他认为，西方社会人与人的关系就好像是一捆柴，呈“团体格局”；而在中国的传统社会或者说乡土社会中，人和人的关系往往是以血缘和地缘关系为核心的网络关系，是一种“差序格局”。在这种格局下，每个人的网络关系就如同水面的涟漪，一圈一圈按照离自己的远近划分亲疏。[②] 这种关系通常受以下几个因素的影响：血缘、地缘、学缘、业缘、趣缘等。从新中产阶层的社交规模梳理来看，绝大多数新中产微信通讯录中的人数超过 150 人，他们有着相对较大的社交圈，但是否这些联系人都与新中产个体有着密切的联系，彼此的关系究竟如何？在微信社交平台中的社交关系又是如何体现新中产阶层的社会关系的？

---

① 周晓虹主编《中国中产阶层调查》，北京：社会科学文献出版社，2005，第 157 页。

② 费孝通：《乡土中国》，北京：人民出版社，2008，第 25 ~ 34 页。

（一）以职业关系为主的社交网络构成

按照“差序格局”的划分，我们请被访的新中产人士按照亲属、朋友、同学、同事、同业、同好的分类，以及每类关系所占朋友圈人数的多少，对自己的微信朋友圈结构进行描述。访谈结果发现，绝大多数新中产人士通讯录中的联系人以包括同事在内的同业关系为主，或者说以职业上的交往关系为主，其次是朋友和同学。也就是说，微信作为一种交往工具已经成为有助于新中产开展工作的工具之一。但是，这些职业关系的交往因朋友圈的联系，变得“柔软”起来，少了职场中的对立与冲突，而且这些“同业”大多也被发展成了朋友的关系，如下文个案1、个案2、个案3的有关介绍。虽然个案7G先生提到他的通讯录中有很大一部分是同学、同事，只有10%是同行，但其实作为高校教师，他的受过大学及以上教育的同学，特别是硕士、博士同学都在其中，很多也是高校教师，属于同行。

> 个案1C女士（金融人士）：亲戚朋友是一方面，同学也有一些圈子，平时交流多一些的还是同业，一起能谈得来的、已经成为朋友的这种会比较多。开会一起认识的，人跟人点对点的这种交流会比较多。这样的话会积累一些朋友。比较谈得来的话，我都会把他们加进来。而且这些朋友，我们都是做债券的嘛，都是一个圈子的，市场有什么信息的话，他们也都会发，这样的话，我这边又多了一个渠道看专业的东西。

> 个案2G女士（外企航空高管）：同业和合作伙伴居多吧，然后朋友主要是同学，各种同学，从小学、初中、高中，再到后来的再去读书的各种同学。越来越多是后来工作上的朋友了。

> 个案3L女士（牙科诊所合伙人、医生）：我的微信里，95%都是同行。然后，有一个同学群，大学同学吧，就几十个人。然后，亲戚反而没有几个人。主要都是同行……同行的话，就是我有可能认识你，你又认识另一个同行，慢慢地介绍啊，或者通过一些会议啊，活动啊，我们会议比较多，就认识了。微信这个东西，主要就是一个沟

通吧。加进来，慢慢了解，慢慢沟通。

个案7G先生（大学副教授）：就这300多个，这里边大部分是我的同学、同事，能占到一半以上……上学多，你有很多同学，包括你的校友有时候联系多的也算，我这里边的同学包括老家的同学，里边也有我小学的同学。中学就是我高中以上（十来个）……但是这边最重要的是大学以上的，很多。大学以后的同学，硕士、博士同学，包括同事基本上都在里边，也包括领导，应该这个占的比例是最大的。还有一块比例应该就是我的学生，就是我的服务客户，学生占的比例也很高，这个30%~40%没问题，基本上对半开了。还有一部分是同行，我在其他外部认识的一些人。

个案9H女士（律所合伙人）：占最大比例的肯定就是我的律师圈……它大概占40%……剩下的就是佛教这些，就是我的这些朋友圈，我的佛教有一些人……家人亲戚同学，这些都很好，基本上跟这些比起来那些太少了，最多也就占到5%……同学加朋友，这里面差不多，因为有一些他们都是交叉的，像学佛的这些人，也都是朋友，在佛学的圈都是交叉的。你看有一些同学他也是搞法律的，就都在这里面，闲杂的人几乎就是很少。

9H女士的朋友职业构成很杂，除了律师同业外，“比方说有一些人是医学的教授，各方面的都比较顶尖的一些人……差不多什么都有，比方说有导演，有作家，有摄影师”。

个案10W先生（外企医药行业业务主管）：我的（同业）要（占到通讯录的）60%~70%，肯定……其次是同学、朋友。……车友，（占到）10%，三四十个应该是有的。

个案15H先生（神经内科医生）：亲戚能占20%……朋友占30%，同学占20%，同事也占20%……（同行）有，10%左右。（由于医学专业相对特殊，基本上毕业后都做了医生，因此，15H先生提到同学占 20%，其中有不少是大学到博士的同学，从某种意义上说，也是同行。由此推算，同行 + 同事的比例占到了 40% 左右。)

个案 13F 女士（舞美设计师）：最多的是同事同行……朋友并不多，就那么几个固定的，主要还是同事，我觉得 80% 是同事同行。

个案 22L 先生（重点中学一级教师）：百分之七八十是广告，就是在各种群中加入的推销自己的人（L 先生加入的群主要与政治、历史相关），我加这些人也是为了扩大我自己空间和博客的影响力，各取所需。其他百分之十五六是朋友，家人占到百分之五六。同学基本都在群中。

个案 23Z 女士（自由职业者）：兴趣爱好的占 50%，同学占 20%，发小有五六个，有部分同事，占 10%，同行占 10% ~15%，还有十多个家人。

除同业外，很多新中产的微信通讯录联系人是与业务有关的客户，或者“准客户”。例如个案 8Z 先生的微信通讯录中，“最多的还是法律这块的一些当事人，然后是公益活动的，健康俱乐部的排第三，家庭成员排第四”。再如个案 7G 先生是一位大学教授，他开玩笑地将自己的学生称为“我的服务客户”，这一块的比例占到了他通讯录的 30% ~40%。个案 12C 女士，除设计师身份外，还是公司的合伙人，除了朋友、同学外，最主要的联系人仍是客户。因为她是跨专业从事目前的行业，“反倒同行不算多，也就五六人”。比较特别的是个案 22L 先生和个案 23Z 女士，他们的兴趣群均占到微信通讯录的半数以上。个案 23Z 女士的兴趣在旅游方面，她有意于将这种兴趣发展为未来将从事的职业，因此也与职业发展方向密切相关。个案 22L 先生是一位博学的科技老师，他希望通过广泛的兴趣圈将自己学生的成果更广泛地推广出去。从访谈情况来看，大多数新中产人士的朋友圈结构以工作关系为主，就像个案 18Z 先生提到的，他微信通讯录里的联系人“基本都是工作关系，占到 90% 以上”。

（二）职业、个性、性别影响社交网络结构

首先，在新中产阶层的微信社交结构中也有一些显著差异，其主要受职业或行业因素的影响。例如个案4、个案5、个案16是国家机构的公务员或参公人员，他们的微信社交构成会有一些变化，结构以同学和同事居多。例如，个案4L先生对于申请添加的人几乎来者不拒，因为他觉得申请的人基本是QQ同步的朋友和手机通讯录中的朋友，因此“一般申请都加吧”。其中，“同学占了一半多一点吧，同事占了另一半的三成”。个案5W先生并不像个案4L先生那样对于申请的人都接受，而是“有选择性的，看关系密不密切”。他有时也会主动发出添加邀请，不过仍有明显的筛选，如“有必要的话我就加，没有必要的话我就不加”。他的QQ上基本是亲人、朋友、同学、同事、同行，而且还有“工作的两个朋友圈，还有我们孩子家长的圈”，但他基本都屏蔽了。他的微信使用“比QQ还少”，而且“微信圈里比QQ圈里的朋友更少”。个案16L先生是参公人员，他的微信社交结构基本上是“同学可能稍微多一点，占30%～40%。朋友也占30%，家人少一点，家人占10%，同事和同行占剩下的（30%左右）”。此外，如个案11L先生，是典型的工程技术人员，他的交往关系相对简单，通讯录中反而是“亲密的朋友”“经常玩的朋友”大概能占到一半，“90个人中大概有四五十个人吧”。不过，在他的意识里，这些朋友中包括了“业务伙伴”，因为“经常见面也相当于朋友”。非公务员身份的被访者个案7G先生评价，这种类型的结构主要是“跟政治生态也有关系，因为他那种政治生态下，好像没有我们这么自由”。

其次，个性也是影响社交网络结构的一个不可忽略的因素。访谈中，一些更强调个人感受的新中产人士，微信中则以趣缘和品位相投的朋友为主。例如个案6Z女士的先生，他在外资能源企业工作，个性简单、直接。Z女士评价他为“特别过激，特激进的那种”，他自己也不忌讳表示自己“比较自我一些”“也不看谁的脸活下去”。他“比较喜欢简单的人，没那么人情世故，城府没那么深”，他的微信添加原则是以“趣缘”为主，如“那些大家有共同爱好，比较志趣相投，品位比较高的人”，而且这个朋友还必须是“有想法、有智慧的”，“他对某个事有一定的见解，比如说一个政策出来，他有自己的想法、观点，会有哪些风险”。虽然他的工作也需要有很广的人脉，甚至要与一些官员打交道，但他“不会主动去加他们”，

因为他觉得“大家相对发短信会比较有礼貌一些”。他也不会添加领导的微信，倒不是因为有什么不方便，而是个性所趋，但他觉得“在体制内（发微信）还是要注意一点，像我这种也无所谓，你把我炒了，我另找”。

最后，性别也会对社交结构产生一定的影响。特别是做母亲后的女性新中产人群，她们作为现代职业女性，既要工作还要兼顾家庭。身为母亲的她们，对孩子会有更多的投入，因此在社交网络中会较之以前多了“家长群”。例如个案17Z女士，是一位商务机空姐，她的社交结构中最多的是朋友，占到通讯录的一半左右，其次是同事，大概有50人，其余的一部分是“孩子同学的家长”，“也得有七八十（人）了”。在本研究中，还有一个值得关注的个案19B女士，因为大龄生育，她从职场转身为全职妈妈，因此她目前的微信圈基本上围绕生活展开，清晰地三分为亲人、朋友、“妈妈们”。虽然她以前的一些同事也还有联系，但占比很小。考虑到孩子稍大以后回到职场会转换行业，以往的同行业的如果没有成为朋友的，联系就会非常少，现在“毕竟没有工作内容可以聊”。

从总体来看，新中产阶层微信社交网络结构是以“业缘”“趣缘”“学缘”交往为重头戏。虽然这些关系无法取代也不可能取代“亲缘”对一个人的影响，但仍将在一定程度上影响中国传统文化对血亲关系的强调。韦伯和福山在研究中国问题时发现，“中国人的信任是一种建立在血缘共同体的基础上，难以普遍化的信任。由此认为，中国社会是低信任度的社会”[①]。但是，在中国经济快速发展的当下，北京、上海、广州等特大城市，甚至在二、三线城市，人口流动现象都非常普遍。离开父母和其他血缘关系，到大城市去打拼的现象越来越普遍，血缘关系在他们的发展中扮演的角色越来越弱化，或者说血缘关系在社会资本积累中的能效在递减，甚至在传统社会中原本具有凝聚社会资本作用的地缘关系也不如以往的效力，在新中产阶层的资源结构中越来越被边缘化。人们的社会资本获取将会更多地通过与业缘、学缘、趣缘等社会关系的互动来完成。而这三种关系并非简单的同质关系或异质关系，而是越来越接近于西方社区的特征，即“弱联系，强关系”。社会学家认为，“关系越强，获取的社会资本

① 郑素侠：《网络时代的社会资本——理论分析与经验考察》，上海：复旦大学出版社，2011，第109页。

越可能对表达性行动的成功有正向影响；关系越弱，自我在工具性行动中越可能获取好的社会资本”①。

回归到马克思有关人的本质属性的界定——人的本质属性是一种社会关系的总和，在复杂的关系中起决定作用的是生产关系，也更有助于理解相对于中国传统社会以血缘、地缘为主的社会交往，新中产阶层的社交结构所发生的变化。新中产阶层作为现代生产体系中的一分子，对其生产关系产生更大影响的是业缘、学缘等关系，因此这部分关系自然而然在其交往中逐渐占据了重要位置。

但需要说明的是，上述社交结构仅仅是从通讯录中的人数多少进行的排序，并不能说明排序靠前的关系类型就一定是新中产阶层的核心交往人群。按照一些被访者的介绍，通常密切联系的就是20~30人（个案8、个案10），而“亲人就那么几个，一个电话好说”（个案10）。日常关系紧密的至亲和密友毕竟数量有限，通过这一评价结构无法体现这两种关系在新中产阶层人际关系中的分量，它们在微信中更多地体现在后文中有关“群”的梳理与分析中。

五　微信的内容偏好

不管是浏览朋友圈发布的信息，查看公众号的内容，还是在朋友圈发布动态，都是个体使用微信等社交媒体的重要行为构成。有关微信内容的偏好在一定程度上影响着新中产阶层与他人的交往与互动，进而影响他们在社会网络关系中获取和动员社会资源、获得社会资本回报的能力。换言之，新中产行动者浏览朋友圈和公众号、在朋友圈和各种群聊圈子中发布信息、与朋友互动等行动，也是新中产阶层对社会资本的投资与生产行为。

具体到微信的内容偏好，包含三个层面：新中产行动者个体发到朋友圈的内容、阅读朋友们在朋友圈发布的内容、阅读具有媒体属性的公众号消息。不同的个体因职业、年龄、性别、爱好等偏好的内容千差万别。以下将从上述三个层面分别进行概括。

① 林南：《社会资本——关于社会结构与行动的理论》，张磊译，上海：世纪出版集团、上海人民出版社，2005，第65页。

（一）发布到朋友圈的内容偏好

首先就“是否有在微信朋友圈发布信息的行为，包括原创和转发”，新中产阶层出现了明显的性别差异：男性比女性更少在微信朋友圈发布信息。例如个案4L先生和个案10W先生，即使在朋友圈发信息也发得非常少，他们“不太发信息，而是收藏信息”，或者是“看到好东西会定向地发给某个人，发给家人”。还有个别男性新中产甚至完全不在朋友圈发布信息，而是有针对性地选择目标对象或目标群定向发送信息，例如个案7G先生、个案16L先生。L先生说，“收藏很多，但是不去发……一对一地发，不会群发……有用的分门别类地发给谁”。这样的信息发布行为或许与性格有关，但更可能与男性相对理性的思维方式有关。例如个案16L先生表示，“我看还真是个人性格，反正就没想发”。个案4L先生也认为自己不太在朋友圈发信息主要还是“要低调”，“和个人行事风格有关”，还有被访者提到不爱发的原因可能与性别和爱好有关，“有的女孩儿爱发，有些男同志不发。特别是专业的，搞艺术的，玩古董的啊，见到谁发的好的东西，特别是一些古董啊，鉴赏某个东西，比如说某个字画啊都会发。那挺好。我没有这个爱好，也没有这个专业的……”至于低调行事背后的原因则是“不喜欢成为焦点”。

个案10W先生不太发信息，一是因为朋友圈里面的人太多太杂，二是认为发微信更多的是一种“秀”，而“秀自己的幸福，会觉得你是在让人下不了台”，或者被别人认为“你是在装，没有必要”，由此“不但起不到你分享和传递的目的，反而会因为这个东西别人关上了跟你沟通的门，就咔嚓咔嚓，以后不跟你聊”。他觉得分享不一定要通过朋友圈这种形式，而是“可以单独转给他，我觉得这个文章的哪一段话有共鸣你有空看一下”。他还提到的一个不分享的原因是，“因为你这个朋友圈分享了之后，你是占用了别人空间的。你分享完之后不是在你手机上，当别人打开手机的时候，你是占用人家手机空间的，所以你不知道人家是不是愿意让你占用，我就假设，别人可能不愿意，而是我在泛泛地去分享”。即使男性会在朋友圈发布信息，总体发布的数量和频次也相对少于女性。

从新中产人士发布的信息内容的总体情况来看，专业内容、个人生活、兴趣展现、娱乐消遣的内容相对较多；披露个人生活的内容在女性发布的内容中比例略高。此外，值得关注的一个趋势是，随着微信中添加的人群越来越多，构成越来越复杂，已逐渐脱离最初的核心交往人群——“强关系”，从而导致个体在朋友圈发布信息的数量越来越少，披露个人生活的行为也越来越鲜见。

1. 专业内容的分享

与前述新中产阶层使用微信的动机中较为突出的情感共鸣与身份认同相匹配，分享和转发与专业相关的内容是新中产阶层寻求职业认同感与身份归属的一种重要的方式。通过发布与专业相关的内容，他们能够获得更多圈内同行的共鸣，或者是朋友对于其专业的肯定。因此专业信息是很多新中产微信发布的主要内容之一。

个案1C女士发到圈中的内容，原创的很少，更多的是转发圈子里与专业相关的信息、趋势和政策。

在我的圈子里，专业的朋友会比较多，有些信息出来了，打个比方说，央行现在不是还是要放宽（政策）吗，那圈子里就有传言说，房贷如果还清了就算是首套房贷。类似这样的信息我就发，因为这样就会有更多朋友看到。

个案15H先生是一位神经内科的医生，自开始在朋友圈发布信息以来，总共发布了118条信息，其中有关医学或与医生相关的报道（不包括做手术前的场景）有49条。

个案13F女士是舞美设计师，除了发一些舞美的内容，还会发一些比较有意思的链接，因为“咱们从事文艺工作”。由此看来，她发的链接也是一种专业的分享。与F女士工作性质相似，个案12C女士从事的也是与艺术密切相关的工作，她表示喜欢看艺术类和生活类的内容，而且这两类也是她转发最多的内容。

个案9H女士，发的内容和频次都非常多，除了感觉有正能量的内容外，她发得最多的就是有关法律方面的内容。因为法律方面的信息更新比较快，所以她发得也比较多。比如“今天是20日，19日最高法（院）、最高检（查院）出什么东西了，我马上给大家转过去”。个案8Z先生作为一名资深律师，也表示自己发布最多的内容是法律方面的。

新的法律出台的时候我会发，老百姓比较感兴趣的，不是说所有的新法律出来我就发，跟老百姓切身利益相关的，或者是需要警示企业的法律方面的信息我会发。

个案 22L 先生，我发的内容主要是学生作品，其次是自己出去玩的信息。

主要是希望跨行业、跨对象地让别人去看学生的作业。这个影响很大的。

2. 兴趣相关的好文

每个人的兴趣都不同，有的人喜欢文玩艺术，有的喜欢旅游，还有的喜欢读书、园艺，或者关注灵修等，这些成为新中产们在微信私家“客厅”发起的主要话题，有同道者会与他们互动共鸣。

个案 28G 先生本科虽然是学机械的，但一直对文学有着浓厚的兴趣，后来的工作与硕士、博士学位的攻读逐渐偏向与文字相关。即使目前的工作更偏向管理，他还是为自己开辟了一个抒发情怀的平台——微信。他提到，自己在朋友圈发信息，“完全是文学爱好者的思路”。因此，在他发布的信息中有很大一部分是他即兴创作的诗词。

个案 9H 女士信奉佛教，有关做人和佛修的内容在她发布的微信内容中排第三位。从她的角度来看，调整心态、美一点的语言音乐、慈爱视频等都属于她的兴趣范围，就是传播仁爱。

与 H 女士相似，个案 8Z 先生也信奉佛教，发到朋友圈最多的内容也是有关善行和为人处事的理念。“就是行动，善行，善的行为，大家产生共鸣的比较多。”除了专业信息外，这一类属于他发布量最多的信息。

正能量的信息我会发，比如说学会宽容、包容，管好自己的事，不管他人的事，看开老天爷的事，这些发出来以后人会比较清醒一些，不至于再受一些事干扰，乱了自己的心。

兴趣对大部分身在职场的人士来说有时是奢侈的，但是对于个案 19B

女士来说，现在可以成为一种“职业”，在照顾好宝宝的同时，她为全家人打理营养美食，并养了很多漂亮的多肉植物。她发的内容基本都是她感兴趣阅读的内容。

> 我现在最喜欢（发的内容）就是园艺，如种花草啊。我期待我们的条件比现在好一些，买一个有院子的房子，可以养一些肉肉（多肉植物），种一些花草。我在微博中也会关注这样一群人的微博。

个案20Y女士喜欢读书，所以发的内容很多是她看到的书中的某一段很好的内容，即使只言片语她也会发到朋友圈中。

3. 娱乐消遣信息

娱乐消遣类的信息包含的面很多，与兴趣相近又有所不同，更强调放松身心的功能。例如好音乐、唯美图片、搞笑视频等。个案12C女士就表示，“转个音乐排行榜，我觉得挺喜欢听的我会转一转”。这种类型的内容在新中产发布的信息中并不少见。

个案20Y女士提到，除了在朋友圈发一些自己读书的内容，她还特别喜欢发一些小动物的内容。

> 我特别喜欢发这些轻松的、好玩的。我自己看着特别开心，可能有些人看到了也会开心，所以就发上去了。我觉得特别累的时候，看看这些会觉得特别好。

4. 实用性小知识

实用性小知识主要是与日常生活有关的一些小知识和小窍门，如养生贴士、料理技巧、饮食禁忌、拍摄技法等。这些在生活中不起眼的小知识，反倒很受关注。

个案11L先生提到比较感兴趣的主要是：

> 和生活相关的一些小窍门，比如说那个饮食、养生之类的生活小窍门，一些跟工作上相关的，就类似于心灵鸡汤那种语言，那一种，还有一些工作总结的技巧，或者说你使用的一些软件，或者电脑上一

> 些小窍门这种类型的，还有一些新闻，比如说某某要干吗干吗，或者我们行业的一些新闻，比如说某某要跟国际合并了，就那个三足鼎立这种类型的，还有一些照片。

个案18Z先生虽然在访谈中提到他不太在微信中发内容，但通过观察可知，他在刚开始使用微信时，分享的频次相对较多，近一年来分享的频次开始减少，平均每个月2条左右。早先发布的内容，相对偏生活化，以轻松实用的信息居多。例如，关于养生、保健、旅游等的实用信息。近年来开始略偏向于与个人资产管理有关的信息，但总体而言，是与人们日常生活有关的话题与内容。

个案8Z先生会发一些有助于身心的内容。例如介绍一种“诺丽”果汁等，他觉得：

> 目前健康是（人们面临的）最大的危机，现在我们生存的环境有些受到了污染，如食品污染、水污染、空气污染。

5. 个人生活披露

总体来看，新中产阶层在朋友圈发布个人生活的不算多，女性相对男性会略多一些，但是随着朋友圈的扩大，发布的比例反而越来越小。也就是说，圈子在扩大，朋友圈的隐私边界在缩小。有研究显示，人们有时会将自己的隐私告诉陌生人，而不是认识的人，更不会告诉半生不熟的人。例如，个案1C女士在访谈中提到，她只是偶尔把一些出去看到的风景发到朋友圈里，而不会在微信中披露个人生活、情感及家人。如果想抒发个人情感，她会选择使用微博，因为“微博上的圈子更私密一点”，“不像手机上的微信等通讯录里的联系人都可以添进去了”。

> 我就喜欢把我自己的心情发到那（微博）上面，自己也有一个记录。而且我觉得那个时候可以畅快淋漓地写一些东西。在微信上我一般不大会，因为一般有同事啊，领导啊，还有下属啊，写东西就会顾忌比较多……如果把圈子再放小一些，我就愿意写一些东西，要不我就不大愿意多写。

不过，像个案1C女士这样小心翼翼的新中产也不多，很多人会发与个人相关的信息，但是相对较少，频次逐渐减少。例如个案14W女士提到，朋友圈在30~40人的时候还发，但是到90人的时候就很少发了。“原来我会发生活的这些照片，比如出去旅游，看见特别有意思的事情，但是现在我连这个都不发了。”个案2G女士发微信并不多，偶尔在她的朋友圈中会有一些自己出差到国外的景色，或者某个怡人的书店，以及自己夜跑的风景照片。她说自己使用微信的心态“很随性”。

我基本上把工作上的人都屏蔽掉了。……我发的基本上都是比较personal的，很生活化的，就是我自己开心了，想发了就发。

有孩子的女性，孩子几无例外成了她们披露个人生活的一个重要内容，这一点对于新中产女性也不例外。例如个案17Z女士提到喜欢发的微信，主要是“会发一些孩子的动态”，然后是一些新闻动态。浏览她的朋友圈，的确如她所说，女儿的照片以及女儿的一些小作品基本上占到了发布内容的一半，其中也有母女幸福甜蜜的合影，剩下是一些生活照和一些转发的内容。个案19B女士，除了一些感兴趣的园艺等，偶尔也会在朋友圈发一些小宝宝成长的照片。

至于男性新中产阶层，他们极少发个人生活的信息，有孩子的父亲们，偶尔会将自己的宝贝们秀一秀，但这种比例非常小。他们也会在一些时候发一些与工作相关的内容。例如个案15H先生，偶尔会将自己不到两岁的孩子秀一下，极少数情况下会将自己工作的照片发一张，比如手术前，晚上9：20左右才和同事一起吃工作餐，而且是边吃饭边讨论如何为下个病人做手术。

个案8Z先生也很少发家人或自己的生活信息，但偶尔会发布带父亲出游的内容。这种内容在他看来反映的是一种“孝”。比如说他在访谈中提到，带父亲去香港游太平山，获得58位朋友圈朋友点赞。他解释说：

大家都很感兴趣，大家认同你这个行为，你自己去玩那是你自己开心，如果你把老人带上的话，那大家觉得太好了，或者说他也想这样去做，或者没有时间，或者是不方便，或者什么的，都有可能。但是他就觉得这是一个大家都愿意做的事情，百善孝为先，所以这是能够跟大家产生共鸣的一个点。

在此需要提到的是，与职业有关，个别新中产会经常将自己的动态实时发布到朋友圈，但是他们也是有策略地披露。例如前面提到的个案 21L 女士，作为网络广播自媒体主持人和创始人，她在扩大个人品牌宣传需要的同时，不会刻意地在微信中推送有关节目的信息，而是小心地在微信中传递一些有关自己的生活品位、游历分享和个人形象的信息。不过，她在微信中展示的形象“永远都是在外面某个街区玩，而不是在家里。不会传递自己的情绪。虽然也喜欢秀，但是不展示自己的生活品位，内心的东西……”

（二）朋友圈内容的阅读偏好

朋友圈发布的信息庞杂，并非所有的信息都会被关注。对于新中产阶层来说，有些是他们非常排斥的，例如心灵鸡汤类、做生意的、负能量的等，只要出现这样的信息，他们就会毫不犹豫地将这些信息的发布者“拉黑”。就像个案 12C 女士对自己的告诫，朋友圈中“要不然发孩子，要不然发自己做生意的事，要不然就是天天发心灵鸡汤，然后我就说我千万不能成为他们中间的任何一个人”。个案 14W 女士也强烈表示：“我特别不喜欢看到别人发的心灵鸡汤。”个案 17Z 女士说：“心灵鸡汤都是讲大道理，大道理每个人基本上都明白。”虽然新中产人群的职业跨度很大，个体差异也非常显著，但是他们仍有着共通的阅读偏好类型，如浏览专业内容、了解朋友生活，以及让人赏心悦目的图文信息。

1. 专业内容

专业内容覆盖面很广，每个职业都有各自精深的领域。接受深访的每位新中产人士都有自己的专业指向，如金融、财务、传媒、核电、法律、医学、旅游、社会科学研究等。但是，他们每个人交往的范围又不限于同业和同事，所以有关专业方面的内容只是其朋友圈中他人分享的一部分信息，却是他们最关注的内容之一。

个案 3L 女士是一位牙医，她表示朋友圈中比较喜欢看的内容主要是“专业内的”，比方说就某个病例的讨论，如“你这个洞弄得不对啊，弄得有问题的。这些是我的重点”。她提到自己也会将有些不错的病例发上去与大家讨论。与L女士相似，个案1C女士基本上关注的也都是专业领域的内容，如金融政策、证券市场动态等。

个案15H先生自己发布的信息中，专业占据了近一半的比例。同样，他感兴趣的朋友圈内容“还是专业相关的”。个案18Z先生是大型国企财务总监，对朋友圈中的内容虽然“发的都看”，但也表示最关注的还是财经类内容。就此问题，个案11L先生提到：“一些行业的东西，比如说有业务往来的公司，我们兄弟公司然后还有我们集团的业务，还有就类似于同行业的新闻更多一点……”

个案12C女士是一位专业的软装公司合伙人，她表示喜欢看的内容还是艺术类的，“跟社会形态，或者目前生产状态有关系的”。而且，这两种也是她转发比较多的。例如，特有名的艺术家和艺术家的相关作品。就算她提到另外一种她关注比较多的“生活类的”，也是和艺术家生活相关的内容，如有人在“黑”陈丹青的内容。

个案16L先生对于专业内容也比较关注，但是他不发也不转发，“好的就收藏”。不发不转主要是“我们同行这么多，他们基本上把这些信息都涵盖完了，我发这个是多此一举，我一看好多人都发了同样的，就没有必要了，久而久之就更加没有必要发了”。

个案26W女士的工作与互联网金融密切相关，她除了关注与摄影、艺术、收纳等相关的内容，最关注的就是金融及互联网金融行业专业人士发布的东西。“例如，堂哥发的小牛资本的最新动态，还有崔莹（音）姐发的金融信息。非常专业，非常有用。不过这些信息我一般都是收藏，太深奥了，发到我的朋友圈大家不一定看，全部都是文字的那种。”此外，个案20Y女士从事的职业与传媒有关，但她的专业兴趣已转到财经领域，而自己在微信中的这类朋友相对较少，所以她了解专业信息的主要渠道是微博。

2. 朋友生活动态

虽然每个人都表示不太在微信中发布个人生活信息，但朋友的生活动态是他们浏览朋友圈时最喜欢看到的内容之一。因为朋友生活反映的是他们作为个体的“真实”① 状态，例如最近在干什么，想什么，有什么情绪

---

① 其实每个人发在朋友圈中的内容都是有限的，经过筛选的，因此未必是“真实”的，或者说只能是“局部真实”。有人在网络上感慨，“真正的社交是你还没有发朋友圈，他们已经知道你全部的心情，你的动态”。

等。通过这种内容，即使远隔千里或者虽然近在咫尺却没时间见面的朋友，也可以彼此了解对方的状态。正如个案28G先生提到的："即使发布的信息是不连续的点，也能让朋友对你的状态有一个基本的概念。例如，最近是老出差，或者是突然对学术又感兴趣了，等等。这些散点会串起来形成对一个人状态的大致了解，有利于同学互相联系，三言两语就可以。"

个案23Z女士明确表示，自己最喜欢看一些朋友生活的点滴信息。个案17Z女士也喜欢通过微信了解朋友的生活，不过她指出关注的朋友"也是比较亲的人，比较经常联系的人"。

个案8Z先生：会比较关注他们带着父母出去玩这样的信息，只要我看到了，我一定会点赞，或者会去说两句评语。再有就是正能量类型的，我看到了确实好，我也会去回应。

个案14W女士：一般是朋友自己的生活状态，又是那种比较欢乐的，就觉得愿意跟他互动一下。

个案20Y女士：浏览朋友圈时，最感兴趣的是朋友的生活，然后是小动物的，我觉得挺好玩的。

3. 娱乐消遣信息

生活本已沉重，因此，一些有娱乐价值的信息也常常荣登新中产阶层关注内容的榜单，例如好音乐、好玩的视频、笑话、养眼的图片等都有较高的点击率和转发率。例如个案9H女士不但在朋友圈发布的信息非常多，每天有20多条，浏览朋友圈的内容也是各种各样的。除了专业信息，她提到，"也比较喜欢看一些漂亮的摄影片、风景片，非常好的作品"，她还会转发到圈子里，"让大家养养眼"。

美的事物以及美化生活的事物往往容易让人心情愉悦，这类内容是新中产关注的娱乐消遣类信息的重要构成之一。个案19B女士提到：

现在和生活接近的，然后又跟美比较接近的那种，例如穿衣服啊，健康啊，养肉肉、养花、养植物，还有装修和小孩子，这些都是我比较感兴趣的。就是把生活美化了的那些都是比较关注的。

个案 25H 先生的工作在常人看来会很忙，但是他感觉轻松以对。日常浏览的朋友圈内容都是与生活有关的内容，按他的话说就是“吃喝玩乐”，很少讨论工作，也不参与政治讨论。

4. 有见解的新闻、历史等资讯

每个人的时间有限，即使是碎片时间，新中产也希望能将它们“物尽其用”。通过微信获得一些有见地的观点，是吸引新中产“刷”微信的一个原因。例如个案 10W 先生表示，一般可能看的是重大新闻，而且主要还是看朋友圈中一位新闻行业老记者发的东西，因为“他是经过思考的，是有良知和道德精神的”，“他发的很多东西我觉得比较容易让人进入思考”。

与 W 先生相似，个案 6Z 女士的先生也主要关注一些有共同爱好的人对某些事物发表的见解。

> 关注的其实还是那些大家有共同爱好、比较志趣相投、比较高品位的一些人，大家有一些想法可以沟通。他分享他的一些感受，对你可能有一些启发……他对某个事有一定的见解，比如说一个政策出来，他有自己的想法、观点，会有哪些风险……举例，必须有想法，有智慧的。

比如，他添加的几个个人账号，会发一些政策、小感想。

> 这种有价值，有意思，分享的东西让你觉得赏心悦目，你能学到一点东西，这种我还是比较喜欢的。

相对于报纸、杂志，个案 11L 先生认为“你用微信也可以看好多新闻”，“现在的报纸基本没有什么吸引力了”。个案 1C 女士也类似，不光是通过微信了解和业务有关的专业信息。

> 社会新闻也是通过微信浏览……不过说实话，社会新闻看得比较少一点，看和业务有关的宏观的东西多一点。

个案 17Z 女士提到：

朋友圈就是看到励志的东西的话可能会看一遍，或者是新闻类感兴趣的会看一遍，也是感兴趣的会看，不感兴趣的可能就刷屏刷过去了。

5. 实用性小知识

如前文所说，实用性小知识与专业无关，更多的是与生活相关，与修身养性有关。个案 16L 先生提到：

如果把这些信息分一下类，我看的大部分是一些哲理性的（在后面追问中，被访者将“哲理性”更正为“知识性”，他认为哲理性是很有道理，但知识性的对知识提高有很大的用处），我看到了，也有一些不看的。看他们家庭生活的看得多，然后一些知识性的，告诉你一些新的知识，发的知识有些也鱼龙混杂，有些你自己一分析就知道，肯定是瞎谈的。还有笑话性的，很有意思的那种。

健康、养生等内容都属于有助于生活的知识性内容，这类内容被转发的多，同样被新中产人群关注的也相对较多。个案 18Z 先生提到，“养生类的偶尔也会看一下”。

（三）公众号的内容偏好

公众号是腾讯针对商家、组织和个体在微信公众平台上推出的应用账号，包括了针对企业和组织推出的业务服务与用户管理的“服务号”，为媒体或个人推出的针对公众传播信息和构建沟通与管理模式的“订阅号”，为企业或组织提供的帮助企业建立与员工、上下游供应链及企业应用之间联系的“企业号”。公众号相对来说具备了传统媒体的功能，即一对多的传播模式，成为微信用户使用较多的功能，也是他们从微信上获取自己感兴趣的信息的主要方式之一。例如，个案 1C 女士表示，“自己平时看微信里的东西，基本上都是看订阅号里的东西”。

总体来看公众号关注的类型偏好，新中产阶层关注最多的是与自己相关的专业内容，其次是与兴趣相关的公众号，最后为社会媒体订阅号，以及一些生活服务订阅号。通过访谈了解到，新中产阶层之所以订阅各种与专业相关的公众号，主要是为了获取更专业的知识。例如，个案 15H 先生关注了 6 个公众号，其中 5 个是专业类公众号，还有 1 个是滴滴打车的生活服务类公众号。个案 16L 先生，关注的主要是三类公众号：政府网、羽毛球、名师讲堂。

个案 7G 先生加了 32 个公众号，其中重要的有媒体订阅号，如《南方周末》，其次是与专业有关的内容，以社会学、经济学、管理学专业的居多。再次，娱乐类的也有一些，“比如说，北京什么好吃的、好玩的也关注一下”。因为感兴趣的公众号越来越多，时间有限，经常有很多都顾不过来看。

> 像微信，我现在要每天点开一遍，差不多也要好长时间半个多小时了。你就不用仔细看，把它全部点一遍也是一样，你不点的话，它有的一天发好几个，慢慢慢慢就成了几十了，我呢有一个公众号，有 60 多条信息我都没看。

个案 10W 先生加了 23 个公众号，主要涉及营销财经类、图书类、医疗行业类。

> 总裁营销网络俱乐部，这是涉及知识产权的。投黑马，投资的。世界华人俱乐部，这个里边经常会有一些新闻，从境外发过来的。赛先生，这是北大和清华几个老师弄的。还有一个品图网，这个你应该知道。8 项医疗器械，还有百涵书屋，基本上是这些。

个案 25H 先生是意大利某奢侈品牌大中华区合伙人，他关注的公众号是最多的，有 351 个，其类型大体分布在设计、经济、科技、金融以及高端零售等领域，这些领域均与 H 先生的工作密切相关。个案 2G 女士加的公众号也比较多，有 209 个，与她工作有关的领域她都会关注，“例如各大航空公司的、旅行的、财经的、传媒的，她曾就读的 MBA 长江学院的，以及各种与生活有关的，如有机食品等”。

个案 18Z 先生加的公众号，除掉 3 个自己微信平台的公众号，有 11 个公众号。其中，2 个校友会公众号（本科和研究生的学校），单位的 2 个，其他的都是金融、财经、资本等专业的公众号。他每天都刷一遍这些公众号。但真正有关专业领域的信息渠道，则主要来自行业会议、内部会议、管理会议等。对他来说，微信公众号获得信息仍有限。

> 专业公众号主要是一种信息上的传递，比如政策的解读等。但是工作上的实际信息还是得从工作中来。

1. 专业型公众号

个案1C女士关注的公众号有10个，基本都是专业型的账号。例如，《债市观察》《债市圈》《中国宏观经济》等，以及属于行业媒体的专业型账号，如《中国证券报》的公众号。因为这些公众号中的内容很多，而且时间总是有限，因此她总是“每天就瞄一眼”，“关注的才点出来（阅读)”。她觉得微信公众号比手机客户端更方便，“它每天最主要的新闻会发布出来。我就先看一下，每天的要闻有没有要关注的”。即使如此，她还是觉得《中国证券报》微信公众号的内容比较泛，她会更多地阅读圈子里、证券界一些金牌研究员的公众号。

> 《中国证券报》写的东西就没有他们写的东西那么专业……他们(金牌研究员）定期都会发布一些内容，包括昨天一些经济数据刚出来，他们对经济数据的分析就已经出来了。就比《中国证券报》这些快很多。而且《中国证券报》也不会分析得这么专业。

个案10W先生关注的公众号中，有8个是有关医疗器械的，也就是他所从事的专业领域，这些直接相关的公众号占到了他关注账号的1/3。而他所关注的投资型公众号“投黑马”、知识产权类的公众号“知果果”、专注企业O2O实践的“品图网”等实际上也与他所从事的医药器械行业有着间接的关系，甚至与他即将创业有着更为直接的关系。由此来看，他所关注的公众号，有近一半与专业有关。

个案24W先生在媒体工作，专业既涉及传媒，又辐射到体育传播、舆情观察。此外，他与朋友合作的公司与收藏有关。因此，他关注的50多个公众号，几乎都与他所从事的工作和专业密切相关，如媒体类、舆情类、体育类、财经类、收藏类。

公众号是个案7G先生非常看重的一个微信专业平台，没事干的时候，他会“仔细看”订阅的公众号。要是在有限的时间，如课间，看到不错的内容，就会把它收藏下来，等有空的时候再仔细看。甚至有必要的话，还会到电脑上去检索这个内容，并存到电脑上。他订阅的与专业有关的内容，以社会学、经济学、管理学专业的居多。这些公众号有20多个，占到了订阅号的70%以上。

2. 媒体订阅号

个案7G先生加的32个公众号中，媒体订阅号虽然是一个重要类型，但也就两三个，如《南方周末》、“人民论坛”、“澎湃新闻”等。“主流的我就不看，因为我微博里头有（微博里，郭先生关注了人民网、新华网等，主要是与其平面媒体做对比），我就不看它们了，因为互补一点了吧。”而且，选择媒体订阅号时，他会考虑将类别区分开，因为“同一类的话同质性就很高了”，他想“听一听不同的观点”。

除了一些综合类的媒体订阅号，一些新中产添加的媒体订阅号是行业媒体的订阅号，从某种意义上说，也属于专业型公众号，如个案1C女士订阅的《中国证券报》订阅号。

3. 兴趣型公众号

个案14W女士加了23个公众号，有瑜伽健身等健身类、媒体订阅号、设计、禅修四方面内容。其中健身、禅修和设计都是她生活中最感兴趣的内容，也是日常在实践的活动。

个案10W先生从小受爷爷和姥爷的影响，喜欢读书。在当下工作非常繁忙的情况下，他仍每天坚持读书。他在公众号中关注了向以家庭为单位的读者推介世界优质图书的“百涵书屋”。

个案6Z女士的先生只添加了一个公众号，就是与自己兴趣相关的“私塾”，讲传统文化的。他没有添加专业的公众号，主要是公司定了数据库，每天都收到更新，或者专业人士的见解，而公众号里可能没有很深刻的见解。

个案20Y女士近年来开始学佛，周末都会有一天去听法师讲经。她加的9个公众号中，有4个是学佛的。其他的还加了1个有关小动物的，1个比较轻松的日常生活心理学，1个石油行业的，还有2个是腾讯自己的服务号。总体来说，Y 女士的公众号大多是围绕自己的兴趣添加的。

最后要提及的是个案 19B 女士，她是访谈中唯一一位从职场转做全职妈妈的被访者。目前，她的生活相对简单，主要是围绕宝宝和家庭在转。日常，她浏览微信的频次略多，但鉴于通讯录中联系的朋友有限，所以朋友圈的信息相对不多，她浏览更多的是与兴趣相关的订阅号和公众号。B 女士添加的公众号有 10 个，其中，亲子读书的有 1 个，设计类的有 3 个，园艺的有 4 个，美发 1 个，生活 1 个。她提到自己特别欣赏一种“侘寂之美”（一种极简、质朴、安静、素雅、淡然、沉浸、信任、淡泊明志、宁静致远的境界。日语中“侘寂”多表达的是一种自然的残缺之美，包括不完善、不圆满、不恒久的事物，也暗含朴素、谦逊、寂静的美），它能够把生活中很平凡的东西美化了。

4. 服务型公众号

值得关注的是，新中产中特别是相对年轻的一代更懂得利用科技为自己提供最便捷、最经济的服务。

例如个案 26W 女士是“85 后”，她添加的 57 个公众号有四大类：服务、兴趣（建筑、设计、收纳、健康养生等）、专业理财（金融、分期、理财）及新闻（欧美内参、全球头条等）。其中，服务号是非常重要的一类，例如，提供综合性网购的京东购物；方便她每天下班打车的滴滴、快的打车；提供早餐服务的全食、每天早餐；提供上门按摩理疗服务的功夫熊；买药的药给力；日常买水果的许鲜网；提供上门取衣、洗衣服务的 e 袋洗；地铁购物的优宝；出行订票的携程网；关注工作机遇的猎聘网；以及各大银行的微信号。

再如个案 27L 先生，23 岁，既是“中二代”，也在自己创业。他添加的公众号有 24 个，其中与生活服务有关的就有 13 个。除了常用的滴滴打车、微支付等，主要就是吃和用。例如，老坑记、宇甜品等。

虽然我们看到“85 后”的年轻中产们更乐意用科技平台为生活提供便捷服务，相对年长的新中产中也有个别钻研科技、关注实用的人更愿意添加服务型公众号。例如个案 22L 先生，北京某重点中学科技老师，他关注的公众号只有 3 个：国家电网、公共自行车、优宝。他说自己关注的就是“有实用性，有用的东西”。

六　本章小结

总体来看，新中产阶层的微信及微信朋友圈使用习惯主要有以下特征。

第一，创新。新中产大多乐于尝试新鲜事物，且善于将包括社交媒体在内的新科技运用于日常生活和工作实践中。QQ、微博、微信都能为其所用，并将这些社交应用的工具效能最大化。目前，大多数新中产的社交媒体使用以微信为主，QQ 为辅（主要用于传输文件等），微博仍有少数人在使用。

第二，自律。新中产们大多能做到有节制地使用微信，但是每天利用碎片时间刷微信已成为大多数人的一种生活习惯。值得关注的是，随着同事、同行关系逐渐增多，微信开始出现从生活方式转向工作工具的倾向。工作与生活的界限在微信上也越来越模糊。

第三，专业。从新中产发布的内容以及关注的订阅号来看，与专业和职业相关的内容是他们最关心的，其次才是与健康、生活、旅游、美食等相关的生活方式的内容。

第四，有选择地开发式使用。对于微信上的各种功能较为熟悉，并能根据自己的需要选择使用。例如，定向一对一传播、小群体传播，而不是仅使用朋友圈“广播”。对于摇一摇、附近的人、漂流瓶等结交陌生人的功能几乎无人使用。

第五，从使用动机（工具性动机和情感性动机）来看，主要有四个：社会交往需要、提升工作效率、知识寻求、消遣放松。就社交需求来说，维系关系的动机大于拓展人脉的动机。

第六，从认知评价来看，绝大多数新中产对微信持肯定态度，认为微信提高了交往的效率。但是，并不认为微信能让原本疏远的关系更紧密。就感情而言，微信让“远的近不了，近的远不了”；但就空间跨越而言，微信让“远的更近了，但是在眼前的变远了”（主要是针对大家面对面在一起，却都各自在玩手机）。

第七，职业不同导致使用分化。在企业或市场化更高的单位和组织上班的新中产，比在事业单位或政府部门上班的新中产使用微信的频次更多，通讯录的人数也相对较多。但后者使用微信的程度和态度也因年龄、职务有差异。

第八，女性和男性新中产在微信的使用方面有差异。女性相对来说披露私人化信息较多，男性相对发布信息较少，还有个别男性完全不在朋友圈发布信息或日志，而是根据信息的内容分别发给某个对象或某个微信群。

第九，最为关键的变化趋势是，随着朋友圈添加的联系人越来越复杂，转发文章的比例变得越来越高，发布的与个人密切相关的信息和内容越来越少。

最近虽然有不少人在朋友圈发信息表示，以后要“戒掉”朋友圈，但其实并不是朋友圈已经失去了价值，关键还在于使用个体如何管理朋友圈。是掌控朋友圈，还是被朋友圈奴役，由我们自己决定。微信朋友圈对于新中产阶层的社会资本建构而言，究竟在如何发挥作用，我们将在第五章和第六章展开。

第四章

新中产阶层的社交媒体使用实践：微信群

谈及微信，人们总是会将其与微博进行对比，例如“微信是圈子，都是熟人。微博是社会，结交陌生人”[①]。但是，有关注者将视角收回微信内部的各个功能模块提出，朋友圈不是圈子，微信群才是。因为每个拥有微信的人都会自然而然地拥有一个属于自己的朋友圈，这是天然形成的圈子，更多是“生活圈”，而非“社交圈”。[②] MonkeySDK 创始人李东也提出类似观点，指出这两个同属于微信的微信群和朋友圈，却有着截然不同的属性：微信群更男性化、更沉稳，朋友圈更女性化、更阴柔；微信群更多的是一种满足自己聊天欲望的工具，朋友圈是一种定向传播心情和感悟的工具；微信群是话筒，朋友圈是喇叭；微信群是基于关系链的弱关系社交，看起来是基于通讯录的熟人社交，实则变成了基于群主的陌生关系链拓展，变成了“群主社交”，是一群人的孤单，而朋友圈是一个人的狂欢。[③] 虽然上述观点未经过科学论证，但都从使用经验上指出了微信群与朋友圈存在显著差异。上一章主要围绕微信朋友圈梳理了新中产阶层微信使用的基本情况，本章则主要针对微信群的使用情况进行描述与概括。

---

① 陈璐：《微信用户多中产　微博用户多草根》，《中国青年报》2014 年 7 月 4 日，第 8 版。

② 今世为战狂：《朋友圈不是人脉，微信群才是真正的社交圈子》，http://blog.sina.com.cn/s/blog_1357310300102v1ga.html，最后访问日期：2014 年 8 月 21 日。

③ 李东：《微信群向左，朋友圈向右》，http://www.woshipm.com/it/101978.html，最后访问日期：2014 年 8 月 24 日。

如表 4－1 所示，通过访谈，我们发现新中产阶层在使用微信的过程中，不只在使用朋友圈，而且大多数会使用到微信群这一功能。微信群是腾讯公司针对微信推出的一个群聊功能，用户可以通过微信与好友进行形式上更丰富的联系，是用户在微信上沟通和互动的新型空间。微信群通常是由发起人通过“发起聊天”，添加自己通讯录里的好友创建而成。他人可以通过扫一扫，或者通过群里的好友邀请加入微信群。微信群成员的人数上限为 100 人，但微信 5.1 新版本可以由群主升级，使部分微信群达到 150 人、200 人、300 人、400 人、500 人的权限。通过微信群，人们不仅可以随时建立三五成群的好友群、闺蜜群，也可以创建一个个聚合同质或异质关系的工作群、兴趣群等。

表 4－1　北京新中产阶层深访对象微信群的情况

单位：个

	个案 1 C 女士	个案 2 G 女士	个案 3 L 女士	个案 4 L 先生	个案 5 W 先生	个案 6 Z 女士	个案 7 G 先生	个案 8 Z 先生	个案 9 H 女士
微信群	5～6	—	5～6	2	0	—	10 多个	10	28 左右
	个案 10 W 先生	个案 11 L 先生	个案 12 C 女士	个案 13 F 女士	个案 14 W 女士	个案 15 H 先生	个案 16 L 先生	个案 17 Z 女士	个案 18 Z 先生
微信群	13	3	3～5	—	—	12	4～5	1	8～9
	个案 19 B 女士	个案 20 Y 女士	个案 21 L 女士	个案 22 L 先生	个案 23 Z 女士	个案 24 W 先生	个案 25 H 先生	个案 26 W 女士	个案 27 L 先生
微信群	6	11	—	17	51	9	临时群	6	37
	个案 28 G 先生	个案 29 W 女士	个案 30 L 女士	个案 31 L 先生					
微信群	17	6	10～20	10					

具体到新中产阶层的微信群使用，会发现大多数新中产会使用到这一功能，只有少数人存在因为烦，“被别人（同事）加了一个群”，但又退出的情况，例如个案 4W 先生。还有更多人，即使不喜欢发言，也会以“潜水”的状态留在群中，而不是选择退出。因为有的人会希望对群中动态保持了解，而不是激进地退出。大部分新中产认为，微信群的使用更有助于他们与他人的联系。有观点认为，“微信群的信息量、影响力以及活跃程度都远超于微信其他各大板块。尤其是对于商业界和媒体界的朋友们，现

实的社交圈子已经被完全复制到了微信群中……"① 而不同的社会网络资源从林南的社会资本理论角度进行考察，则可以用达高性、异质性和广泛性来衡量（见图4－1）。达高性，是指通过社会关系可以获取的最好的资源，如占有更高的社会位置；异质性，是指通过社会关系，该网络资源能够触及的社会位置幅度；广泛性，是指可以触及的位置的数量。②

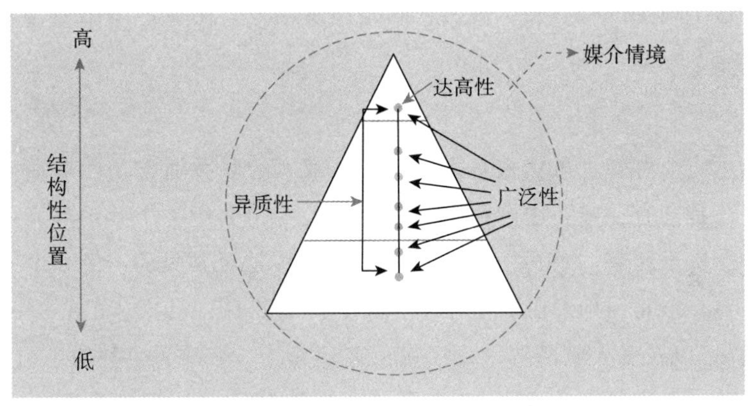

图4－1　社会资本的测量

资料来源：林南，2005：61。

虽然因行业、性格不同，新中产阶层将"现实的社交圈子"复制到微信群中的程度不同，但总体上仍在一定程度上体现了他们线下日常交往圈的特征：新中产阶层添加的更多微信群是同行、同学（校友）及亲友群。以下将从社会资本的视角描述新中产阶层微信群的使用状况。

一　亲友群

如果说，朋友圈的关系构成是以数量多少作为划分的参考，微信群的使用则更多地体现了关系的强弱。当数量有限的亲人、密友的重要性被朋友圈的联系人数量稀释时，在微信群中则还原了他们在日常生活中的位置。

亲友群在本研究中主要是指"家人群"和"密友群"。"家人群"是

① 《朋友圈不是人脉，微信群才是真正的社交圈子》，http://blog.sina.com.cn/s/blog_1357310300102v1ga.html，最后访问日期：2014年8月21日。

② 林南：《社会资本——关于社会结构与行动的理论》，张磊译，上海：世纪出版集团、上海人民出版社，2005，第61页。

指以血缘关系为基础的微信社区，其中既包括直系亲属，也包括旁系亲属，如父母子女关系、祖父母孙子孙女关系、兄弟姊妹关系、堂亲表亲关系等。血缘关系是人类社会之初就有的基本关系，而且至今仍是中国人最看重的社会关系之一。只是相对来说，旁系关系会因为交往减少而变弱。“密友群”主要是指关系亲密的发小、好友、知己在微信中建立的网络社区。在这个虚拟的社区中，成员之间是高度信任、忠诚、团结、互惠的强关系。

（一）基本情况

通过访谈可知，虽然很多人表示，与家人的联系通常是面对面或打电话，但还是会有一些新中产在微信中为家人专门创建一个微信群，通常这些新中产属于北京“移民”①，与父母和亲人无法经常见面。例如个案 10W 先生家乡在东北，他总共加了 13 个群，其中就有自己家族的群——“乌苏世家”，以及爱人家的群——“家族蓝田人”。与 W 先生类似，个案 23Z 女士的微信群也添加了 2 个家人群，一个是自己在沈阳的亲戚，主要是 5～6人的表兄妹；还有一个是先生在内蒙古的家人群，先生家的群有 25 个人，亲戚比较多。个案 12C 女士的家在华中地区，她添加的微信群不多，但也有一个是家人群。个案 19B 女士来自浙江，有 6 个微信群，其中一个是家人群，群里有老公的姐姐等亲戚。个案 20Y 女士出生在新疆，父母和家人也都还在家乡，她的 11 个微信群中也有 1 个是家人群。个案 26W 女士父母家在山东，她添加的 6 个群中也有 1 个是家人群，其中有表哥表姐、小姨等 14 人。通过微信群，他们能与远在千里之外的家人保持互动，并与原本可能疏于联系的亲戚也增加了联系的频次。就像个案 26W 女士在访谈中提到的，有了微信“虽然远在千里之外，家里出什么事儿都会知道”，“没有微信的话，亲戚之间平时要打个电话又太正式，不像是和自己爸妈电话聊天，能随便聊很久”。

北京的生活节奏快，城市大，其实就算是住在同城的亲戚家人见面也并不十分方便。因此也会有个别土生土长的北京新中产添加家人群，以方便亲人之间联系。例如个案 27L 先生，加入了 37 个群，有 1 个是家人群。

① 本书中“移民”主要是指父母和家乡不在北京的迁移人口，这些移民包含了已取得北京市户口的新北京人和户口在外地的北京常住人口。

他的家人群中有11个人，大都是自己的表哥表姐及他们的家人。以前见面还比较多，但是现在很少有时间聚到一起，也就是过年能有一次聚餐。通过微信则让L先生与难得见面的哥哥姐姐们保持了互动，至少能时不时看到小侄女的一些新鲜事。再如个案30L女士，有6个固定的群和一些因项目组建起来的临时群，其中有2个是家人群，自己家的和爱人家的群。自己家的群主要是用于与自己的姐妹及其家人的联系。因为父母都已去世，所以姐妹们联系得更紧密了，每周都要聚聚。没有微信前是通过分别打电话约时间，有了微信后就直接在群里一起商量聚会的时间和地点，一大家人很和谐。

除了亲人外，一些新中产也会与关系更亲近的好友建立“密友”微信群，通过群保持更密切的联系。例如个案9H女士加入了20多个微信群，人数多的有将近400人，但少的则只有四五个人，后者是她特别好的朋友群。“我有一个四姐妹群，我们四个姐妹关系特别好，只有我们4个人……我还有一个五个人的群，但是我这四个跟这五个是不交叉的。这样的有五六个、六七个的样子。”个案11L先生，有3个群，这些群都是经常一起活动的朋友或同事。这些群“平常都会有小范围的聚会，或者玩啊，或者吃饭，或者什么，有时候晚上打麻将，直接发个消息报个名就去了，就类似于这种，各有兴趣爱好”。个案27L先生有2个“密友群”，其中一个是高中时特别要好的朋友，这个群加他一共只有3个人，彼此非常交心，甚至那两个朋友可以劈头盖脸地批评他，因为他知道这两个朋友都是真心为他好。还有一个是大学兼职打工时的一个小群体，大家曾因为发烧同病相怜，建立了比较亲密的关系。个案18Z先生也有八九个群，除了公司、同学等微信群外，就是一两个“比较亲的朋友”群。个案19B女士提到，除了有一个好朋友群外，她还有一个在老家时的“闺蜜群”。个案20Y女士也类似，有两个成员不同没有交集的好朋友群。“密友群”中的成员不见得能经常见面，但是关系非同一般。

（二）达高性、异质性、广泛性的考察

每个新中产的家庭出身不同，可以动员“亲属资源”与“朋友资源”的社会资本的个体差异非常大。我们没有请每位访谈者填写其添加的“家人群”和“密友群”中成员的职业构成，但是从请访谈者填写的日常交往的职业构成情况来看（见表2-2），新中产阶层的朋友交往关系总体比亲

属关系所触及的职业跨度更大，嵌入的社会资源也更多样化。

从亲友中分别涉及的职业数量来看，被访新中产的朋友关系中嵌入的社会位置更多样化，纵向跨度也更大。例如，个案12C女士与17Z女士，她们填写的家属从事的职业只有1个，分别是医生和营销人员，但其朋友的职业跨度分别触及5类和10类职业。当然，可能他们单纯将“亲属”理解为自己的“爱人”，所以仅填写了1个职业类别。但其他个案也同样说明了这个观点，如个案11L先生的家属从事的职业有4种，朋友中从事的职业有6种；个案10W先生的家属从事的职业有9种，朋友从事的职业有18种；个案16L先生的家属从事的职业有5种，朋友从事的职业涉及10种；等等。当然也有个别被访者家属从事的职业多于朋友所从事的职业范围，例如个案8Z先生，家属从事的职业有7种，朋友从事的职业则集中于6种。

从职业所嵌入的资源广泛性来看，大多数家属职业（先赋资源环境）集中在中间位置的新中产，其朋友的职业也多处于社会结构的中间位置或者更高的位置。例如个案11L先生的家属主要从事的是企事业单位负责人、科研人员、工程技术人员、行政办事人员的职业，其朋友所从事的也多是类似的管理人员和专业技术人员的职业，如科学院研究人员、法律工作者、工程技术人员、大学教师、医生和行政办事人员。再如个案16L先生，他的家属主要从事的是专业技术工作，如科学研究人员、工程技术人员、医生和中小学教师职业，但是他的朋友从事的职业不但有家属所从事的这些职业，还有大学教师、医生等专业技术人员，以及政府机关负责人、企事业单位负责人等管理人员职业。

从问卷回答中我们还发现，如果被访的新中产阶层，其家属所从事的职业跨度较大，则其朋友所从事的职业跨度也更可能出现跨度较大的情况；其家属所从事的职业可能有社会位置偏低的情况，则朋友中的职业位置也会出现位置偏低的情况。这样概括主要是猜想，出身于先赋社会资源位置较低，或家属中有从事社会位置较低的职业的新中产，其成长环境中可能会有类似家境的朋友。虽然该新中产人士通过后天努力，获得了更高的社会位置，但是不排除他或她的朋友仍处于原有的位置，这样也就导致朋友所触及的职业位置有较大的跨度。例如个案15H先生，他的家属所从事的职业有8种，既有企事业单位负责人、大学教师，也有产业工人和护士，在其朋友中，可触及的职业有10种，也覆盖了从企事业单位负责人等管理人员，到大学教师、科学研究人员、工程技术人员、医生等专业技术人员，再到产业工人、护士等中下位置的人员。再如个案10W先生，先赋资源所涉及的职业也与个案15H类似，从企事业负责人、科学研究人员到家庭保姆计时工、产业工人等各个社会位置均有触及，在他的朋友圈中也同样有类似的位置跨度。不过与其所从事的医药行业与营销职业有关，他的朋友范围更为广泛，几乎涉及各行各业，覆盖到了调查问卷中罗列的18类职业。基于访谈笔者提出这样一个命题：先赋资源嵌入的社会位置跨度越大，其朋友资源中嵌入的社会位置跨度也越大。但是，这个命题还有待正在进行中的特大城市居民生活形态调查的验证。

此外，根据被访者填答的日常交往构成情况调查表（见表2-1），我们发现朋友在新中产阶层的生活中扮演着更重要的角色。虽然很多被访者在“经常接触的人”的选项中选择“亲人朋友各占一半”或“大部分是朋友”，但是在过去一年中“帮助过自己的人”和“谈心的人”两道选题中则大多选择“大部分是朋友”（如7G先生、8Z先生、9H女士、10W先生等）或“全都是朋友”（如个案11L先生、个案17Z女士和15H先生）。只有少数人在“帮助过自己的人”选题中选择了“大部分是亲人”，如个案12C女士。

个案7G先生的家属从事的职业有经济业务人员、行政办事人员、工程技术人员、政府机关负责人、厨师、中小学教师、医生七种职业；朋友从事的职业有科学研究人员、法律工作人员、经济业务人员、行政办事人员、政府机关负责人、企事业单位负责人、产业工人、大学教师、中小学教师、医生、民警、营销人员。经常接触的人、帮助自己的人、谈心的人，以及闲暇时在一起玩的人均大部分是朋友。

个案8Z先生，通过问卷可知，他的亲属中有科学研究人员、法律工作人员、经济业务人员、工程技术人员、企事业负责人、民警和营销人员七类职业人员，朋友中则有法律工作人员、政府机关负责人、企事业单位负责人、大学教师、中小学教师、医生六类职业，在他的交往圈中，不论是熟人还是认识但不熟的人，没有接触的是产业工人。总体来说，Z先生的亲友关系中所嵌入的社会资源主要集中在社会位置的中间层，职业资源较多样。经常接触的人中“亲人和朋友各占了一半”，但是在过去一年中，帮助过他的人“大部分是朋友”，经常谈心的人也“大部分是朋友”，闲暇时一起玩的人“大部分是亲人”。

个案9H女士的家属从事的职业有8种：法律工作人员、经济业务人员、行政办事人员、企事业单位负责人、厨师、中小学教师、医生、民警；朋友从事的职业有11种：科学研究人员、法律工作人员、经济业务人员、行政办事人员、工程技术人员、政府机关负责人、企事业单位负责人、大学教师、中小学教师、医生、民警。经常接触、谈心和闲暇时一起玩的大部分是朋友，但是在过去一年帮助过她的人则亲属和朋友各占一半。

个案10W先生的朋友圈非常广，涉及调查问卷列出的18种职业，而亲属的职业则主要有科学研究人员、经济业务人员、行政办事人员、工程技术人员、企事业单位负责人、家庭保姆计时工、产业工人、中小学教师和营销人员9类职业。在他日常经常接触的人、谈心的人和闲暇时一起玩的人中，亲属和朋友各占一半，但是“帮助自己的人”大部分是朋友。

个案11L先生，家属中有以下4种职业：科学研究人员、行政办事人员、工程技术人员、企事业单位负责人；朋友中有以下6种职业：科学研究人员、法律工作者、行政办事人员、工程技术人员、大学教师、医生。由于老家在外地，所以他经常接触的人全部都是朋友，在过去一年中帮助过他、闲暇时一起玩的也都是朋友。

个案12C女士，家属中也是仅填写了1个触及的职业——医生，但是朋友中涉及的职业则有科学研究人员、经济业务人员、大学教师、医生、营销人员。她身边经常接触的人大部分是朋友，能谈心、闲暇时一起玩的大部分是朋友，但是在过去一年帮助过她的人则大部分是亲人。

个案15H先生的亲属中主要有以下8种职业：行政办事人员、工程技术人员、企事业单位负责人、产业工人、大学教师、中小学教师、医生、护士。朋友中从事的职业则略多，有10种：科学研究人员、法律工作人员、经济业务人员、行政办事人员、工程技术人员、产业工人、大学教师、中小学教师、医生、护士。经常接触的人中亲属和朋友各占一半，但是帮助过他的人大部分是朋友，闲暇时一起玩的人则全都是朋友。

个案16L先生的亲属中主要有科学研究人员、工程技术人员、中小学教师、医生和营销人员5类职业人员，朋友中则涉及10类职业：科学研究人员、法律工作人员、经济业务人员、行政办事人员、工程技术人员、政府机关负责人、企事业单位负责人、大学教师、中小学教师、医生。身边人的交往亲属和朋友各占一半。

个案 17Z 女士的亲属仅写了一位营销人员，但是朋友所在职业跨度有 10 类：法律工作人员、经济业务人员、行政办事人员、政府机关负责人、企事业单位负责人、大学教师、医生、司机、民警、营销人员。经常接触的人中，亲人和朋友各占了一半，但是帮助自己、能谈心和闲暇时一起玩的人则全是朋友。

总体来说，不管是不能常见面的“家人群”，还是在线下隔三岔五还能见面或两三个月也能见面的“密友群”，都使得原本紧密、内聚的关系网络保持密切的联系。也就是说，通过亲友群有助于维持和强化既有的社会资源。

二 同学/校友群

2015 年春节前后，营销大师李光斗的一篇博文《富人混圈子，穷人走亲戚》在朋友圈中应景疯传。他认为，“富人们喜欢混圈子结交朋友，穷人们喜欢走亲戚拉拢人情。亲戚的纽带是血缘和通婚，人脉的拓展则靠社会交往”[①]。他举例论证：“在中国，很多企业家在事业有成之后，纷纷选择去念个 EMBA，一方面是为了学习新东西，另一方面更多的是为了结交新朋友，拓展人脉，找一个与他们现有的社会地位和身份相吻合的成功人士的圈子。”暂且不论 EMBA 有无如他所描述的特征或功能，“这是每一个富人都乐于混的圈子，里面既有成功企业家，也有政府官员，还有文艺界名流……可以说这是一个各种资源和人脉兼备的圈子，有人甚至能从中重新找到‘真爱’”。更关键的是“富人们很乐意每年花上几十万元乃至上百万元的学费，在百忙之中每月都挤出时间来，去跟一些成功人士攀上同学关系”。看来“同学关系”是一个非常有价值、值得投资的资源，这种关系的建构也体现在新中产阶层的微信群的使用中，例如人们以曾同窗、同校的共同经历为基础，形成微信上的虚拟社区，从中寻找过去的记忆、情

---

① 李光斗：《富人混圈子　穷人走亲戚》，http://blog.sina.com.cn/s/blog_483476660102v9ld.html，最后访问日期：2015 年 1 月 3 日。

感支持、友谊，以及归属感。这个圈子相对来说，具有较高的信任度和较强的情感归属，属于联系相对紧密的虚拟社区。

（一）基本情况

新中产阶层作为受教育年限较长、教育水平较高的群体，结识的同学也是最多的。从新中产的被访者可知，他们的文化教育水平都在大专及以上，甚至有很多新中产人士还经历了硕士、博士，以及国外 EMBA 的教育，同学、校友虽然并不常见面，甚至很少见面，却是他们微信群中的重要组成部分。绝大部分有微信群的新中产人士都有自己的同学群、校友群，甚至还不止一个这样的微信群。

例如个案 7G 先生是大学教授，博士学位，有 10 多个微信群，“上学多”所以同学群是他的微信群的三大构成之一。与之类似，个案 15H 先生是一位神经外科医生，医学博士，他加入的微信群有 12 个，同学群也占到了 1/4，“1 个硕士同学群，1 个大学的同学群，1 个初中的同学群”。个案 10W 先生，硕士毕业，其同学/校友群有 4 个，也占到了微信群的 1/3 强。个案 18Z 先生的群有八九个，“同学有 2 个群，研究生和大学同班同学群（30～40 人）。高中因为读过 3 个班，太散了，时间都很短，所以没有加”。个案 28G 先生是新闻学博士，共加入 17 个群，其中有 5 个是同学及校友群，如高中、大学、硕士、博士的同学群，以及研究生所在学校在京校友群。个案 4L 先生加入的群很少，只有 2 个，但其中一个就是同学群。

个案 1C 女士对微信功能给予良好评价也有部分是源自同学群的组建。

> 它最好的特点就是把小学同学（组成）一个圈，初中同学一个圈，大学同学一个圈，可能好久好久都没有联系的同学都能找到，这是特别好的……这对很多失散多年的同学联系是非常好的。

如果说，同学群还大多限制于同窗、同级的同学，校友群则将同学群的边界扩大到曾就读过同一所学校的所有人群，例如个案 10W 先生加入的群中既有自己的“高三六班群”，还有高中整个学校的群“安宁一中群”，以及他大学本科就读的学校群“师大群”。但是，相对来说，大学校友群相较于中学、小学校友群更为普遍。

总体来看，由于经历不同，有些如个案 9H 女士和个案 17Z 女士那样较早进入职场，以及如个案25H先生大学毕业后到意大利学习工作生活10多年，流动性相对比较大的新中产，所加入的同学群或校友群相对较少。

（二）达高性、异质性、广泛性的考察

虽然同为“同学群”或“校友群”，但是并不代表群中的关系都处于类似的社会位置。不同阶段的同学/校友群往往具有不同的特性。以下将分别描述不同阶段同学/校友群的群内交流信息量及社会资本含量情况。

1.“小学同学群”和“中学同学群”

处于这两类同学群的成员，往往随着个体的成长经历不同，有着较大的阶层分化，同学之间的关系反而因为认识久远而疏于联系，因此这两类同学群往往具有跨阶层、异质性及弱联系的特征。

从访谈情况来看，随着微信逐渐普及，很多“好久好久”都没有联系的小学同学、中学同学开始建立联系。在群组刚开始建立时，大家总是非常积极，自我介绍，感觉比较好的同学还互相添加好友，一对一私信聊天等，但是过了一段时间后，群里则开始变冷，或者发展成一些人的“小圈子”平台。一些处于阶层及经济特征更相似、生活方式也更接近的同学还会在群中时而互动，其他人则会保持潜水状态，时不时地默默翻看聊天记录，遇到感兴趣的话题偶尔会插一两句发言。例如12C女士提到：

> 我也基本上不说话的，我觉得这种友情，虽然不联系，但是一旦联系的时候（同学群）会是一个很便捷的方式。我不联系确实是没有什么好的东西能跟人分享，生活环境也完全不一样。……而且不在一个地方生活，所以聊得最多的（是）拜拜年，但是有时候跟他们见面之前，发消息他们都会来跟你一起吃饭，肯定都到。

还有的因为信息与自己无关，干脆不看，或者选择退出，例如个案16L先生提到，“看到有些里面不怎么好的，就退出了”。

对于新中产来说，除少数人外，仍保持中学及之前教育阶段密切联系的同学群并不多。这些群能带给他们的信息量有限，情感互动随着群建立之初的热度过去后相对减少，然而，中学同学群使新中产更有可能触及跨度更广的社会资源，以及触及的社会关系的社会位置及嵌入性资源更具有多样性。

2. “大学同学群”以及受过大学及以上教育的同学群

虽然由于先赋资源、个人机遇、能力、性格等会造成不同的阶层差异，但总体来说，大学同学的专业相同，所处行业相似，阶层分化相对较小，因此群内关系多具有同质性。但是，群成员的关系并非都是紧密的，与各种微信群相似，活跃的总是一小部分人，更多的人基本处于潜水状态，极少数不合群者会选择退出群组。

大学同学、硕士同学、博士同学、MBA 同学等，都是受过高等教育的人群，大多数通过个人努力都能位于社会结构的中间位置，个别还有可能迈入社会上层。总体来说，这个社会网络社群更有可能触及社会结构中较高的位置。例如个案 23Z 女士，毕业于中戏，专业是舞台设计。目前，她的同学大部分在行业中发展，还有一些在办公室工作或开公司。有个别同学已做到“金牌场记”，曾与知名导演陈凯歌共事。不过，这位同学在他们的大学同学群中不太发言，与被访者个人保持私交。

总体来说，大学同学群拥有更多的是同质性资源，例如个案 20Y 女士的专业是传播学，同学大多数在传媒行业或企业中与媒体相关的岗位工作，社会位置都非常相似，可触及的纵向幅度很小，嵌入性的资源也相对单一。因此，当她的兴趣转向财经领域时，微信中的同学资源则无法满足她获取信息的需求，而是通过微博寻求更多信息资源。

从大学同学群沟通的话题来看，大部分聊天是打发时间、无目的的消遣内容。于发言人来说，是一种情感上的互动与回报。但群中偶尔也会穿插一些有关专业或行业的信息，如会议消息、招募信息等。在访谈的近半年来，国内股市起起伏伏，有关股市的讨论成为很多大学群中的交流主题。

3. “大学校友群”

校友群虽然也可以说是同学群，但是与同学群又有一定的差异。相对来说，“校友群”的关系更复杂——成员的专业不同，年级不同，职场阅历也不同，因此会出现与大学同学群完全不同的异质性特征，以及“弱关系”“弱连接”的特点。然而，恰恰是校友资源往往会有凝聚更多可以动员的社会资本的潜力。较为典型的案例是武汉大学的校友利用校友资源创建了众筹模式的咖啡馆——珞珈咖啡（Logic Cafe），并相继在北京、武汉等 4 个城市开设分馆。位于北京南锣鼓巷的珞珈咖啡，不仅成为武大校友在京的一个交流聚会的场所，而且具备了一定的盈利能力。

从社会关系的等级结构来看，校友社会网络中更可能嵌入处于社会位置相对较高的资源，也因网络成员专业各异而嵌入多样化的社会资源，这些资源分布在社会结构的不同位置。因此，在达高性、广泛性和异质性方面均有获取良好社会资本的潜质。前面已多次提到的个案21L女士，作为一位自媒体工作者，加入的校友群有其本科在京的校友群，还有研究生的香港中文大学校友群，通过校友群使其能够接触到所在行业很有声望的老校友，同时还能与不同专业、不同生活方式及经济条件的校友建立联系。通过校友资源，L女士成功地传播了自己的自媒体，并发展出了一些新“粉丝”，同时与一些趣味相投的校友因更多互动发展为私交，拓展了人脉。

三　同业群

同业群主要是指群成员均为所在行业的同事及同人。这个类别的群又可分为“同业群”和“同事群”。通过微信群聊功能与同业建立广泛联系是新中产阶层微信群使用的一个典型特征，甚至大有将微信群发展为工作群的趋势。在朋友圈中，有这样一条微信图文并茂地吐槽“微信：生于摇一摇，死于工作群”，从侧面体现了微信的这一发展趋势。该文指出：“每天刷微信本来是件很有趣的事情，谈谈情，聊聊天，收个红包，晒晒美照，可是不知从什么时候开始，各种工作群疯狂生长：立项群、×××项目组、×××方案讨论组……晚上10点，本来在美美地敷面膜，领导一时兴起，还要深夜陪聊微信工作群……搞得现在听见微信蹦出消息提示就肝颤……”吐槽归吐槽，无论是以业界同人为成员，还是以工作同事和客户为成员构成的同业群，微信群确实已成为人们工作中的一种重要工具。在这类群中，成员彼此间有一定的信任度，群内有较多的互动频次，而且互惠和自利是群成员联系的纽带。

（一）基本情况

虽然在新中产阶层中未必都会出现微信群变身工作群的情况，但是充分利用微信群与同行交流的情况极为普遍。例如，个案1C女士是金融行业的北京区债券经理，微信已成为她工作的一个重要工具。她提到：

现在有了微信，我们的业务就有了很多群，如“债券群”“宏观经济观察群”等，类似的很多很多。

圈子里的东西基本就是一篇报告一样，会比较长，我浏览后，就会存到云端，到办公室后再把它打开仔细看。

个案 3L 女士是一名牙医和牙科诊所的合伙人，她在微信上交流最多的是与专业有关的内容。而且她参加了好几个同行群。“我们有一个大的同行群，有几个群。比如说，这边的医生和那边的医生沟通。”而且她还表示，“比较喜欢待到群里面，自己发言比较多……现在微信对我的作用，就是同行之间的交流”。

个案 9H 女士是一名热心的律师，并在律协担任秘书长职务。她加入的群有近 30 个，其中与律师行业相关的群有 13 个，例如，“刑事辩护圈是 125（人），然后全国刑辩律师朋友群是 101（人），然后海淀事务委员会是 95（人），还有一个新联盟是 116（人）……我们所是 11 个（人）……然后我这还有一个北京律师圈是 167（人）……”她加入的其他一些兴趣群，如太极拳、海星合唱团、海淀家人健美操队等也都是基于律师行业发展起来的群体。通过这些群，H 女士与行业保持着密切的联系。“因为我们律师，大家都是朋友，都是经常一块玩的人，大家彼此都当成了朋友一样，所以大家在一块玩组织活动，配合得比较好。”她的生活非常丰富，不过她也觉得这样“有一种实际上被绑架的感觉”。

其他如个案 7G 先生是大学教授，专业研究领域的群也占到了他的微信群中的一部分。个案 8Z 先生是律师，加入了 10 个微信群，律师群是其中最重要的群之一，与个案 9H 女士不同的是这些群大多是他建立的。“我就把北京律师我所能联系到的，把大家串过来，有些时候沟通、信息交流、资源共享，有些是需要帮助的方便。”个案 10W 先生的微信同业群并不算多，主要是打算和他一起创业的团队。个案 18Z 先生有八九个群，同行有两个群，属于金融群，工作组合临时出去工作的团队有三四个，这样同行群就占到了微信群的一大半。不过，有些群因为人数太多，说话人杂，所以反倒无法引起浏览的兴趣。例如个案 15H 先生总共有 12 个微信群，其中，4 个同事群，2 个同行群，相当于同行占到群一半的比例。其中“科技新星群”是北京市科委的群，“有 500 人，但说话的人太多了，就不太去看”。

（二）达高性、异质性、广泛性的考察

同行群是一个相似度极高的群，通过新中产们的介绍可知，他们在群中交流专业信息的频次较多，有着较频繁的互动。

从社会网络的构成来看，同行群主要是本行业的专业人士，会有一些专业技术更突出的权威人士，他们在行业内有着较高的声望，在行业领域内也许还处于较高的地位；但大多数人更可能是位置相似的专业人员。所以个体通过社会关系在此网络中，能够触及该行业内相对顶端位置的资源，跨越等级制位置的纵向幅度很小，基本在社会中间区位，接触的位置及其嵌入性资源比较单一。通过微信，有时也可能将微信上结交的同行发展为线下交往的朋友。例如个案 7G 先生提到：

> 这些群中的朋友，有些会从线上发展到线下……主要是专业里边的，大家基于一个感兴趣的东西，可能线上交流过，线下也想认识一下或者是聊一聊，坐下来讨论，因为咱们搞这个的交流很重要，交流获取信息、资源、启发什么的，这都很重要。所以由线上到线下去。

同事群从某种意义上说更多的是工作群。有领导加入的时候，同事群往往少了社交的愉悦性，更容易出现在前文提到的“恐惧感”。他们担心，“谁想把工作带回家！生怕领导哪句话没有鼓掌，客户哪句话没有及时回复……现在一点儿玩微信的欲望都没有了”。新中产人士有些职务较高，有的是技术骨干，虽然不一定被领导喊话，但是被客户被工作驱动的情况并不少见。这也是新中产常常感慨自己是“非中产”的一个原因，因为“不自由”，“不敢停下来”。

四　同好群

“好”在此解读为“喜欢、爱好”，“同好”是指“共同爱好”，也是对有着共同兴趣的人的简称。而共同的兴趣构成了“同好群”的核心和纽带，也决定了这个网络社区的边界，[①] 在网络上出现了很多类似的“网络

① 蔡骐：《网络虚拟社区中的趣缘文化传播》，《新闻与传播研究》2014 年第 9 期，第 5 ~ 23 页。

趣缘群体”[①]。

营销专家提到，在美国，做慈善、热衷于公益活动是富人们混入成功人士圈子的主要方式。但是，如今通过各种盛行的社交软件，人们很容易就能找到与自己兴趣相投的人，或者找到自己的圈子，社交网络成为建立社会关系的重要途径。[②] 对于新中产阶层，通过微信圈找到自己的兴趣圈既是一种丰富生活的方式，也是一种建立社会关系的途径。微信成员的添加是经过个体筛选的，从严格意义上看，完全的“陌生人”是很难进入个体的圈子中的，因此，即便是陌生人也因为朋友的朋友而多了信任感，微信的同好群相对于其他网络匿名构成的趣缘虚拟社区有着更高的信任感，关系也相对亲密一些。

（一）基本情况

工作之外还有生活，爱好是构成人们日常生活的一部分。微信的群聊功能很容易帮助新中产们与兴趣相投的人建立联系。与朋友群不同，同好群更多的是基于某类爱好和兴趣构成的群体，群成员也可能原本就是朋友，例如个案 16L 先生是羽毛球爱好者，加入的群有 3 个，其中一个是羽毛球群。他提到，“球友是朋友里面有共同爱好的，球友可能没有朋友面那么广，但是球友是见得最多的”。还有的则可能仅与部分成员认识，与大多数人是陌生关系。

个案 22L 先生是北京朝阳区某重点中学的科技教师，大学的专业是物理，但最感兴趣的是历史和高科技的信息。他加入的 17 个群中，16 个与政治讨论相关。个案 8Z 先生是一个非常注重健康、关注公益的爱好者。他建立的群有“健康群”“善行公益群”，群中都是一些志趣相投的朋友。研究者也有幸被拉入了 Z 先生建立的健康群——“超天然蔬菜水果‘善之淳’”，该群有 128 人。Z 先生每天会向大家问好，并提醒天气、限号等出行信息。时不时地还会在群里发布一些组织大家到京郊种菜、采摘的活动

① 罗自文将“网络趣缘群体”定义为：一群对某一特定的人、事或者物有持续兴趣爱好的人，主要借由网络进行信息交流、情感分享和身份认同而构建的“趣缘”共同体。参见罗自文《网络趣缘群体中传播效果的价值转向：传播过程刍论》，《现代传播》2014 年第 8 期，第 116 ~ 119 页。

② 李光斗：《富人混圈子　穷人走亲戚》，http://blog. sina. com. cn/s/blog_483476660102v9ld. html，最后访问日期：2015 年 1 月 3 日。

信息，以及一些保持身心健康的文章或视频，如《圣贤教育　改变命运》《老子的传说》《4 类人天热不宜吃西瓜》等。当群中有人发布广告信息时，他作为群主会善意地给出意见。

群主令：广告，可以发，但是内容须经与群内每个家人沟通之后才可以，否则就是浪费大家的流量，因为流量也是有价值的！所以，我建议，凡是打广告的，或者电话征求群内每个人的意见，或者直接发红包，每次不少于 50 个，不低于 30 元，大家同意吗？

正像他在访谈中说到的：

反正我要看到不对的，第一时间就会跟他沟通，我说你这话说得不合适，不应该在这个群里说，我肯定就会这样去做。

个案 10W 先生是一位典型的车友，小时候看到老爸修车拆下来的每一个零件都觉得是艺术品，是有生命的。

包括现在开车我走很远，我能感觉到车是一个有生命的东西，它能不能走那么远的道我是知道的。甚至车什么时候要坏了，我能感觉到，听车的声音看车的状态真能感觉到，我会感觉到它不舒服。

所以，他日常除了登录一些汽车论坛，在微信上也加入了家附近的一个车友群。在他看来，车友和朋友不一样，是“完全另一个群体”，而且“其实车友是一个拓展朋友圈的很有意思的平台”。在他的通讯录中车友也有三四十位，大概占到了通讯录的 10%。

再如个案 2G 女士，虽然工作很忙，但她喜欢读书、热爱生活。因此，除了加入同学会、创业群，她还加入了“西山读书会”等与兴趣密切相关的群组。她觉得“大家都通过这种群来发布信息，分享即时的信息，那这就是微博替代不了的。微信就是在技术上比微博做得好，便于群的交流和讨论”。

个案 17Z 女士只有一个群，就是孩子的家长群。“五六个人的群，就这几个比较聊得来的我们也会单独建立一个这样子。”的确如她日常生活所展示的，女儿是她除了工作之外投入时间最多也最关心的焦点。与她类似，个案19B女士，也加入了一个妈妈群，“妈妈群是小区里的妈妈们，平时线下会见到，互相打个招呼，有什么活动会互相告知，但是也不是特别多。在群里，我们会学习，碰到的问题会讨论。比如说，小孩子发烧了，哭闹了，这些问题有什么解决的方法啊。而且，我还加了专门从事幼儿教育的微博”。B女士除了孩子之外，还有很多爱好，比如种养多肉植物、喜欢家居装饰等。因此她还加入了一个软装群。不过，群里的朋友大多是“从线下发展到线上的，很少有从线上发展到线下的”。个案20Y女士也有一些兴趣群，仅仅是学佛的群就有3个。她表示，“通常也不大会将线上的人发展到线下”。因为“我是被动接受型的，交往被动型的，不得不见面时才会见面”。

虽然并不是所有的新中产都会加入兴趣爱好群，但是这种类型的微信群，在一些新中产的微信群使用中仍是重要的一个类别。值得一提的是，加入兴趣群需要通过认识的群成员介绍，因此通过微信发展出有同样爱好和兴趣的朋友的机会明显低于QQ。有新中产人士指出，他在微信中没有兴趣群，而是通过QQ搜索加入很多感兴趣的艺术群。

（二）达高性、异质性、广泛性的考察

同好群是以话题为中心的组织模式，通过话题形成这类虚拟社区的识别轮廓。而这种组织形式，也意味着进入兴趣爱好群前，成员多是陌生人的状态，“人们是以抽象的方式出现，脱离了日常的社会角色”。也正因如此，群内的成员身份是模糊的，所能触及的社会位置、嵌入的社会资源都是不明晰的，因此，也就很难明确其达高性。但是有一点是肯定的，群成员来自不同行业和职业，除了兴趣以外，在社会位置和生活方式上会有显著差异。群成员处于陌生人与“弱连接”的关系状态之间。

从这一点来看，群中发布的信息会因为异质性而能帮助所属成员获得更实用、更有价值的信息。例如，个案8Z先生的健康群“超天然蔬菜水果‘善之淳’”中的成员构成很杂，除了常规发布的一些活动信息、健康信息外，偶尔会有成员发布一些可能会影响某人职业发展的信息。例如，该群某成员是北京×科技园区[①]的人才协会副秘书长，对接×园区所属企

① 为了保护隐私，将该园区名称以×取代。

业。他曾在群中发布有关人才联盟的信息。

我希望联络一些靠谱朋友一起打造这个×区京津冀高级人才战略联盟，发起单位有×区人才协会、天津人社局、河北省人社局及北京天津河北相关高校！

五　同乡群

同乡群是基于地缘关系发展起来的虚拟网络社区。近现代社会对“同乡”关系的强调，是源自城乡二元结构与经济发展不均衡导致的农民工向城市的流动。他们多以血缘、地缘关系集聚。李培林的调查证明，56.4%的人是与老乡或亲戚一起流入城市的，通过老乡或亲戚找到第一份工作的占到44.0%，通过老乡或亲戚主动介绍找到第一份工作的占31.0%，两项合计占到75%。[①] 然而，随着流动人口受教育程度的提高，血缘和亲缘关系在交往和生活中的作用越来越弱。在受过高等教育、有更多专业技能的新中产移民中就更为鲜见。

随着城市间人口流动的加剧，有“资本”的新中产阶层构成移民人口的一定比例。以北京为例，根据2015年北京市统计局发布的人口抽样调查报告，北京常住人口为2151万，常住外来人口为818.7万。[②] 而据《南方周末》记者的报道，“2001～2012年的《北京统计年鉴》显示，平均每年接近18万外地人获得北京市户口。最多的2005年，迁入人口有21万人，最少的2002年也有15万人”[③]。北京的新中产阶层中，来自五湖四海的外来迁入人口也占到极高的比例。由此，在交往中仍会有一些与同乡的交往。但是，从访谈来看，这种交往在新中产阶层中出现的比例较低，远远低于与其他圈子的交往。

在被访者中，微信群中有同乡群的仅极个别人。例如个案15H先生，

---

① 白狼：《血缘、地缘和业缘》，http://blog.sina.com.cn/s/blog_4b437e230100hkxx.html，最后访问日期：2015年8月30日。

② 《北京统计局报告：常住人口2151万　51%住五环外》，http://money.163.com/15/0521/14/AQ57AE5D00253B0H.html，最后访问日期：2015年8月30日。

③ 谢鹏：《800万“北漂”，18万指标：北京户口灰白倒》，http://www.infzm.com/content/103415，最后访问日期：2014年8月21日。

家乡在湖南，提到自己有一个同乡群。还有个别被访者如个案 4L 先生相对来说与老乡联系得比较多，“在北京老乡联系挺多的”，但是没有添加同乡群。

除了北京本地的新中产人士外，访谈中属于移民的新中产日常交往的人群中同乡的比例也都非常低。通过请被访者填答日常交往构成情况调查表（见表 2－1）可知，个案 10W 先生、11L 先生、17Z 女士、6Z 女士的先生、7G 先生等经常交往、朋友、闲暇一起玩的人中均仅有少部分是同乡。个案 16L 先生经常交往的人中也仅有少部分是同乡，朋友、谈心的人、帮助自己的人、闲暇一起玩的人中均没有同乡。个案 15H 先生的交往对象中，经常联系的人和朋友中均有少部分人是同乡，但是能进一步谈心、帮助他的人中则没有同乡。个案 12C 女士的身边人中则完全没有同乡。

但是，比较特殊的是个案 28G 先生，他出生于湖北省浠水县，经过刻苦求学，他博士毕业做到了部属国企中层干部。他介绍自己加入的 5 个同学群中最活跃的是高中同学群。该群有 146 人，虽然大家的境遇和所处社会位置差别很大（考上重点大学的、一般大学的、落榜的，现在留在家乡的已经很少），但因为地缘关系反而比较亲近。“我们不一样，是来自农村。高中同学就方圆二三十公里，是亲戚或者朋友，很容易是一种亲缘拓展。”从某种意义上，他的高中同学群也是老乡群，按他的话说，这个群所具有的“能量太大”。他们互通有无，比如说孩子高考提供信息等。在情感上，还承载起了寄托思乡情结的功能。在这个群里，他会用方言和大家聊天，创作一些浠水方言版的打油诗，并获得很多共鸣和认同。在这个群中，有些同学已经发展到副师级、副厅级，但都不影响彼此的交流，因为“起始是相通的，大家会忽略现在的地位差异”。从 G 先生的个案来看，老乡群已不是传统的地缘关系的凝结，它通过同学等关系附加其上，为新中产个体带来更多情感回报。

但从整个访谈对象来看，在传统社会的社会关系中居于主导地位的血缘关系、地缘关系在弱化。血缘关系虽然在工具性行动中能够起到的作用越来越小，但是在表达性行动上所发挥的作用仍无法取代。而以共同或相近地理空间所引发的地缘关系的作用则在两种行动中的作用都在淡化，特别是在新中产阶层中间，已很难再见到“老乡见老乡，两眼泪汪汪”的情境。

六　本章小结

总体来说，无论亲友群、同学/校友群、同业群、同好群，还是同乡群，一定是基于一个共同点，才使他们在网上凝聚成一个群体和社区。即使有很多人在群里发言很少，大家都还是愿意留在群里，这也表现出了一种对群体的“认同”或“反向认同”。与传统线下的群组不同，它起到了一个自动筛选的作用。如个案7G先生提到的：“为什么拉你进来，不是因为咱俩认识，而是因为我觉得我这个圈子里的东西跟你的东西相契合……起码在某一个点上，我认为这个东西对你是有价值的，对我们的圈子是有价值的，我就把你拉进来，而且你也是感兴趣的，这种可能性很大。”至于微信群中的“潜水现象”，则如传播学教授喻国明指出的：“沉默也是一种权利，也是一种表达，应该允许这样的存在。”

虽然很多被访者表示，很少添加陌生人到自己的朋友圈，但是，通过微信群还是有不少“陌生人”进入了个体的圈子，发展了一些原本陌生的关系。个案18Z先生表示，通过群发现有些还挺投缘的人，并将他加到自己的朋友通讯录中。但是，这种情况还是比较少的，“更多是线下有些联系，工作上有一些交集，就会加一下”。不添加的原因则主要是，“偶尔联系一下，联系的频次也比较少，在群里也有（联系）”就足以满足社交需要。

第五章

社交媒体：新中产阶层社会关系再生产的“舞台”

前两章我们就新中产阶层以微信为代表的社交媒体使用实践进行了经验性描述与概括。从本章开始，我们将以经验研究为基础，基于“情境－角色－行为”社交理论对新中产阶层的微信使用对社会资本的建构进行理论分析。本章着重分析微信作为 Web 2.0 时代的新型社交媒体对于影响人们社交行为的“社会情境”的重组。

欧文·戈夫曼在其专著《日常生活中的自我呈现》中指出，场景对人们的社会行为会产生不同的影响：人们在“前台”的行为往往是“表演性”的，而在“后台”的行为则更趋于真实。梅罗维茨则在其基础上，结合麦克卢汉的媒介理论提出媒介情境理论并指出，戈夫曼的场景理论关注的仅仅是社会中某个场景之下的行为，却忽视了场景的变化及其原因，麦克卢汉的媒介理论虽然描述了媒介对于文化环境及组织机构的影响，但未观照到媒介对于人们的日常行为的塑造。由此，“对人们交往的性质起决定作用的并不是物质场地本身，而是信息流动的模式，实际定义的讨论可以由直接物质现实问题完全转向只关注信息渠道”①。

随着信息渠道的改变，人们的交往“场景”不断发生转向：从口语传播时代的注重交往场景的物理性，转向电子媒介时代的跨时空交往，交往的地域边界开始消失。再到 Web 2.0 时代，随着社交网络的出现，私人场

---

① 约书亚·梅罗维茨：《消失的地域：电子媒介对社会行为的影响》，肖志军译，北京：清华大学出版社，2002，第 33 页。

景与公共场景进一步融合，“前台”与“后台”的边界开始模糊，人们的交往方式进一步转变。有研究者这样概括新网络时代的变化，“Web 2.0 技术主导下的互联网络，已经远远不只是信息传递的工具，它正在不断形塑着一种全新的社会环境和生活空间，并对人类的思维方式、行为倾向和自我认同的能力产生深远的影响。在这个已经出现并不断变化着的全新空间里，现实社会所倚重的物理性社会的时间、地点等因素被程度不等地抽离、重置或‘虚化’，呈现吉登斯所说的‘时空分离’的全新特质，并显现与现实物理空间全然不同的运作逻辑”①。

在以微信为代表的新的“场景”中，包括新中产阶层在内的人们的社交方式与社交行为必然发生相应改变，人们的社会关系在新的舞台上也在进行重构与再生产。本章拟讨论的问题是：微信是如何发展起来的？它具有哪些不同于以往“场景”的特征？这些特征又将如何影响社交关系的再生产，以及这些关系对社会资本的积累又会产生何种影响？

一 微信发展简史

在第一章中我们就微信的研究成果进行了梳理，但是对于微信的产生、技术特征以及传播方式和运作逻辑则没有进行系统介绍。通过对新中产阶层的访谈，我们了解到微信在他们的社交应用中非常强势，与其比肩的 QQ 和微博则被使用得越来越少。其实出现这种情况不是什么发现，而是“事后诸葛亮”②。为什么会出现这种情况？为什么 QQ 和微博的发展不如微信，是技术进步的驱动，但仍需要研究其技术影响，从而排除技术的因素，才能进一步考察微信之所以对现代社会交往行为产生作用的关键。因此，这一部分我们首先对微信进行全视角的观察。

（一）微信的起兴

微信，是腾讯公司 2011 年 1 月 21 日正式发布的一款即时通信服务应

① 刘涛：《社会化媒体与空间的社会化生产——列斐伏尔“空间生产理论”的当代阐释》，《当代传播》2013 年第 3 期，第 13～16 页。

② 这个问题实则源自我的硕士同学李洋（中国人民大学新闻学博士、复旦大学新闻学博士后）对我研究问题的启发式提问。当我困惑不前，与他讲述自己的访谈结果以及一些发现时，他给了我很多有建设性的意见和启发，在此特别感谢。

用程序，它支持跨通信运营商、跨操作系统平台通过移动互联网免费（需耗费少许流量）地传送语音短消息、图片、视频、文字等多媒体信息，同时，支持群聊与基于位置（LBS，Location Based Services）的服务功能。2012 年 3 月微信上线 1 年零 2 个月，用户就突破了 1 亿人，此后耗时不到半年，用户突破 2 亿人。截至 2015 年第一季度末，微信已覆盖中国 90% 以上的智能手机，每月活跃用户达到 5.49 亿人，用户已覆盖 200 多个国家，超过 20 种语言。此外，各品牌的微信公众账号总数已经超过 800 万个，移动应用对接数量超过 8.5 万个，微信支付用户达到 4 亿人。①

微信之所以流行，不仅与其在 iPhone、安卓、Windows Phone、塞班、黑莓等多手机平台上的兼容性有关，更主要的是与其“连接一切”的产品功能密不可分。比如，微信具有的社交功能，支持发送语音短信、视频、图片、文字等多符号形式的一对一聊天，同时支持多人群聊，以及通过手机号、QQ 号、微信号、推荐好友、摇一摇、二维码、漂流瓶等多种方式添加熟悉或陌生的朋友；微信具有类似博客和微博的分享功能，如在朋友圈中可发布文章、图片、短视频，以及彼此跟帖、点赞等回应功能；新闻信息获取功能，如每日新闻推送、各种订阅号等信息获取渠道。此外，微信还融合了各种应用，如手机游戏、收发邮件、金融支付，甚至渗透到医疗、酒店、快递、高校等数十个行业。在最新发布的微信版本中，通过扫一扫，用户还可以使用二维码、封面查找、街景、翻译等新的图像识别搜索功能。

“连接一切”的理念使微信已不仅仅是通信工具、应用入口，还是一个全方位的社交平台，以及一种全新的“智慧”生活方式。对于微信的分析，正如孙藜所言，“必然包含着对互联网诸多分散媒介形态的共性考察”②，应该说微信技术体现的是互联网技术背后所内生的自由与开放的精神和逻辑。③

① CuriosityChina：《腾讯发布 2015 微信用户数据报告》，该数据来自腾讯 2015 年业绩报告，检索于 http://news.zol.com.cn/523/5237369.html，最后访问日期：2015 年 8 月 30 日。

② 孙藜：《We Chat：电子书写式言谈与熟人圈的公共性重构——从“微信”出发的一种互联网文化分析》，《国际新闻界》2014 年第 4 期，第 8 页。

③ 参见彭兰、苏涛《聚焦新媒体和大数据时代——2012：新媒体时代的升级》，《新闻战线》2013 年第 2 期，第 17 页。

（二）微信的技术系统

任何技术的成长，都不是单纯由技术本身所主导，而是由技术与社会及人类主体相互作用与影响的结果。“无论是社会，还是作为社会主体的个人，并不是消极地接受技术，而是不断地根据自身的目的需求来改革和定型技术。”① 微信作为新一代的社交媒体，隐含着这个时代的特征，带有当今社会制度、社会活动以及人们生活方式的印记。

微信的技术系统是从物理性角度审视微信，它是决定微信不同于其他社交应用的基础所在。作为后来者，微信集成了短信、QQ、博客、微博等技术优势，又基于移动平台，先以“语音聊天”、“随时随地”（消化人们的碎片时间）、“少流量”等特性，以“短信”分得了最初的市场。此后，又随着功能的不断增加和优化，以“移动”+“熟人社交”克服了QQ圈子的“杂乱”，而逐渐成为人们习惯使用的新一代社交工具。虽然QQ也在不断改良以使自己更适合于移动平台，并且两个应用的功能差距也越来越小，但“圈子”的差异使微信更具吸引力。此外，相对于微博的“开放性”、“公开性”和“传播性”，微信所具有的“闭环性”“私密性”“交流性”也使其更受现代人的钟爱。

具体来看，如表5-1所示，微信自2011年1月21日上线以来，通过后台方式不断更新版本，功能越来越强大，其核心技术的演进基本可归纳为通信—社交—平台化的发展过程。在笔者看来，这些不断增添的功能可以分为三大模块：社交功能模块、媒介功能模块、商业服务模块。社交功能模块主要包含的是微信的基础功能，如文字、语音、图片、视频等聊天功能，头像设置、个性签名、朋友圈等分享功能，以及群聊功能。但是导入联系人的方式则指向了截然不同的三种社交模式：一种是通过绑定QQ/手机联系人方式添加的“熟人”；一种是通过摇一摇、附近的人（LBS）、漂流瓶等功能添加的“陌生人”；此外还有一种是通过雷达、扫一扫以及面对面建群的方式添加的“一面之缘的人”。后一种可能发展为关系更近的朋友，但也有可能成为微信中长期没有互动，甚至会遗忘的认识的“陌生人”或“僵尸好友”。随着从“熟人社交”向“陌生人社交”功能的拓

---

① R. Westrum, *Technologies and Society*. 转引自夏雨禾《微博空间的生产实践：理论建构与实证研究》，北京：中国社会科学出版社，2013，第67页。

展，考虑到社交隐私需要，微信增加了隐私设置、黑名单、标签等管理功能。

表 5-1 微信各版本及功能升级

版本 时间	功能	特色
1. X 2011/1/21 推出 1.0	1.0 快速消息、照片分享、头像设置 1.1 微博互动、好友备注、通讯录/会话搜索、发来的网址可点击 1.2 多人会话、相同验证邮箱的同事推荐、黑名单 1.3 底部增加 4 个 tab 签、支持表情、找朋友栏目、搜索好友、邀请邮箱和微博好友	1. X 基本是短信的交互，开发了基础的聊天功能，包括单聊和群聊，注重用户关系链的导入。从一开始就定位为"熟人沟通"
2. X 2011/5/10 推出 2.0	2.0 对讲功能、发图助手、邮箱提醒 2.1 手机通讯录好友导入、看看谁在用、LOMO 滤镜、分享微信号、隐私设置、支持语音播放时听筒和外放模式 2.2 QQ 离线消息、好友推荐消息、好友验证、插件管理、查看正在使用微信的好友 2.5 视频信息、查看附近的人、语音记事本、群名备注、手机号注册、个性签名、系统通知	2. X 优化聊天功能，加入语音版对讲，并考虑用户使用场景，帮助用户在很多情况下都可以较好地使用语音功能。强化关系链导入，并重视用户隐私和陌生人社交
3. X 2011/10/18 推出 3.0	3.0 摇一摇、漂流瓶、通讯录安全助手、繁体中文界面、多国手机号绑定、保存群组到通讯录、系统插件可安装/卸载、查看好友大头像、插件免打扰 3.1 支持英文界面、语音笔记本支持同步内容到 QQ 邮箱记事本、文字语音切换体验调整 3.5 分享自己的二维码到微博上、动画表情/emoji、自定义表情、简化注册流程、对话中的石头剪子布和骰子、自定义聊天背景 推出名为 WeChat 的英文版（2011 年 12 月 20 日）	3. X 进一步重视用户隐私和生人社交的功能，并不断优化聊天体验
4. X 2012/4/19 推出 4.0	4.0 相册/照片分享到朋友圈、微信开放接口、图片/视频可转发、地理位置共享、通讯录标星号、群发助手 4.2 视频、网页版、朋友圈评论/赞、微信名片 4.3 摇一摇传图、语音搜索、微信号解绑 QQ 和手机号、动画表情下载、扫一扫、聊天置顶、设置朋友圈限制 4.5 公众号、适时对讲、摇歌、群二维码、聊天记录搜索、聊天记录迁移、语音提醒、一次可发多张图、语音消息撤销、回复陌生人打招呼、朋友发来的位置可导航、刚截图点击加号可快速发送	4. X 朋友圈功能的设置，开始社交平台化的尝试，继续提升基础沟通体验，并推出公众号，在社交属性上增加媒体属性；同时开放了接口，允许第三方应用向微信通讯录分享音乐、新闻、美食等

续表

版本 时间	功能	特色
5. X 2013/8/5 推出 5.0	5.0 表情商店、扫一扫增加条码、翻译、街景、游戏中心、银行卡、收藏、按住添加朋友、语音输入、订阅号折叠、双击文字查看全文 5.0.3 充话费、转发多条记录、邮件备份、位置列表发送精确地址、收藏可编辑、清理存储空间 5.1 群上限 100 人、心意卡、表情预览、未发消息草稿提示 5.2 共享实时位置并对讲、银行卡中心增加多项服务、搜索聊天记录、长按语音可转化成文字、图片墙、表情推荐、表情分享、群聊中@消息提示、更多朋友文字描述和图片备注 5.2.1 发朋友圈可附上所在餐馆或景点、拍照分享可分别发送给多个朋友 5.3 聚会见面大家输入相同数字可以加入同一个群、给收藏添加标签、可将多条聊天消息收藏到一起、长按外文消息可翻译成使用语言 5.3.1 给朋友添加标签方便查找、管理我的钱包、我的钱包可向朋友转账、可以撤回两分钟内发出的最后一条消息 5.4 搜索联系人/聊天记录/公众号/公众号文章/收藏/微信功能、查看图片时可识别图中二维码、通过二维码给面对面的人转账	5. X 主打基于微信支付的生活化服务，由社交领域转向电商领域。强化扫一扫工具（O2O），优化聊天体验（例如弱化公众号消息系统）。进一步加强社交与电商的整合
6. X 2014/9/30 推出 6.0	6.0 微信小视频、微信卡包可送给朋友、微信钱包设置手势密码、游戏中心全新改版 6.0.2 小视频拍摄增加夜景模式、可设置微信字体大小、将 iOS 8 中的内容直接分享到微信、清理微信内存、视频聊天可缩小窗口以便使用其他微信功能 6.1 通过附件栏发微信红包、可以搜索朋友圈的内容和附近餐馆、拍好的小视频可先保存再分享、换手机时自定义表情不会丢失 6.2 聊天记录可以快速导入新手机、聊天时可快速便捷发送图片给朋友、朋友圈内容可以翻译、手机充值可以充流量查余额、微信运动公众号可以接入 Apple Watch 及 iPhone 健康数据、右上角加号中可通过展示二维码收钱	6. X 继续优化聊天功能，增加金融安全、更换手机的个性保存等服务

注：表格内容主要结合微信的“系统通知”（在微信中：我/设置/关于微信/系统通知），王冠雄：《微信怎样诞生：张小龙给马化腾的一封邮件》，http://bbs.0513.org/thread-2629668-1-1.html，最后访问日期：2015 年 7 月 20 日；以及高天泽 G 的微博整理。表格详见高天泽 G《微信产品简要分析》，http://blog.sina.com.cn/s/blog_8fea45880101e21u.html，最后访问日期：2014 年 2 月 15 日。

媒介功能模块主要包含了腾讯新闻推送功能、订阅号功能，以及对于订阅号的消息折叠、收藏、分享等管理功能。商业服务模块则是微信进一步实现社交商业化的尝试，它对接了各种第三方应用，如收发邮件、购物、游戏、钱包、卡包等功能。特别是钱包中包含的手机充值、生活缴费、打车、理财、转账等各种便利的服务备受用户欢迎。虽然这两个模块的功能越来越强大，但是它们仍是基于社交模块之上的附加功能，如果社交模块无法将人集聚于微信平台，则这两个模块功能的效力就会大打折扣。

其实，细究帮助微信实现这些功能背后的技术基本都属于“微创新”，如 IP/TCP/UDP/Sockets、P2P、C/S、多媒体音视频编解码/传送、Web Service 等，这些技术并非微信所独有的，也不见得是 QQ 和微博无法逾越的技术障碍，更关键的因素还在于社会时代与社会主体的选择。微信作为一款基于移动场景、为手机而设计的社交应用，其出现可谓生逢其时：微信推出之际恰逢移动互联网浪潮，移动网民激增，它的通信社交功能、简洁的 UI 设计等均迎合了人们手机使用的习惯和移动上网的需求，这使其吸引了大批用户。加之 QQ 已有十多年的发展历史，很多网友产生了喜新厌旧的心理，也会引起他们“移情别恋”，如被访的新中产表示最初使用微信是因为“新鲜”。“QQ 实在是用够了。”“大家都用，都说好，你不用，你 out。”“也可能是 QQ 用了好多年，有点审美疲劳，突然有了一个新的软件可以替代它，也就更喜欢用了。”此外，与 QQ 相比，微信所依赖的“熟人”社交关系链也正是人们所期待的，如“个人感觉 QQ 使用的年限实在是太长了，好友很杂乱，好多人都不认识了……微信加的都是有联系的朋友”。“QQ 出现于网络刚刚在大众里兴起的时候，而人们迫切在网络中寻求一种认同……后来社会在向陌生人社会转型，人们在网络中的隐私安全意识增强，微信就把 QQ 的这种大范围交友圈缩小到朋友圈里，而且朋友和朋友之间也可以保持独立，这种小团体的隐私性和独立性更强，更符合这个社会的需求吧。”① 这些都导致微信成为移动互联网时代的选择，正如夏雨禾在研究微博技术时指出的：技术的选择与淘汰，从某种程度上反映了特定强势社会群体或绝大多数社会群体的意愿。可以说是，“社会关系

① 以上网友的评论来自北师大校内论坛“蛋蛋网”，帖子由“gentgaga”于 2015 年 1 月 3 日发起，主题为“为何微信比手机 qq 更火？它比手机 qq 的优势在哪？”，参见 http://www.oiegg.com/viewthread.php?tid=1886042&extra=&page=1。

塑造了技术”。[①]

（三）微信的运作逻辑

微信成为日渐普及的社交应用，不仅是技术在发生作用，还受时代、文化土壤及社会主体选择等变量的影响，后者从社会意义上左右着微信的运作逻辑。具体而言，微信运作的逻辑不同于微博及QQ。在技术的中介作用下，微博空间是以点对面、实时性互动为主要运作逻辑的，空间的开放性较高；QQ是以点对点、多点对多点、即时性互动为主要运作逻辑的，空间的开放性也相对较高（见表5－2）。

表5－2　微信、微博、QQ的技术属性与运作逻辑

<table>
<tr><th></th><th></th><th>微信</th><th>QQ</th><th>微博</th></tr>
<tr><td rowspan="6">技术属性</td><td>基于移动互联网技术</td><td>是</td><td>PC技术延续</td><td>PC技术延续</td></tr>
<tr><td>多媒体技术</td><td>语音、文字、图片、音乐、视频</td><td>文字、图片、音乐、视频</td><td>文字、图片、音乐、视频</td></tr>
<tr><td>公开性程度</td><td>中（有限公开）</td><td>中高（有限公开）</td><td>高</td></tr>
<tr><td>私密性</td><td>高</td><td>中</td><td>低</td></tr>
<tr><td>信息分享、传播、获取</td><td colspan="3">均有</td></tr>
<tr><td>信息更新限制（字数）</td><td>无</td><td>无</td><td>有</td></tr>
<tr><td rowspan="3">运作逻辑</td><td>传播方式&交互关系</td><td>集成了点对点、点对面、多点对多点</td><td>点对点
多点对多点</td><td>点对面</td></tr>
<tr><td>交互时间</td><td>即时性＋延时性</td><td>实时性</td><td>实时性</td></tr>
<tr><td>信息开放程度</td><td>封闭性</td><td>相对封闭性</td><td>开放性</td></tr>
</table>

微信集结了点对点、点对面以及多点对多点、实时互动的运作逻辑，空间封闭性色彩较浓。微信最常使用的功能之一是点对点的即时沟通功能，它融合了短信与QQ的一对一沟通模式，既迅捷又具有文字、图片、语音、视频等丰富的沟通形式，既可以同步也可以延时地与他人进行跨地域交流。这种技术使人与人的交流不再受时间、空间的限制，而且交流是私密不受打搅的。

① 夏雨禾：《微博的空间生产与实践：理论建构与实证研究》，北京：中国社会科学出版社，2013，第73页；D. MacKenzie, J. Wajcman, *The Social Shaping of Technology 2nd*（Buchkingham: Open University Press, 1999）, p. 14.

微信第二个常用的交往功能是朋友圈，该功能是一种点对面的信息分享式传播，它延续了博客、微博以及 QQ 空间日志的内容分享功能，是微信用户生产内容（包括自己撰写、转发内容），对通讯录中通过隐私设置的不同社交关系进行信息传播的功能。用户面对的传播/交互对象虽然是认识的，但是关系是多元与错综复杂的。传播对象能在第一时间收到用户发布的信息，但大多是在自己可控制的时间选择接收信息，并在有意愿的情况下进行跟帖、点赞或私信方式的互动。圈子里，只有共同的好友才能看到互动的内容，并可以形成互相添加好友的小圈子的交流对话，圈子的私密性比较强。

微信第三个常用的交往功能是群聊功能，该技术背后的逻辑是一种多对多的群体传播模式，这种功能类似于 QQ 群的功能，可以将三个以上的联系人添加到一个群组中，进行多点交互。可以是一对多，也可以通过@功能进行精准的一对一对话，对话的内容在群中是公开的。群与群有明显的边界，互不打搅。

此外，具有媒体属性的公众号和订阅号则以一对多和实时互动为运作逻辑，对信息发布端来说，面对的对象是更精准的“受众”，可以与他们进行多媒体互动，并由他们自由选择推出的服务与产品。

当微信不断以技术创新巩固自己的地位时，微博、QQ 等也在不断改进以适应移动平台的发展，三者的技术越来越相似，甚至趋于融合。但是，各自的运作逻辑则为趋同的技术竞争划清了边界。虽然微信一直试图通过 LBS、摇一摇、漂流瓶等功能，拓展陌生人的社会交往，但是“熟人”交往仍是其立足的核心。通过访谈发现，新中产阶层几乎不使用这项功能，反倒是年轻学生、服务员等会尝试通过这种功能结识陌生人。

二　微信的“场景”特征

梅罗维茨认为，“当两个场景融合后，很少得到两个场景的简单组合，而是常常会演化成具有统一新规则和角色的新场景”。但新的场景出现后，原来的场景不复存在，取而代之的是第三个场景。那么，微信作为一种新的媒介，将如何改变或重组人们的社会交往场景？这一部分将在上述微信的技术属性与运作逻辑的描述基础上，分析微信作为新的“社会场景”所具有的特征。观察所涉及的问题如：究竟谁能够获取有关社交主体发布的信息，谁无法获取相关信息？这个场景中能交流的信息与其他场景中会有什么不同？

（一）不同关系的集体“在场”

如果说印刷媒介、电子媒介会因各自使用的“接触编码”的要求不同，而导致人们被信息自然分隔到不同的信息系统中。那么，微信作为嵌入智能手机中的社交应用，会因硬件接入需要一定的经济投入，而将一部分经济条件差的人群排除在信息系统之外①，其次由于微信的使用需要一定的入门技巧，如文字输入法、识字率等，又会将一部分缺少学习新事物能力的人群排除在这一信息系统之外。不过，随着智能设备价格不断下调、功能越来越简便易用（例如语音输入使不会拼音、没有接触过键盘的老年人也能够轻松使用微信），硬件设备的限制已不足以形成人群的区隔。只要人们拥有一部智能手机，安装了微信应用，就可以与添加的联系人聊天、互通信息。微信，成为新的社交场景。

如梅罗维茨所言，我们通常采用“什么或谁在其中”或“什么或谁不在其中”来思考场景，“对人们交往的性质起决定作用的并不是物质场地本身，而是信息流动的模式”②。随着微信的普及，各种亲疏远近不同的关系被添加到个体的通讯录中，通过一对一、一对多或多对多的信息流动方式形成有区别的社交场景。以一对多的朋友圈交往场景为例，在微信用户的准许下，亲人、朋友、同学、同事、同行等不同的关系个体同时进入用户的朋友圈，虽然个体在发布信息时，通过“谁可以看”③ 的功能设置，

---

① 工业和信息化部发布的2014年通信运营业统计公报显示，2014年，总数达12.86亿户，移动电话用户普及率达94.5部/百人。2014年市场研究公司尼尔森发布的《2013移动消费者报告》显示，中国智能手机普及率达66%。2014年12月2日消息，市场研究公司弗雷斯特（Forrester Research）发布的最新报告显示，中国的智能手机普及率2015年将达到44%。虽然有关智能手机的普及率没有一个统一的数据，但可知还有一部分人群没有使用智能手机，除了年龄因素影响外，经济是一个重要的影响因素。

② 约书亚・梅罗维茨：《消失的地域：电子媒介对社会行为的影响》，肖志军译，北京：清华大学出版社，2002，第33页。

③ 当个体在朋友圈发布照片和文字信息时，可以通过“谁可以看”选项，设置“公开”（所有朋友可见）、“私密”（仅自己可见）、“部分可见”（选中的朋友可见）、“不给谁看”（选中的朋友不可见）。此外，还可以通过“提醒谁看”功能，邀请部分朋友关注。

可以决定谁能够看到发布的信息，或者谁看不到发布的信息，但是通过访谈可知，使用这项功能的用户很少，即使使用也只是偶尔而已，从而使朋友圈在绝大多数情况下出现一种对所有通讯录中的朋友开放的“集体在场”的社交环境。但是，由于互动的人群不同，就一个话题又会细分为不同子场景，如图 5－1 所示的场景 A、场景 B 等。对于参与人来说，虽然场景相对单一，但对于话题发起的个体而言，则同时面对的是多种关系的“集体在场”。

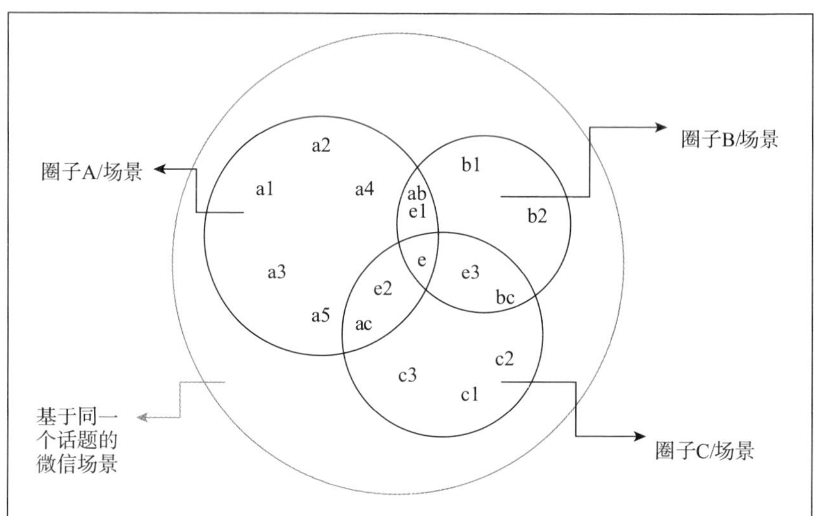

e：发起话题的自我，e1、e2、e3均为不同角色的自我，加入不同的圈子。
a1、a2、a3、a4、a5等是通过微信朋友圈介入话题的不同他人，因为互相为共同好友，而出现在一个话题的同一个圈子A中；b1、b2和c1、c2、c3类似，分别属于圈子B和圈子C。虽然是基于同一个话题，但是不同的圈子A、圈子B、圈子C有着明显的界限，而互不越界。根据媒介情境论的观点，谁能看到信息或者谁被排除在信息外，圈子A、圈子B、圈子C又分别形成了不同的场景A、B、C。

图 5－1　微信朋友圈场景

然而，朋友圈的这种“集体在场”性质会对用户个体的不同行为产生影响：可能会激发个人的表演欲望，例如会更注重打磨发出去的每一条信息的内容，字斟句酌；也有可能会削弱个人的表达欲望，索性不发布任何信息，例如访谈个案 12C 女士提到：“我觉得我的语言组织能力不足以表达我的东西，所以我干脆就沉默算了。”正如心理学家古斯塔夫·勒庞在研究大众行为时指出的，“集体在场的注意力舞台的心理规律，会影响个体的行动：人数众多会产生力量感，从而使约束个人的道德和社会机制失去效力。个体在孤身一人时不会做的事情，在他成为群体中的一员时，会意识到人群赋予他的力量，个体会屈从于这种诱惑”。[1] 中国学者的研究也证实了这一点：“他人在场会带来社会促进作用，即个体在他人在场的时候会比自己单独一个人时表现要好。反之，因他人在场而表现得比平时差的反应被称为社会抑制。而且，在场的影响效应会随着人数的增加而递增。”[2]

此外，这种“集体在场”可以解读为多个场景的融合，这可能会引发作为行动者个体在交往中产生斯托克利·卡迈克尔式的困惑[3]，即当用户个体在发布信息时面对不同的“受众”或“交流对象”时，可能会做出混乱的反应，或者会选择忽视某类观众，让场景变得单一化。当然，用户个体通过微信提供的“标签”及“谁可以看”功能进行信息系统的分隔以解决场景融合的问题，也可以选择新的表达策略，有关这种策略我们将在第六章进行论述。

（二）“前区”和“后区”混合的“中区”

不管是通过文字、图片、语音，还是视频进行网络交往，微信作为网络社交工具，其所提供的仍然是一种“电子书写”的方式，与面对面交往过程中的“即兴对话”相比较是“经过编码”的表演。

戈夫曼将人们在日常生活中的表演分为了“前区行为”和“后区行为”，在他看来，一个人在“前区”的表演可以看作其个人形象的尽力展示，他在该区域中的活动维系并体现着某种标准。这些标准可以用“礼貌”（matters of politeness）和“体面”（decorum）来指称。但是，为了维持体面，他会以“假装作为”（make-work）的形式，努力表现性地强调活动的某一方面，而竭力抑制有损于他所塑造印象的另一方面。那么，那些被抑制的行为或者说被掩盖的事实，通常会出现在“后台区域”或者“后

---

① 古斯塔夫·勒庞：《乌合之众——大众心理研究》，冯克利译，北京：中央编译出版社，2005，第11页。

② 陈静茜：《表演的狂欢：网络社会的个体自我呈现与交往行为——以微博客使用者之日常生活实践为例》，博士学位论文，复旦大学，2013，第92页。

③ 20世纪60年代后期，当倡议黑人人权的斯托克利·卡迈克尔在电视上发表演讲时发现自己在电视舞台上会同时面对至少两种不同类型的观众——他最初的黑人观众和原本有可能争取到的白人观众，此时不论他以任何一方为观众对象时都会失去原本单独面对两类观众演讲时的效果。参见约书亚·梅罗维茨《消失的地域：电子媒介对社会行为的影响》，肖志军译，北京：清华大学出版社，2002，第40页。

台”（back-stage）。因此，后台往往是与前台相隔离、可以使他放松、确信观众不会闯入的地方。[①]

那么，当我们再度审视以微信为中介的人际交流场所，会发现它既非传统意义上的“前区”，又非“后区”，而是一种具有“时空区隔”[②] 特征的新的区域。如果按照梅罗维茨的分析，缓慢而有阻隔的媒介具有“前区偏向”，没有阻隔的媒介具有“后区偏向”[③]，那么微信则具有“前区偏向”。例如，在微信的一对一交流中，微信场景中交流对象有空间阻隔，且时间可延迟，因此允许个体通过编码尽力呈现个人的形象，这种编码过程帮助表演者隐藏交往过程中的紧张、焦虑、走神等心理和行为，避免一些不当的“流露”。

然而，在朋友圈的交往中，个体往往又会将自己日常生活中的多个侧面呈现，而这些侧面的行为对于他所扮演的多个角色中的某一个角色来说又是“后区化”的，与该角色不符的。例如，职场如果对于新中产来说是他们表演的“前区”，那么与他或她生活相关的区域则均为“后区”。当微信连接了个体的不同关系时，实际上也是将个体的多个角色同时包容在同一个场景，这种混同场景就会出现个体将“后区”搬到“前区”的现象，成为一种混合的“中区”。[④] 例如，对于老师而言，在与学生互加微信好友前，学生只了解老师在讲台上的“前台”信息（老师的角色），而对于老师的生活、爱好等“后台”区域（作为丈夫、父亲、父母的孩子、朋友的密友等角色）是模糊和未知的。但是，在微信舞台上，老师的其他角色的行为（后区行为）则可能会暴露给学生，而这种后区行为又是完全不同于日常中的表现的，是一种经过“编码”的中区行为。

---

① 欧文·戈夫曼：《日常生活中的自我呈现》，冯钢译，北京：北京大学出版社，2014，第93～99页。

② 谈到电子媒介时，传播学家更多地认为，媒介消灭了时空区隔，让交流可以跨越时空的限制。但是，与面对面的交流相比较时，这种借助“中介”完成的交流无法忽视其不可抹杀的时间和空间的阻隔。现代人并不会抱怨这一阻隔，反而会利用这种“阻隔”将自己更好地保护起来。例如，不让自己被交流所绑架。

③ 约书亚·梅罗维茨：《消失的地域：电子媒介对社会行为的影响》，肖志军译，北京：清华大学出版社，2002，第104页。

④ 微信就此也提供了一种“标签”功能，可以将联系人进行分类，并在朋友圈发布信息时，设置了“谁可以看”以及“提醒谁看”的功能。但是，并非所有人都会有策略地使用该功能，或者因为麻烦而不使用该功能。这就使得朋友圈成为更为融合的“中区”。

也就是说，在朋友圈中，微信场景的时空分离使每个个体更加自由地、有选择地展现理想化的自我。在这个舞台上，他们通过文字、照片、视频等电子化的书写，将个人的工作、生活、情感都可以一股脑地搬到微信场景中。但是，与面对面的表演相比，这些信息是通过文字、照片、视频等手段进行的复杂编码，是经过精心设计的。例如，曼妙的午餐、开心的聚会、绝美的风景等。因此，微信具有不同特征的“中区”场景。正如梅罗维茨在分析中提到的，“编码的时间和精力使信息发送者脱离了现场正在进行着的场景”，而这种书写虽然花时间，但可以对最终的信息进行精简和调整。“时间能用来消除错误，去掉模糊，并可以将你花时间来组织和编辑信息这一事实隐藏起来。”[①] 当不必要即时回复对方的信息时，这段被允许的延迟时间成为缓冲，让最终的回复更合乎社会普遍遵循的“礼仪”，也更“体面”，而少了面对面互动时可能出现的不经大脑的冒昧，或者因停顿被认为的迟钝。

（三）虚拟空间与现实空间的交融

前面我们在分析中提到，微信社交与面对面的社交不同的是，交往中存在空间的阻隔，即物质地点天生就具有隔绝性，但是微信作为交往的中介，通过技术打破了这种时空的阻隔，使交往的场景不再受制于物理距离和环境。通过微信，可以将世界各地的朋友聚集到同一个空间，还可以通过留言的方式在不同时间就同一话题交流意见。我们说微信空间是一种介于现实和虚拟之间的特殊环境：它以现实存在为基础，将线下的部分社交关系移植到微信空间中，使空间拥有了一种陌生网络中鲜有的信任。

微信添加的各种关系大多来自日常生活中认识的人，每个人的身份是真实的。但是他们在微信上发布的生活并非其生活的全部，而是被筛选后的局部信息，因此每个人的身份又变得模糊。由于微信场景与主体描述的场合的隔离，使得描述者可以通过电子书写的呈现方式，密切控制表演的结果。个体可以对事件进行文字或语言的包装和整理。有的人会将生活中不快乐、不美好的一面过滤掉，仅仅将美好的一面呈现出来。例如，个案28G先生将自己的微信平台比喻为“轻松快乐的俱乐部”，在这个舞台上，

---

① 约书亚·梅罗维茨：《消失的地域：电子媒介对社会行为的影响》，肖志军译，北京：清华大学出版社，2002，第104～105页。

可以与朋友们喝杯咖啡，喝杯酒，交流交流情感。相应地，他发布的信息是“对生活积极、快乐、无所畏惧，敢于挑战，相对阳光，而很少忧虑和烦恼”。如果仅仅通过对微信上所发布的内容进行观察，很容易会产生 G 先生的生活处处阳光明媚、无忧无虑的印象。就好像梅罗维茨分析人们在印刷媒体的表达一样：“我们很多人都愿意与朋友分享我们所经历的事件的详细语言或文字描述。但是我们不会期望我们的朋友出现在描述的所有场合中。”[①]当然，也有人喜欢吐槽，总是将不好的情绪发泄出来，给人留下悲观、爱发牢骚的感觉，但是这种类型的人在访谈的新中产人士中没有遇到。

微信在线上传递出的“虚拟生活”与线下的“真实生活”往往是相互连接的。每个人的身份又是真实的，因此微信上发布的信息并非总是能完全按照个体的意愿“引导和控制”他人对其形象的想象。也就是说，人们对他的想象是有限定的想象，是将线上与线下形象进行融合的想象。

（四）私人场域与公共场域界限的模糊

梅罗维茨在媒介情境论中提到，电视的社会意义的重点不在于电视播放什么，而是其作为一种共享场地的存在。电视将不同阅读圈子的人放进同一个公共领域，可以被归为市场和大街拐角，成为一种需要监视但是不需要认同的环境。[②] 他的这种分析，虽然是针对电视，却对我们分析微信场景的特征很有帮助。

微信是一个个人化的社交平台，借助微信的各种功能，个体可以更好地展现自己，与他人交流，例如在微信朋友圈，可以利用图片和文字记录个人的生活方式，因而有着鲜明的私人场域的特性。如果说最早微信添加的是最亲密的朋友，随着添加朋友的增多，微信的聊天内容随之发生改变，从私人生活话题，逐渐转向公共话题，或者说两类话题的信息慢慢成为微信平台的主要内容。由此来看，微信又是一个融合了各种关系的“共享场地”，因此又容易打上公共场域的烙印。在此，我们没有使用“公共领域”的原因是，它虽然与“公共领域”有着相似的指向，但还不完全具

---

① 约书亚·梅罗维茨：《消失的地域：电子媒介对社会行为的影响》，肖志军译，北京：清华大学出版社，2002，第 107 页。

② 约书亚·梅罗维茨：《消失的地域：电子媒介对社会行为的影响》，肖志军译，北京：清华大学出版社，2002，第 84、83 页。

备公共领域所能实现的功能。

按照哈贝马斯的界定，所谓公共领域是指公共意见形成的领域，是介于国家政权和私人领域之间的地带，公众可以讨论国家和社会话题的领域。由于进入微信的各种关系并非完全意义上的“公众”，加之能形成广泛讨论的话题也非常有限，而多是就个人生活、专业话题为主的讨论，因此，微信目前还不能称为严格意义上的“公共领域”，我们以“公共场域”指称，以免概念混淆。

回到微信场景的私人场域与公共场域的界限模糊，主要是从微信凝聚的话题来看，个体在朋友圈中越来越多地发起有关私人领域之外的“公共话题”讨论，使其越来越趋近于探讨“公共话题”场域。例如，2015 年 6 月 17 日，有关“贩卖儿童一律死刑”的法律条款讨论在朋友圈被刷屏，形成热点舆论，甚至成为公务员考试申论备选题。这些“公共话题”与个体的私人性内容交织在一起，成为朋友圈中的共享内容。

此外值得注意的是，由于微信场所的公开性，至少是对自己之外微信上添加的朋友的公开，微信上发布的私人生活变成了朋友圈可以公开评论的话题，从而将私人场域也变成了公开的场域。相对于微信朋友圈，新中产的微信群则越来越可能具有公共领域的特征。在这些知识分子聚集的空间，会看到更多有关国家及社会话题的讨论。

综上所述，微信作为一种新的社交媒体，改变了人们的社会交往场景，从聚集的关系类型、个体的身份和行为特征，以及交流的信息等各方面考察，均体现出一种“融合”的场景特征。

三　场景融合下的新中产阶层社会关系再生产

据微信官方数据，有 25% 的微信用户每天打开微信超过 30 次，有 55.2% 的微信用户每天打开微信超过 10 次。接近一半活跃用户拥有超过 100 位微信好友。有 57.3% 的用户通过微信认识了新的朋友，或联系上多年未联系的老朋友。① 通过对北京的新中产阶层访谈可知，微信已经成为

① 《2015 微信用户数据报告：想知道的全在这》，http://www.techweb.com.cn/internet/2015-06-01/2158984.shtml. 最后访问日期：2015 年 6 月 1 日。

大部分新中产人士日常生活的一部分，他们每天会利用碎片时间浏览朋友圈及公众号上的内容，而且绝大多数新中产拥有100位以上的微信好友，甚至有些新中产人士的微信好友超过1000人。通过微信，他们将线下的部分社交关系搬到了线上，并发展出线下原本不经常或几乎不交往的社会关系，例如久已失联的老同学，或者原本不认识的校友、业界同人，以及拥有共同兴趣爱好的同道中人等。前文分析了微信作为新型社交场景所具有的特征，这些特征会对新中产阶层在微信上的社会交往产生什么影响？是完全移植日常生活中的社交关系，还是会对这些关系进行潜移默化的改造？微信场景对社会关系及社会资本的影响如图5-2所示。

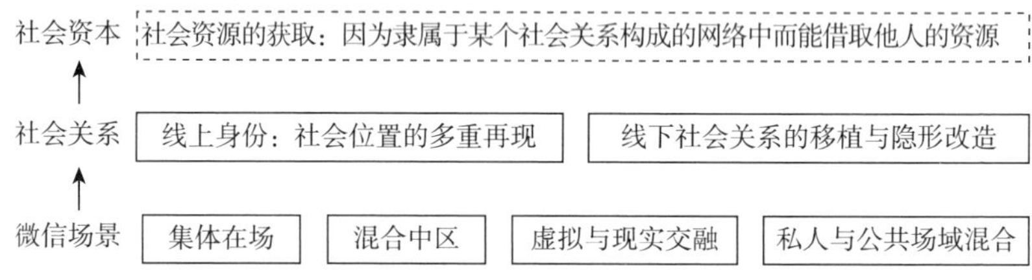

图5-2 微信场景对社会关系及社会资本的影响路径

（一）个体身份的再生产：身份的多重再现

我们说，人是以身份的形式存在的，而个人的身份不是由本人所决定，而是由其所在的人际关系来界定的。[①] 例如，人们都是从自己所属的人际关系，包括家庭、社区、亚文化群体等所提供的社会建构中获得自己的身份，这些身份体现为不同角色，如父亲、丈夫、儿子、职员、领导、教师、学生等。要考察微信场景中新中产阶层的社会关系生产状况，可以先从微信场景中新中产个体身份的变化进行考察。

身份在很大程度上是一个文化概念，在不同的文化中，对身份的理解不同。迈克尔·赫克特（Michael Hecht）的CTI理论（有关身份的传播理论）将身份视为个人与社会的连接点，认为身份就是确定你在不同群体中的“会员资格”的一个“代码”，是与他人在社会互动中建立起来的。他将身份分解为两个维度——“个人维度”和“认定维度”，并从四个层面进行解读：个人层面，即人们在社会情境中对自我的认知；表演层面，即

① 王力平：《身份——社会学视野中的社会资本》，《黑龙江教育学院学报》2006年第5期，第7~9页。

别人通过你的行动、特征和行为方式，对你的理解和定义；关系层面，即以他人为参照对自己的认识；群体层面，即一个人的身份主要是通过其所属的社群建立起来的，而不注重个体差异。[①]

从身份的角度来看，我们研究的对象——新中产阶层，其新中产的身份仅是一种群体层面的身份，对于个体而言，这一身份也只是其所拥有的众多身份中的一种，他或她还拥有着其他身份。从关系的层面来看，如父子、夫妻、同事、老板、发小等。但是，正如我们在前面回顾梅罗维茨的理论时提到的，“身份的不同有赖于场景的不同，以及对不同观众所能获得信息数量的限制”[②]。日常生活中，上述关系相对来说很少在一个场景中同时出现，而是每天在不同的场景中改变身份。如果遇到多重关系同时出现的场景，个体通常会选择一个主要关系中的身份决定自己的行动。例如，当夫妻与孩子同时在场时，个体作为丈夫和父亲的身份同时出现，此时他可能会少了单独与妻子相处时的亲昵，或者多了一种与孩子相处时的慈爱。当然，也偶尔会遇到众多关系同时出现的场景，例如过年团拜会等，公司要求员工携家属一起参加新年庆祝活动。此时，作为公司中层的新中产个体，既是下属，又是领导，还是丈夫和父亲，以及某个同事的朋友等。这种场景的融合，很可能会出现某种混乱的行为，或者是一种与往常任何一种身份所体现出来的行为都不同的新行为。

而在微信场景中，正如前文分析的，由于其开放性，进入微信中的关系往往包容了新中产个体社会交往中的多重关系——亲友、同学、同事、同业、同好、同乡等，特别是在微信朋友圈，这些关系的“集体在场”导致新中产个体的多角色卷入。当这种情境成为一种常态时，新中产阶层或者选择一种“融合的身份”——“生活者的身份”出现，或者会突出某一种角色，并通过信息的传播行为对这种身份进行强化。

朱迪思·巴特勒（Judith Butler）在其《性别麻烦》（*Gender Trouble*）一书中提出，“身份既是被构建出来的，也是被表演出来的”[③]。正如经验

① 斯蒂芬·李特约翰、凯伦·福斯：《人类传播理论》（第九版），史安斌译，北京：清华大学出版社，2009，第103~105页。

② 约书亚·梅罗维茨：《消失的地域：电子媒介对社会行为的影响》，肖志军译，北京：清华大学出版社，2002，第59页。

③ 斯蒂芬·李特约翰、凯伦·福斯：《人类传播理论》（第九版），史安斌译，北京：清华大学出版社，2009，第110页。

描述中提到的，被访的新中产人士在微信中发布最多以及最感兴趣浏览的内容是与专业相关的内容。通过专业信息的传播，或者说通过这种“表演”，新中产个体建构起自己的职业身份。就如理论家们认为的，身份是人们每时每刻都在进行的表演。职业身份是新中产在微信中建构的最主要的身份。

此外，中产阶层发布最多的内容是与其生活方式有关的饮食、旅游，以及与兴趣相关的灵修、读书、园艺等。在他们看来，这些内容与他们的各种“身份”都契合，正如个案28G先生所言，面对不同的观众，他发布信息的策略是“取最大公约数”。戈夫曼提出，与社会阶层相连的最重要的部分符号装备（sign-equipment）是由通过物质财富表现出来的身份象征构成的。[①] 新中产人士在朋友圈发布的这些内容正是以一种有品位的“表演”，标明自己的社会位置和身份。第六章我们还将从表演者、观众的角色视角对此进行更细致的分析。

（二）线下社交关系的移植与隐形改造

身份是社会资本问题中一个很重要的因素，但是身份本身并非社会资本。从文献梳理可知，社会资本根植于社会化网络与社会关系中，在人与人之间的联系中，通过对身份的工具性使用，身份可能会转化为社会资本。而当身份成为一种手段时，就可能会推动社会关系网络的再造，这种社会资本一旦确立，它也就有权力来改变社会关系结构。[②]

从前文分析中，我们洞察到，新中产阶层并非如虚拟网络中的某些群体那样颠覆性地重新塑造自我，而更多的是通过微信强化自己的职业身份和品位身份，还有一部分新中产是以一种“生活家”的身份定义自我。与这些身份对应的角色在微信场景中与线下移植过来的关系进行互动，相应地产生出新的社会关系。这些关系被潜移默化地改造，改造的路径基本上有三种：维持，即在线上维持与线下相同的关系；强化，即在线上的联系增进了线下原有的关系；弱化，即线下的关系在微信互动中遭到破坏。以下将

---

① 欧文·戈夫曼：《日常生活中的自我呈现》，冯钢译，北京：北京大学出版社，2014，第19页；陆晔《喧嚣背后：新媒介技术的社会影响与理论路径——“数码传播与社会转型：中华社会及其他地区之经验”国际研讨会综述》，《现代传播》2007年第1期，第136～138页。

② 王力平：《身份的社会资本属性及其功能》，硕士学位论文，西北师范大学，2007，第19页。

从新中产阶层身边的“强关系”与“弱关系”分别进行考察。

1. “强关系”的关系再生产

根据马克·格兰诺维特（Mark Granovetter）的理论，“强关系”指的是个体的社会网络中同质性较强（交往的人群从事的工作、掌握的信息都是趋同的），关系较紧密，有很强的情感因素维系着的那部分人际关系。这类关系通常包括血缘、地缘、学缘、业缘等关系，其中，血缘关系是最亲近的关系。如前文提到的，中国传统社会强调宗亲关系，血缘和地缘关系曾是社会中最重要的关系，但随着社会变迁，城市人口流动普遍，生活节奏加快，这两类关系在人们日常生活中的重要性开始弱化，还有一些原本联系紧密的关系因地域阻碍而疏离。但在社交网络中，时空阈限被打破，人们的社会关系网络被重新演绎。具体到新中产阶层使用微信的状况可知（见图5-3），在微信场景中，围绕着新中产阶层对自身职业身份、品位身份和“生活家”身份的强调，线下移植的“强关系”被重构。

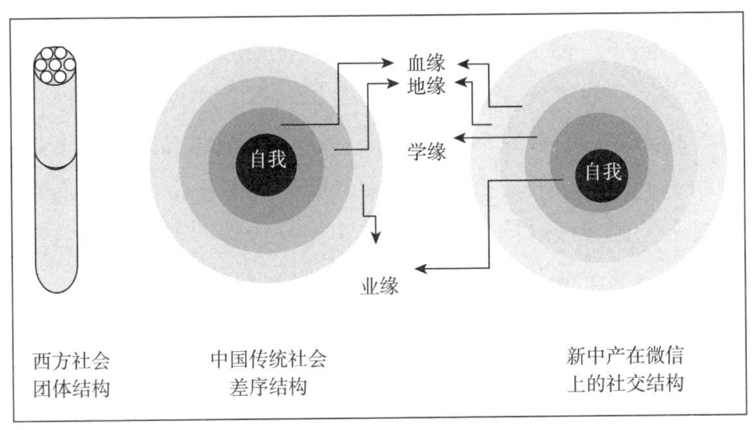

图5-3 新中产阶层微信社交结构

相对于没有社交网络的时代，血缘关系得到一定程度的维持与强化。通过第三章和第四章可以了解到，很多新中产特别是移民到北京的新中产，会将家属及部分亲戚加入微信通讯录中，并通过建立家人微信群，维持或强化一度因时空阻隔导致日渐疏远的血缘关系。需要说明的是，在此得以维持和强化的血缘关系，更多的是指类似于兄弟姊妹，及由此延伸的家庭。例如个案10W先生的两个家人微信群中，妻子家的“家族蓝田人”中就还包括了妻子的哥哥和嫂子。日常生活中的点滴趣事，以及朋友圈中分享的有价值的内容，他们都会在群中分享。方便的视频也让他们感觉远在异地的亲人就在身边。通过微信，之前仅靠年节见面，或偶尔电话联系的亲情更亲密。这种新的社交方式使传统社会重视的宗族血亲关系得以再生产。

从上大学开始，很多人开始离开家乡，与一起长大的好朋友或者好同学各奔东西。在传统时代，往往很多朋友一别就是几十年。再联系上时，人已到耄耋之年，还有的甚至别离就是永别。然而，随着通信技术的发展，与发小、密友的联系越来越方便。在有网络之前，受通信资费的影响，朋友之间的联系还相对有限。进入网络时代，特别是社交媒体时代，彼此的联系开始增多。特别是有了微信之后，人们找到了小时候的玩伴、中学的密友等。建立群或者私信的方式使彼此联系的频次开始增多。应该说，微信帮助维持和强化了这种关系。但是，这种关系在日常忙碌的新中产生活中也并不经常是一对一的沟通，而更多的是通过朋友圈的关注和偶尔关于生活方面的互动。

新中产阶层都接受过大专及以上教育，甚至有很多人获得硕士、博士学位，他们上学多，同学也多。但是，除了要好的同学外，以往每个阶段毕业后大多数同学也就失去了联系。通过微信群，小学、中学的同学开始恢复联系，但是经过一段时间的交流后，很多同学群又逐渐趋于沉寂。通过微信，很多同学群、校友群建立起来，同学关系得以维持。但是，总体来看，在学校原本缺少共同语言的人，在同学或校友群中仍相对沉默，仅仅保持“在场”的状况。相对而言，大学同学群因为专业一致，所在行业相似，即使在群中多是家长里短、股市等非专业信息的沟通，但群的活跃度较高，联系相对密切。此时，新中产多保持一种职业与生活两者兼备的身份。

正如前文多次提到的，新中产阶层在微信中更多强化的是自己的职业身份，在群中互动较多的也是所处行业相关的社会关系，业缘关系得以加强。同事与同行是职场人士日常接触最多的社会关系之一，通过工作、合作、会议、交流等方式，很多同业之间建立了联系。如果仅仅是通过有限的会议，彼此的交往仍十分有限。但是，通过社交网络，无论是通过朋友圈的分享，还是通过微信群，新中产与同行保持着密切的沟通与交流。在专业的基础上，发布的生活信息等也成为增进彼此了解、加深情感联结的渠道。此外，同业群的建立，进一步增加了业务往来的可能性。

曾经在传统社会中，具有重要作用的地缘关系基本淡出新中产的社会关系。

2. 弱关系的关系再生产

与“强关系”相对应，“弱关系”是指联系不频繁的人的关系。这类关系的特点是个人社会网络中异质性较强，关系并不紧密，也没有太多感情维系的所谓“泛泛之交”。通常，这类关系的交往受个体的职业、兴趣、性格等因素影响较大。在传统社会，人们交往的圈子相对较小，认识“弱关系”的机会也较少。网络社会增加了认识陌生人的机会，使之可能发展成有限交往的弱关系。此外，通过社交网络，原本在线下认识、交集较少的人则更有可能通过微信发展为强关系。

随着通讯录名单的不断扩充，微信已逐渐向“熟悉的陌生人”蔓延。具体到新中产阶层，首先是通过微信结识的一些同行、同好等一面之缘关系的强化。通过访谈可知，在新中产阶层的微信朋友圈中，很多人是同行，或者是有着共同兴趣的人，但是他们在日常生活中很少见面。这些关系大多是在一些行业会议或工作中通过扫一扫等方式添加的人。在添加时，新中产会通过隐私功能的设置，决定是否允许该联系人浏览自己的朋友圈，这也就决定了两个人的交往边界，即是否允许进入个体的隐私领域。在传统时代，这种关系发展的结果大多会成为陌路，但通过微信或QQ等社交媒体则多了沟通的渠道，当对方被允许浏览更多朋友圈的内容后，也可能会因为彼此关注的焦点、生活情趣、爱好等一致，而发展成关系密切的朋友。当然，也有一些添加的联系人，有可能因为彼此喜好不同，或者因为某些朋友圈的发布行为，如代购、传递负能量的信息等，被删除或添加至“黑名单”。

其次，当新中产个体加入各种不同的群时，也就意味着会认识很多有共同联系的“陌生人”，例如校友群、同业群和同好群。这些群中的成员并非都是个体认识的人，但是基于信任传递的原则，通过群则可能将某些群友发展为进一步交往的关系。甚至某些新发展的关系从未谋面，但是通过微信平台的文字、图片、声音等多符号方式的沟通，则胜似面对面发展出的关系。例如个案21L女士是一位自媒体创始人，由于职业关系，她在加入的校友群中，会将自己每一期节目发布在群聊中。她知性的嗓音与精心制作的节目，为她赢得不少校友粉丝。这些校友与她互相添加微信好友，并逐渐发展出亲密的关系。

但是，类似个案 21L 女士这样的新中产仍是少数，更多的人表示会在群中保持沉默，并且也较少将群中成员发展为自己的“微信好友”。例如个案 9H 女士是一位热心的律师，她加入的群有 28 个左右，有律师同行、寺院修行者等，最大的群有 385 人，其他的大多也在百人左右。但是，她很少将他们添加到自己的通讯录中，认为没有必要，“有什么事，在群里找他们就可以了”。

总体而言，人们的社会关系在微信场景中发生重构，虽然也会以自我为中心发展出类似于传统社会中的差序交往格局，但是，与中国传统社会不同的是，这些亲疏远近不同的关系在微信中呈现不同的结构：围绕着新中产的职业身份，依次摊开的交往圈是亲友、同业、同学、同好，这些关系包含着不同的可动员的社会资源。

四 本章小结

人们交往“舞台”的嬗变，从“场景隔离”到“集体在场”。社交改变了以往面对面的交往模式，将现实生活中的人际关系进行了隐性改造。通过微信，一方面维系或加强了传统的强关系，一方面也维系了一部分弱关系，并有可能将弱关系发展为强关系。与强关系的沟通与互动，满足了一定的情感需求；与弱关系的沟通，则更有助于满足多元化资讯的需求。按照林南对社会资本的分析，个体的微信使用行为可以分为工具性行动与情感性行动。前者可以为行动者带来一些不为其所拥有的资源，如获取有价值的信息等。后者则更多是维持已拥有的关系资源，促使其获得身心健康、生活满意的回报。微信朋友圈/群是基于社会网络的“虚拟”社区，为社会资本的培育提供合宜的土壤。

第六章

媒介行为：指向社会资本建构的社会学行为

在微信社交平台上，每个人都在编织一张属于自己的社会关系网，通过各种不同的微信使用行为，管理自己留给他人的印象，召唤隐含于朋友圈、微信群中的人脉、圈子等无形社会资本。

媒介行为是指人们使用媒介时的行为，包括媒介接触习惯、接触偏好等行为。梅罗维茨认为，“人们的行为往往是由人们所感知到的自身所处的场景情境所决定的”[①]。由此可以推断，新的媒介情境会导致新的媒介行为。社交媒体带来的新的社交情境，将不同的信息传递给使用社交媒体的个体，进而影响个体新的社交行为及由此形成的社交关系网络。正如第五章中分析的，微信作为一种新型社交媒体，具有“混合场景”的特征，新中产作为使用微信的个体，依据融合的场景特征在新的使用行为当中对线下社交网络进行隐形改造。

基于第三章的描述，可以看到大部分新中产在微信使用时不仅喜欢利用碎片时间浏览朋友圈中好友发布的内容，也会在微信中发布自己感兴趣的内容。这些内容不同程度地体现了他们的专业素养、生活方式及个人品位等。从戈夫曼的拟剧理论框架来看，这些行为其实都是新中产的一种“表演”。只是在微信这样一个“混合场景”的舞台上，他们的表演显现一种私人领域前台化，以及仿拟现实人际互动的特征。通过第四章描述可知，大部分新中产阶层通过微信群或积极或沉默的互动与不同类型的社会

① 约书亚·梅罗维茨：《消失的地域：电子媒介对社会行为的影响》，肖志军译，北京：清华大学出版社，2002，第24页。

关系保持联系。这些个人呈现与互动行为背后的动力机制是什么？又将如何建构和动员新中产阶层的社会资本？当然，社会资本的建构并非解读新中产阶层微信使用行为的唯一定案，而是从其行为中找到的一种理解系统。本章将基于两个层面——朋友圈信息发布行为和微信中的互动行为，对新中产阶层的微信使用行为对社会资本的建构进行分析。

一　私人领域前台化对社会资本的建构

在社会化媒体平台上，每个人的圈子被量化成一个个透明的指标，于是资本也成了透明化、指标化的产物。在微博上，它被量化成关注数、转发数、粉丝数等“象征的关系”，个人的话语影响力成为这些数字之间的较量，各种微文本召唤着人脉、圈子等看不见的社会资本。[①] 同样，在新兴的社会化媒体平台——微信上，这个圈子更加直观，也更有选择性。每个人通过在朋友圈公开发布信息，或者定向传播信息，维系着自己的“熟人圈”，同时，通过加入不同的“群”，维系既有的关系或者拓展新的人脉。虽然在访谈中，很少有被访者表达这种动机，但他们的确通过微信的一对一、一对多、多对多的信息传播行为传递了自我形象，保持了与他人的联系。他们或刻意或下意识地管理着自己的形象、言论，以及转发的内容，由获得的“点赞”或者互动数，感受着一种逼真的现实存在感和认同感。按照社会渗透理论，这种分享个人生活、情绪及感悟等自我暴露的行为，有助于其促进与他人的社会交往和人际交流，并在这个过程中建构社会资本。正如陈静茜在其博士论文中指出的，互联网是一项“身份工程”，允许个体变得更加自我，并为个人和社区的利益创造社会资本。[②]

（一）私领域前台化的动力机制

按照梅罗维茨的观点，当媒介造成混合场景出现时，会出现新的“中区”行为。这种行为包括了最初的台上和台下行为模式的元素。在这种新出现的“中区”中，表演也是公开的，因此演员需要尽可能适应观众的在

① 李林：《媒介化生活的社交圈子与人际关系重构》，《中国社会科学报》2013 年 3 月 6 日，第 B04 版。

② 陈静茜：《表演的狂欢：网络社会的个体自我呈现与交往行为——以微博客使用者之日常生活实践为例》，博士学位论文，复旦大学，2013，第 98 页。

场，但仍然会将能隐藏的都藏起来。[①] 如第五章所分析的，微信同样具有这种混合场景的特征：新中产阶层将线下线上结交的多种关系邀请到微信中，当他们在朋友圈发布信息或者进行“表演”时，如果不做特别的隐私设置，这些关系均可接收新中产行动个体发出的信息，也就出现了线下多个场景的混合。这种对其他人接近自己的控制和限制越少，就使得新中产个体的更多“后区行为”暴露出来。正如梅罗维茨对以电视为代表的电子媒介的分析，“无论是亲临现场还是通过镜头及麦克风，当人们被观察的时间越长越仔细时，他们的行为就会越多地剥去其社会的标志和姿态的外衣”[②]。然而，值得探讨的是，当人们知道各种“熟人”在通过微信观看自己时，在微信中呈现的所谓“后区偏向”又变成了一种有意识的“前区表演”，因为人们总是希望别人看到的是一个更完美的自己。

1. 理想自我的植入

戈夫曼将个体分为两个基本部分：表演者和角色。前者是指“一个易于受干扰的印象制造者，潜心于非常富于人性的表演工作中”；后者是指“一种形象，一般而言，是一种美好的形象，表演就是图谋显示出他的精神、力量以及其他的各种优良的特性”。[③] 他认为，大多数社会都存在分层系统，人们普遍对高阶层抱有一种理想化的期待，并希望得到或接近有声望的地位。为了实现这种普遍向上流动的需求，人们都会努力维持自己的表演，而恰如其分的表演是维持前台的必要手段。[④]

在微信的混合场景中，虚拟空间与现实空间的交融为新中产提供了一个新的表演舞台。如果说，场景混合仅仅是临时性的，新中产可能会选择一种折中的方式，但是如果混合是长期性的，新中产阶层则可能选择一种偏向于某种身份的策略，或者是一种混合身份的策略，如我们在第五章中看到的，他们可能更多地突出自己的“职业身份”或者“品位身份”，还

---

① 约书亚・梅罗维茨：《消失的地域：电子媒介对社会行为的影响》，肖志军译，北京：清华大学出版社，2002，第 44 页。

② 约书亚・梅罗维茨：《消失的地域：电子媒介对社会行为的影响》，肖志军译，北京：清华大学出版社，2002，第 45 页。

③ 欧文・戈夫曼：《日常生活中的自我呈现》，冯钢译，北京：北京大学出版社，2014，第 214 页。

④ 欧文・戈夫曼：《日常生活中的自我呈现》，冯钢译，北京：北京大学出版社，2014，第 2、3、214 页。

有的会以一种混合生活工作的“生活者”的身份出现。这种身份的选择，会导致其新的“行为”——重构自我。而这种重构正如孙藜在研究中指出的，既不同于一般虚拟空间中重塑一个匿名的“全新的自我”，也不同于以真实姓名或身份在陌生人中表现一个“新的自我”，而是将“理想自我”置于熟人圈中，公开地与那个“囚禁于他人目光中”的“自我”拉开一定的距离。① 这种理想自我的植入驱使新中产阶层在微信朋友圈中对自我形象、生活工作细节以及关注焦点等方面的策略性披露。

2. 亲密关系的构建

艾里森（Ellison）等曾对 Facebook 用户开展的一项调查显示，要在一定程度上取得社交媒体上双方之间短暂的联系，并且将之转化为“社会资本”，就需要取得“弱连接”的关注与信任，这其中个人信息的分享则不可或缺：一是个人资料，二是个人生活更深层次的“自我暴露”。因为这部分体现了主体的真实与可信。② 与之类似，Hslu-Chia Ko 等有关博客的研究也得出结论：“自我暴露”可以帮助人们将潜在的关系转化为“弱连接”，并拓展其社交网络。③ 这些研究均是基于“陌生人”社交网站的调查提出，在社交媒体中展现真实自我，有利于发展出相应的线下关系，从而形成对个体有利的社会资本。那么，在微信这样的“熟人”社交平台上，人们原本已知道彼此的基本信息与真实身份，“自我暴露”则更多的是对个人生活细节、品位等更深层信息的展露，进而获得双方更深层次的认同与更强烈的“亲密感”。

人际传播中的隐私计算理论提出，当个人认为披露信息的总体收益超过其所感知的风险时，披露个人信息的意愿就更强。当用户认为自己分享个人信息有用时，就会推动其进一步分享个人信息。社会渗透理论的提出者、美国社会心理学家 Irwin Altman 等的研究也表明，“自我暴露”是建立亲密关系的核心因素。这里的自我暴露不只是个人生活信息，也包括生活

---

① 孙藜：《We Chat：电子书写式言谈与熟人圈的公共性重构——从“微信”出发的一种互联网文化分析》，《国际新闻界》2014 年第 5 期，第 6 ~ 20 页。

② Ellison, Nicole B., Charles Steinfield, Cliff Lamp, “The Benefits of Facebook ‘Friends’: Social Capital and College Students' Use of Online Social Network Sites,” *Journal of Computer-Mediated Communication*, 2007, 12 (4): 1143 - 1168.

③ 转引自王秦《社交媒体个人信息分享与社会资本提升》，《中国报业》2014 年第 4 期（下），第 82 页。

中的烦恼、压力以及喜悦等情绪、感悟的分享。[①] 在戈夫曼看来，个体的表达包括两种本质不同的符号活动：一种是个体主观发出的、所给予的表达，一种是个体所流露出的表达。前者体现在微信活动中，即对自我信息的直观呈现，后者体现为通过转发流露出的个体观点及关注焦点。随着城市生活节奏的加快，城市人口流动的普遍，血缘和地缘关系也被发展到网上，人们通过社交媒体同步分享自己的情绪，进而保持一种“数字化亲密”。此外，这种以熟人构成的朋友圈忠实观众的存在也强化了前区的表演欲望。[②]

通常自我信息的呈现可以分为：个人资料（姓名、性别、照片、联系方式、籍贯、就读学校、工作单位等）、个人体验（生活中的喜怒哀乐等情绪和感悟）、个人生活（个人经历、生活细节等），以及关注的焦点（关注的事物和信息等）。结合微信的结构特征，本研究将自我呈现分为三个方面——自我信息（姓名、头像、个性签名）、生活工作（以原创为主的日常生活、工作和个人体验）、关注焦点（转发信息等），并分别就这三个方面对社会资本建构的影响进行考察。

在此需要指出的是，31 位新中产访谈对象中，有 27 位接受了微信好友添加的邀请，但是开放隐私权限的仅有 25 位。为了获得更多资料，在以下分析中，研究还将笔者微信中符合新中产要求的博士校友群作为观察对象，该群共 103 人，女性 47 人，男性 56 人。

（二）自我信息的披露对建立信任的影响

在社交平台上，自我形象的直观呈现首先是通过姓名、头像、个性签名这种“轻量信息”体现，它们涉及究竟是使用自己的真实信息还是匿名信息。公开与匿名是用户在社会化媒体上披露个人信息与否的一种表现形式，同时，这也在某种程度上体现了个人如何呈现自我。

1. 姓名

姓名既可以是个体进行印象修饰的工具，也可以是隐匿身份的手段。与微博等社会化媒体不同，微信中添加的绝大多数“朋友”源自 QQ 和手

---

① 王秦：《社交媒体个人信息分享与社会资本提升》，《中国报业》2014 年第 4 期（下），第 82 页。

② 李盈盈：《传播生态学视域下的微信研究》，《东南传播》2014 年第 11 期，第 14～17 页。

机通讯录中认识且关系相对密切的朋友。从接受访谈的新中产的微信来看，虽然微信通讯录中也会有一些通过朋友推荐或微信群等渠道添加的“陌生人”，但大多数微信中添加的联系人是来自线下熟识或至少认识的人。因此，对微信使用个体来说，使用“昵称”并非为了隐匿身份，而是从 QQ 昵称延续而来的习惯；其次考虑的才是通过名称展现自我。

具体到被访新中产的微信名称使用，大多数被访者使用了真实姓名（包括省略了姓氏的名字，以及昵称 + 真实姓名）；博士校友群中也有一部分人使用了真实姓名。即使是使用昵称的人，在添加好友时基本会被标注真实姓名（见表 6 - 1）。使用真实姓名与否对于更具“匿名性”的社交媒体，如微博、QQ 等具有隐匿个人身份、保护隐私的作用，但是，在微信这样彼此相对熟悉的“私人客厅”中则没有太多意义，甚至容易被忽略其传递个性的作用。

表 6 - 1　微信中个人姓名使用情况

单位：人

观察对象	真实姓名 含小名/英文名	昵称	缺失	合计
深度访谈	23	4	4	31
博士校友群	40	63	—	103

使用真实姓名的新中产认为，真实姓名更方便联系人查找。从这方面来看，他们在名称使用方面更多考虑的是沟通效率，而非个性或安全性。例如，个案 22L 先生的微信使用很大一部分是移植了 QQ 的使用习惯，由于他在 QQ 中面对的主要对象是学生，所以无论头像还是名称都是真实的。按他的话说就是“原汁原味”的保留。个案 26W 女士的微信上同时使用了姓名和“小名”，也为的是让一直熟悉她小名的家人（包括表亲们）能在添加时快速找到她，但也让不知道她小名的同学、同事能方便识别到她。此外，她觉得微信上人们使用的昵称都不够有特色，不足以体现个性。个案 25H 先生也认为：“没有必要用昵称，（真实名字）找起来方便。”

在微信中仍使用昵称的新中产则认为，一是因为昵称是源于 QQ 的使用习惯，二是昵称同样方便沟通。例如，个案 23Z 女士，她的微信一直在使用昵称，觉得叫自己的昵称反而感觉更亲切，相对于真实姓名，她更喜欢别人叫她“CC”或者“C梨”。她还提到，微信虽然相对来说是熟人圈，但是“毕竟是在网上，即使是特别熟悉的（人）也还是不知道自己的真实姓名。有的没有那个必要”。也有的新中产既希望通过昵称表现自己目前关注的焦点，又便于联系，因此会同时使用昵称和姓名。例如访谈个案19B女士，从孩子出生开始使用微信，名称是用的孩子小名的单字加上迷恋的“迷”字，以表达自己目前的最大兴趣和焦点。

总体来说，微信名称在新中产人群看来，担当的更多是识别及确认真实身份的功能，而其所具有的个性符号作用在熟人圈是被忽视或者无视的；但是对“群”而言，特别是关系相对较远的兴趣群、校友群，昵称则作为一种代号被更多地使用。正如个案28G先生指出的，“在陌生人中，使用昵称是希望与真实的自我有所区别。但是在熟人圈中，很快要将昵称改为真实的名称。因为熟人圈子往往排斥这种虚拟的形象，甚至任何一种不诚心的东西在这里面都不合适。但是，在那种以昵称为主的网络交往中，可以有一些搞怪的，甚至有一些颠覆自己形象的东西。熟人圈子中，要求线下线上要一致的，但是陌生人的圈子中线上和线下可以是不一致的，甚至可以是人格分离的”。无论是熟人还是陌生人的圈子，有直白的新中产（个案24W先生）表示，“认识你的人知道就知道，不认识的装也没有用”。

2. 头像

头像是个人对社交媒体中自我印象管理的直观体现，社交媒体用户通常会使用不同的图片作为头像来表现自己的喜好、品位或个性。心理学研究显示，网络头像也是对自我、情绪或认同事物的一种投射。

在微信中，常见的头像有本人照片、风景、卡通、动物等图片。按照心理学的解释，这些图片投射出的个性大体如下。（1）本人远景人像，通常比较注重隐私；童年照片，多怀念往昔且易伤感；随意的生活照，自信且随意；恋人合影，处于热恋状态；幼子照片，多初为人父母的喜悦；家人合照，有很强的依赖感。（2）素颜生活照，说明网络与生活中差别不大，对自己的外貌比较自信或不重视外在对人的影响；PS照片、艺术照，往往属于自我迷恋型；证件照，多为男性且性格粗放。（3）明星照片，年龄通常比较小，虽然为人热情，但较缺乏理智。（4）动物照片，如猪、狗、猫等，多为有爱心的乐活派。（5）用卡通人物、画面，多希望能保持童心，讨厌复杂生活的理想主义者。[①] 无论是哪种类型的头像选择，均能从侧面体现出个体用户对自我印象的管理。

具体到新中产人士，如表6－2所示，通过观察发现，被访者中有16位新中产使用了本人照片，其中10位是女士，6位是男士。其中，女士使用的照片多为素颜的头像特写，少数使用的中景或全景的生活照；男士则大多使用的是半身生活照，仅有1位奢侈品品牌的中国区合伙人使用了戴着墨镜的黑白头像特写。博士校友群中使用本人照片的有一小半，其中女士为21人，男士为20人。总体来看，仅有部分新中产会选择使用本人真实照片，相对来说，女性比男性使用本人照片的可能性更大。[②]

表6－2 微信中个人头像使用情况

单位：人

观察对象	本人照片（含合影）	非本人照片	缺失	合计
深度访谈	16	11	4	31
博士校友群	41	62	—	103

大多数使用本人头像的新中产都表示，使用本人照片是为了更方便别人查找，如“在不用看名字，或者一时想不起名字的时候，通过照片就能够找到（自己）”，“我一直使用这张照片，怕变动了，别人会找不到”，“反正自己不是名人，（用自己的头像）也无所谓，找人方便”，等等。至于选择何种类型的照片，男性大多表示较少考虑，但女性相对会注重照片传递的信息，比如让人感觉自己更自信、更知性，或者更亲和。例如个案26W女士的微信头像是去澳门旅游时，在酒店大堂的一张半身照。她觉得这张照片中的自己看起来“很知性”，而且这是一张没有用修图软件处理的照片。当她的同事评价说“我发现你很自信啊！不美图，说明对自己的外貌很有信心”，她回应说，特别赞同这个观点，“希望别人见到本人时

① 《心理揭秘：6种常见网络头像暴露性格》，原载于《生命时报》，http://fashion.ifeng.com/a/20150116/40074895_0.shtml，最后访问日期：2015年1月16日；李娜：《网传微信头像透露性格　专家：不全面仅供娱乐》，http://www.chinanews.com/sh/2014/02－25/5881411.shtml，最后访问日期：2014年2月25日。

② 需要指出的是这个观察仅仅是某个时间点的截面，一些人会在不确定的时间更换头像，时而用本人照片，时而换成其他图片。

说，你比照片上漂亮”。她还提到，“我不是特别喜欢打扮的那种，但是同事夸我和姐姐长得像、气质很好的时候，我也特别高兴。女人嘛，还是喜欢听这些赞美的话”。个案25H先生也从观察者的角度肯定了使用本人照片所传递出的信息，“用自己照片的女性通常都特自信”。按照心理学的解释，使用真实照片的新中产女性对自己都比较自信，而访谈的确也证实了这一推测。

使用真实照片，除了方便联系人查找外，另外一个原因也与传递信任、增加与联系人的互动有关。例如，个案30L女士从联系人或者观众的角度指出，如果对方使用本人的照片，“会感觉互动起来更亲切一些”。个案23Z女士在头像使用中，就会注意到照片传递信任的作用，她提到，“在熟人圈里没有必要一定用自己的真实头像。群里并不都是自己熟悉的人，但是，在做活动的时候，我会专门把自己的（真实）头像换回来”。最近一段时间，她一直在使用一张经过图像软件处理的自拍照，照片中的她多了两撇俏皮的小胡子。她解释说，这样使用“可以有吸引的点，有了一个话题，可以发起沟通”，特别是在大群里，这样的方式在她看来还是比较有效的。个案26W女士也提到，群中有些人之前从未谋面，但因为使用了照片，见面时就多了一种熟悉感，也多了沟通的话题。

使用本人真实头像方便识别，传递信任。然而，不使用本人照片同样会有更多信息的传递，也更具有符号性。正如前面提到的，使用小动物图片的人，多为有爱心的乐活派，个案20Y女士正是这样的类型。她使用的头像是绿色草坪上，一位僧人和颜俯身问候小松鼠的图片。这张图片传递出Y女士是一位心怀悲悯的人，而她本人的确也是一位淡泊名利，业余喜欢看书、问茶、学佛的爱心人士。个案28G先生的头像使用的是他从办公室俯拍集团大楼前矗立的三面有标志意义的旗帜的图片。他介绍说，“这个旗帜是我们企业的标志。我也有意拍它们在风吹的时候，我拍了很多张，选了这一张。因为我们还有很多是工作关系。交往关系回避个人，但也是企业（识别）”。G先生希望通过这个头像，让与其交往的同事及同行等重要关系能“有所认同”。由此来看，在微信中不使用本人照片虽然可能是出于安全性考虑，或者是有很大的随意性，但潜意识中仍离不开对印象管理的考虑。值得关注的是，头像作为一种视觉的直观呈现，相较于名称会传递出更多个体的信息，图片选择本身即传递出个体的一种观念和状态。

3. 个性签名

微信中的个性签名是用于标注用户个性的一个典型功能，它通常位于用户头像下方，要求控制在30个字符以内。每位用户的签名风格迥异，有格言、有调侃，还有的用职务、图片等作为签名。总体来看，可以分为励志类、开心类、伤感类、搞笑类、文艺范等，这些签名可以说是每个人理想品格的折射。

如表6-3所示，从被访者使用签名的情况来看，有18位被访者使用了签名功能，其中有9条与其说是励志不如说是心境的表白，如“不忘初心，方得始终”（个案20Y女士），“学如逆水行舟，不进则退；心似平原跑马，易放难收”（个案11L先生），“万里当空，云自飘，水自流”（个案9H女士），“看淡世事沧桑，内心安然无恙”（个案2G女士），“勤行千里路，闲读万卷书”（个案10W先生），“人因梦想而伟大，因学习而改变，因坚持而成功！放飞2015~~”（个案8Z先生），“相信是起点，坚持是终点”（个案26W女士），“青山不墨千秋画，流水无弦万古琴”（个案4L先生），“常走在爱的平和、丰盛和喜悦里”（个案21L女士），等等。这些语句或直接出自佛经、诗词，或是被访者基于自己的理解对古诗词的再加工。如个案10W先生是一位非常爱读书的外资医疗器械公司的管理人员，即使在繁忙的差旅中，他也经常手不离书。因此，在选择个性签名时，他将清代钱泳《履园丛话》中的名句“行千里路，读万卷书”创造性地改为“勤行千里路，闲读万卷书”，而这正是他身体力行的写照。再如个案16L先生的签名为“忠~孝~善”，既与他的工作相关（对贫困和弱势群体的扶助工作），也与他的秉性和认同的理念有关。个案21L女士是一位达观向上的媒体人，通过自媒体和微信她也在不断传递这一理念。她在2013年7月某天的微信中这样写道：“无论过往曾遭遇什么，无论未来还要面对什么，我都希望自己能够坦然应对，达观向上，不蹉跎每一寸光阴，不辜负每一份信任，无论置身怎样的环境中，都不忘做人之根本，都不会让自己的灵魂变得污浊。常怀感恩之心，走在爱的平和、丰盛和喜悦里。”最后一句正是她一直在使用的签名。

表 6－3　微信中个性签名使用情况

单位：人

观察对象	有	无	缺失	合计
深度访谈	18	9	4	31
博士校友群	52	51	—	103

其他的个性签名则是对美好生活的一种期许，如“冲破雾霾望晴天，2015 中国梦里见”（个案 18Z 先生），“活得健康，活得快乐”（个案 28G 先生），以及个案 14W 女士使用了图片符号的方式来表达自己的生活情趣以及对健康等生活方式的追求，如跳舞、保佑、美裙、钻石、美甲、肌肉（力量）等。

还有少数签名属于“资讯类”，即发布当天与自己有关的事件或喜怒哀乐情绪等。如个案 15H 先生应该是在爱人生日当天写下了“孩子他妈生日快乐!”的签名，但之后一直没有更换。此外，也有个别签名直接注明了自己的公司名称与职务，以便身份更容易被识别。

参看博士校友群的签名，有个别风趣幽默的签名，如“不想当好学者的老师不是好厨师”“山不在高，有仙则名；路不在远，蜗牛也行～～”；有对品位的追求，如“对风雅与优美投以深深爱慕，对高洁和矜持不失信仰”。还有的虽寥寥两个字，如“空灵”“温暖”“澄澈”等，但也都表达了一种生活理念。此外，还有很多也是激励自我的文字，如“不念过去，不畏未来”“Lean not on your own understanding”“为生命注入飞舞的花朵”“人生处处是风景”“平淡冲和”“心有阳光，人生至乐”等。

相对于昵称和头像，个性签名更深入内心，是一种表达心声的方式。它让关注到的人，更容易找到“情趣相投者”的认同。但值得注意的是，大多数人是通过自己的微信平台浏览朋友圈实时更新的动态，而不会每天直接进入某个朋友的页面去浏览信息，由此导致个性签名被看到的机会降低，像 QQ 那样通过适时更换个性签名发起沟通的功能减弱。因此，微信个性签名与其说是向他人传递生活理念，不如说是新中产对自我的提醒与鞭挞。

总体来看，在微信舞台中，每个人的身份都是真实的、相对清晰的，是否使用真实姓名和真实照片以及个性签名，都是个体基于对微信平台的定位及对他人信任与否进行的初步自我印象管理。新中产们的签名从整体展现出这一群体积极、温和的人生态度。

（三）生活工作的披露对良好沟通的帮助

自我生活的呈现，主要是指对个人的生活经历与生活细节，以及生活中的喜怒哀乐等情绪体验的暴露，是一种将个人的“后台”信息展示到前台的行为，是在姓名、头像等个人基本资料之上更深层次的“暴露”。与转发不同，这些内容绝大多数是原创的。而至于究竟哪些是可以分享的，每个人所界定的边界则因性别、性格、职业等有较大的差异。

传播隐私管理理论的提出者佩特·罗尼奥指出，“保持一个封闭的边界可以带来更大的自主权和更多的安全感，而开放的边界会导致更为亲密的关系和更多的共享信息”。通过观察被访新中产人士在朋友圈发布的内容并结合访谈发现，虽然“隐私”的分享有助于增加彼此互信，但是绝大多数新中产很少将自我生活、工作细节及情绪发布到朋友圈，或者说，随着朋友圈从核心交往人群向外扩散增大，有关个人信息的发布呈现由多到少的变化趋势。在呈现过程中，他们更多采用的是一种有策略的呈现——美好自我①的披露。也就是说，新中产作为表演者，在微信社交舞台上，期望在与他人的交往中呈现一种理想自我的展演。正如研究者针对微博的分析，“不管个体是基于何种目的或意图，个体总是倾向于控制他人的行为，尤其是他人对待自己的方式。因为‘每个人都期望引导和控制在场的其他人所做出的回应’。而这种控制主要是通过参与主体正在形成的‘情境定义’而达到”②。当我们将视角转换为交往的他人时，则会如戈夫曼指出的，“个体倾向于根据在场的其他人所给出的有关过去和将来的印象来看待他们……他人给出的印象往往被看作他们含蓄地表达的要求与允诺……”③因此，无论是表演者还是观众都在依据现在及过去的印象来控制相互间的交往，而微信朋友圈中发布的生活与工作细节无形中成为控制交往场景的重要工具。

具体到新中产阶层在微信中的自我生活与工作的呈现，可细分为三个方

---

① 与理想自我不同，美好的一面是现实生活的一部分，没有更多的装饰性呈现。

② 陈静茜：《表演的狂欢：网络社会的个体自我呈现与交往行为——以微博客使用者之日常生活实践为例》，博士学位论文，复旦大学，2013，第99、87页。

③ 欧文·戈夫曼：《日常生活中的自我呈现》，冯钢译，北京：北京大学出版社，2014，第212页。

面：生活细节的呈现、工作细节的呈现、情绪和观点的流露（见表6－4）。生活和工作细节让人看到新中产个体的生活局部，情绪和观点则让人感受到新中产个体的个性与气息。通过这些细节的呈现，隐藏于转帖等泛滥信息中的个体变得鲜活丰富起来，不再只是工作中的业务合作者，也不再是讲台上有距离感的老师，而可能是一位情趣相投的朋友，是可以分享课堂外经验的忘年交等。这样的分享让人与人之间的距离“缩小”，让沟通多了层润滑剂。正如个案29W女士提到的，微信社交与日常交往“也是O2O，是另一个世界的补充”。新中产通过微信提供的虚拟与现实融合的舞台，呈现经过筛选或修饰的最完美的自己，同时，他们也接受着他人通过印象管理与身份重构的角色。

表6－4　被访新中产阶层朋友圈信息分享情况

单位：条，张

观察对象	启用时间	发布信息	生活细节	工作细节	情绪观点	私照
个案1C女士	2013.6	245	6	0	11	0
个案2G女士	2012.8	90	43	6	9	5
个案3L女士	2012.7	470				33
个案4L先生	—	—	—	—	—	—
个案5W先生	—	—	—	—	—	—
个案6Z女士	2013.1	1173	106/386	272/386	8/386	0
个案7G先生	0	0	0	0	0	0
个案8Z先生	2014.1	749	53	34	13	15
个案9H女士	—	—	—	—	—	—
个案10W先生	2015.3	14	1	0	2	0
个案11L先生	2012.7	90	13	2	1	0
个案12C女士	—	—	—	—	—	—
个案13F女士	—	—	—	—	—	—
个案14W女士	2013.1	453	93	3	6	8
个案15H先生	2013.10	119	19	20	3	1
个案16L先生	—	—	—	—	—	—
个案17Z女士	2012.11	987	240	23	178	184
个案18Z先生	2013.4	294	6	1	3	0

续表

观察对象	启用时间	发布信息	生活细节	工作细节	情绪观点	私照
个案 19B 女士	2013.6	1219	99	0	18	23
个案 20Y 女士	2013.2	787	84	9	21	0
个案 21L 女士	2013.3	1069				
个案 22L 先生	2015.2	72	19	29	0	2
个案 23Z 女士	2013.1	3785				339
个案 24W 先生	2013.3	72	25	1	1	2
个案 25H 先生	2012.6	5101				
个案 26W 女士	2013.10	749	38	5	8	35
个案 27L 先生	2012.8	524	229	33	128	43
个案 28G 先生	2013.10	2113	210	87	86	4
个案 29W 女士	2012.9	492	250	45	101	136
个案 30L 女士	2013.7	302	15	35	7	3
个案 31L 先生	2013.2	217				

注：统计截止时间为 2015 年 6 月 1 日，个案 28G 先生的生活/工作/情绪细节，以及照片的使用仅为 2015 年 1 月 1 日 ~5 月 31 日之间的微信发布情况，这段时间其共发布 702 条信息，其中转发 319 条信息，原创 383 条信息。

1. 生活细节呈现更有情趣、追求品位、工作努力的个体形象

生活与工作是每个人日常实践的重要组成部分。对于生活和工作细节的呈现，主要是对衣食住行点点滴滴的记录，以及对于所从事的工作及职业相关信息的暴露，这些信息让微信中的“好友”从点滴中串起新中产个体的生活状态，多了一种角度看不同于日常生活及工作中所认识的个体，从而产生一种“虚拟”的亲密感。就像《纽约时报》报道的一对通过相互关注微博的朋友那样，即便分隔两地，但他们在碰面时，感觉似乎从未分开。[①] 值得注意的是，这些信息通常是高于日常生活实践、经过美化了的信息，就算是“纪实性”照片，也是经过筛选后的呈现。因此，每个人在微信中似乎都更美好，让与之联系的人更乐于与其交往。

具体到被访新中产阶层的朋友圈，与他们发布的信息总量相比，绝大

① 王秦：《社交媒体个人信息分享与社会资本提升》，《中国报业》2014 年第 4 期（下），第 82 页。

多数被访的新中产在朋友圈暴露个人生活与工作细节的内容相对较少，而有关工作中的细节则更少；女性相对来说比男性呈现生活和工作细节的可能性更大。而且，这种暴露行为明显受微信使用阶段的影响。基本上在每个人刚开始使用微信的前半年时间，微信中添加的联系人主要是关系最为密切的朋友和家人，因此分享的内容与个人生活息息相关，微信对他们来说是一种典型的“后台”场景。然而，随着职场中各类关系的进入，微信场景成为一种典型的混合场景。新中产在微信中暴露的个人生活开始减少，工作细节开始出现，此时，微信成为一种“前台”与“后台”糅合于一体的“中台”。到目前为止，大多数人使用微信已有两年多的时间，同事、同行等更多工作关系的交往对象在微信通讯录中逐渐占据更高的比例，微信场景从之前的“后台”逐渐向“前台”转变。绝大多数新中产暴露个人生活的信息变得少之又少。然而，发布过的信息仍存留在每个人的微信舞台中，通过浏览以往的内容仍可以得出有关个体的印象，为沟通找到更多的话题与共鸣。

新中产在朋友圈晒出的生活大多是职场外有品位的生活，如美食、旅游、观展、读书、健身等。例如个案3L女士是一位牙医，从2012年7月使用微信朋友圈开始，3年来发布的微信内容不算太多，有470条，每月平均发布信息在13条左右。通过她发布的有关私人生活的信息，可以了解到她为母亲过66岁生日，日常使用的各种高端品牌护肤品，喜欢看话剧、看电影，还喜欢看足球赛。从发布的工作信息来看，会看到她非常敬业的一面，经常参加各种国内外的牙科手术学习，以及组织相关的会展。再如个案11L先生是工程师，喜欢打羽毛球，在微信中会偶尔透露一些自己的兴趣爱好，如观看“尤伯杯”比赛的电视节目画面、参加单位羽联比赛等。他偶尔还会发几条出去游玩或者自己做饭、散步的照片，如去青龙湖公园游玩，并配文“青山，绿水，小桥，平湖”，登长城感慨“长城长，长城古，长城脚下长城墙”，等等，让人感受到的是一位不只是埋头于程序的工程师。有时，他发的信息还会透露出他幽默的一面，如小区停电被迫晚上9点去散步，他会写道“小区难得一遇的福利”等。不过，无论是哪种呈现男性都相对较少暴露自己的照片，而是通过景区照片等有策略地表现自己的“在场”。即使通过这种为数较少却有筛选的自我呈现，也会带来一种“价值”。例如个案22L先生提到的，在微信中发布的有关他去国外旅游的照片不仅对他自己，而且对别人都是一种乐趣。“这种乐趣是一种事实，不是观点，也不存在争论。”

与男性不同，女性发布自己的生活与工作细节会相对较多，通过微信将她们不同于职场“前台”的女性气质充分呈现，如个案2、个案6、个案14、个案17、个案19、个案20、个案23。在微信中，会看到她们在家庭中、在聚会中、在旅游中等非工作场合的状态。但是，因为性格差异，她们披露自我信息的多少差别迥异。例如个案17Z女士，她在微信中发布信息的总量较高，自2012年11月开始使用朋友圈以来，发布了近千条信息，有关生活和工作细节的占到了27%。其中，很多与孩子有关。从整体上看，微信中的她，不再只是那个气质优雅的商务机空乘人员，而是一个漂亮能干的母亲：为女儿烹饪美食，陪女儿去练琴、参加活动，以及陪同父母、孩子周末游园等。她也担心过朋友圈的隐私问题，但还是发布了180多张个人照片，这些照片包括日常生活自拍、旅游、工作，以及与女儿的合影等。通过发布的信息，原本熟悉和亲近的人会更了解她，而不熟悉的朋友，也会通过这些信息知晓她的年龄、属相、血型、身高、体重、健康状况、孩子、旅行等，就好像是她的一位“老友”。有心人也许会通过与她的互动，将原本较远的关系发展成关系更紧密的朋友。对于Z女士而言，这样的信息发布行为，也在无形中拓展了她的社交网络。

以个案23Z女士为例，她在微信中不仅会发布自己去国外旅行的一些照片，还会发布一些“自黑”的照片，通过这些照片会让大家认识一个“更真实的自己”，也同时是一个更理想化的自己。“多发一些自己觉得有意思的东西，生活中的朋友可以找一些话题聊，合作上的朋友会觉得这个人挺好沟通，性格很好，愿意和这种人合作。”Z女士提到自己为什么这么做，也是“自己有时候会想，自己愿意和什么样的人交流，那么也尽量让自己成为那样的人”。Z女士认为自己在微信上的自己和现实生活中是不太一样的，微信中的自己更真实，也更开朗，会把现实生活中不太一样的一面展现出来。通过朋友圈，朋友们会觉得“我更真实，（将距离）拉近一些”。例如，通过微信她会感觉与合作伙伴“关系更亲密了，说话更放得开了。不像陌生人，需要先试探底线，有什么是可以说的，有什么不能说”。此外，她对于生活中的一些娱乐活动的暴露也有一定的考虑。例如，她某天在微信中晒出歌星张惠妹十月份的演唱会门票并配文：“虽然没去成，还是非常感谢赠票的小伙伴（3 个亲亲的表情符号）……”她解释说，“我不只是发一些自己高兴的事情，或者是不高兴的事情，而是带有一定的目的性。让别人感觉到我还是有一定人脉的”。

缘于个性不同，同为女性，个案 1C 女士则比其他女性更少呈现与自己生活和工作有关的信息。就像她在访谈中提到的，“我的个人防御心理比较强”。她在圈子中也会发布少量有关自己的日常生活信息，但仅限于透露某天去听许巍演唱会、学做比萨和买空气净化器，以及通过发布堵车的一张照片反映出上下班会经过长安街。她不会在朋友圈中发布任何有关自己和家人的照片，她提到“像很私密的，包括我的小孩儿照片什么的，我是不会放到上面的”。所以，如果是朋友圈中的“弱关系”，就很难介入她的私生活，对她的了解也仅限于工作关系中的她。也就是说，微信和日常工作都是她的工作“前台”，她在其中扮演着同一个角色。

同为男性，个案 8Z 先生则更多地将自己的生活和工作呈现出来。在发布的 749 条信息中，有关私人生活的信息有 53 条，如旅游、换车、一家四口在小区周边散步等；有关工作细节的有 34 条，如开会、出差、组织公益活动等。在展示生活实践时，他也适时将自己的一些个人照片发到朋友圈中，甚至还有小学时代的黑白照等。他将自己全然展示，因为他觉得，“人家看到你的朋友圈，人家是一种善的，想要跟你做朋友，这种友好的意思表示，那我们得接受……我想我要接受你作为我的朋友，我就可以完全打开”。在微信上全然是一个“多面”的他，这些多面的形象最终会聚成一个完整的形象：开放、助人、幸福。这也更有助于他人与 Z 先生的交往与合作。

有趣的现象是，在访谈中，新中产们表示最喜欢阅览朋友圈的内容之一是朋友们发布的生活动态，但他们越来越少将自己的生活或工作细节发布到朋友圈中。正如个案 2G 女士指出的：

> 早期的时候，因为（联系人）少，加进来的都是 close 的人，但是现在，工作中一个做广告的都要加，呱唧一下，加了以后呢，你要么就把他屏蔽掉，不让他看你的朋友圈……后来搞得（微信上）越来越多是工作上的朋友了。同事啊，也加进来了，你就更没有办法说你想说的话了。所以，慢慢地 WeChat 就没有变成吐露个人心声、表达

你的 life 的群了。越来越需要谨慎了，搞到最后，老板也用了……

而 G 女士的这种感受代表了绝大多数被访者。值得探讨的是，新中产阶层最忌讳别人发鸡汤文，而自己又不愿意发布更多有关自己的生活和工作的信息时，他们选择更多转发与公司和工作有关的内容，“帮老板晒公司形象和文化”（个案 31L 先生），那么微信越来越成为工作之外的“前台”，是否还能发挥很好的社交功能？

2. 喜怒哀乐等情绪及观点呈现更鲜活生动的个体形象

如果说生活和工作细节是对个人行为的一种记录，是容易被人看到的信息，那么有关情绪及观点的记录则更直接地反映出个体的内心，更接近“自我”核心。正如艾尔特曼和泰勒指出的：每个人都是一个球体，“自我”位于最核心的位置，也最隐秘。而要认识一个人，就要穿透这个球体。当新中产个体在微信中透露一些自己的情绪和观点时，实际上也是将自己的内心展示给大家。

通过访谈和观察，笔者发现新中产发布的有关情绪的信息在所有被访者中寥若城市星辰，偶尔才会有稀松几颗在茫茫夜空闪烁。而且男性相对内敛，更少抒发与情绪有关的情感，就算发表观点也是偶有为之，如 2014 年 3 月 27 日雨后，个案 8Z 先生心情大好，发图文：“春雨、夜幕、车流、灯光、好心情！”2013 年 1 月 28 日收到业务款项后发文表示：“收到支票的感觉真好！”有时候，男性还会将与工作相关的事情进行一些评论，例如个案 15H 先生，在看完某报刊有关某医院起诉无良媒体的报道后，在微信中一泄情绪，表示不再看该媒体。总体来说，男性有关情绪的显露不多。

然而女性则相对较有可能将自己的情绪通过微信发泄出来。例如个案 20Y 女士，会在工作很累的时候，用卡通图片表示“真的好累”，或者直接配图文调侃一下：“太累了，发个可爱的‘狗屁’开心一下（笑脸符号）。”她会发：“天太冷了，心都凉飕飕的。”买了新花架，她会开心地说：“新花架到了，喜欢（笑脸符号）。”朋友圈中的好朋友们看到了会给她很多回应，比如说在她表达累时，会有人送上一个“拥抱”的符号，或者说“乖，快回家休息（拥抱符号）”。通过这样的情绪表达，朋友圈的人会感觉距离表达者更近了。就算是“防御心理比较强”的个案 1C 女士也会因为雾霾天和堵车在朋友圈中发发牢骚，用些平时不大会使用的“粗口”，如“令人无语的北京空气，呛人！绝对重度污染！”（2013 年 7 月 20 日上午 7：48），“又堵又毒！从办公室出来两个小时了，还堵在半路，继续在霾中挪车，要骂人了（抓狂的表情符号）”（2014 年 10 月 31 日下午 7：33），以及遇到事情的模糊吐槽，如“有一种冷是你已经很冷了，后妈还觉得你热！（抠鼻屎的表情符号）”（2014 年 12 月 8 日下午 11：08），这些都让不熟悉她的人觉得“高冷”的她变得生动起来。

个案 17Z 女士，在微信中的情绪也是不加掩饰的，如 2014 年 11 月 14 日晚上 11：29，她在朋友圈发了一条信息：“你敢作～我就敢换！”同时配了一张表情不悦的个人照片。这条信息刚一发出，或许就收到了很多朋友的关心，她随后在 11：37 时，统一回复大家：“大家早点休息啊（拥抱符号）没事的（抱拳符号）。”其他还有类似信息，如仅有一句话的微信：“想扔东西的节奏～”（2014 年 12 月 9 日），“果然那些曾让你哭出来的事，会有一天笑着说出来……”（2014 年 11 月 2 日），“感情里，最不待见的就是暧昧！图什么啊哈！（晚安符号）”（2015 年 4 月 1 日），等等。她的微信中，一句话的情绪不少，一小段自我观点的暴露也不少，例如，“我不算很漂亮，但我善良，我不一定聪明，但我肯定不傻，很多事，我都能看明白，只是不想说而已；因为人太聪明了会很累，有时候糊涂一些更快乐。我不喜欢钩心斗角，也不喜欢被算计，更不喜欢假惺惺；我喜欢跟真实的朋友在一起，不玩心计、真诚地对待！世界之大，人海茫茫，能走在一起，生活、工作、玩耍，真的是一种缘分。所以我要好好珍惜身边每一个对我好的、真心和我相处的人！（笑脸符号）（悠闲符号）（太阳符号）”（2014 年 11 月 26 日上午 8：13），“感情从来都不是要一个人苦苦地去维系，而是两个人共同来珍惜。若不被在乎，要学会转身；若不被爱惜，要懂得放弃。其实，忙与累都是借口，不爱才是真正的理由”（2014 年 11 月 12 日凌晨 0：06）。有时，她也会在某条转发的内容上加一条强烈的评论，如“最讨厌的就是虚情假意的人！”如果这些都是通过一个个事件激发的情绪串起来的她的喜怒哀乐，那么有一些则比较直白地借用一些名家的话告诉大家她希望的生活。2014 年 9 月 28 日，她发了四张自己很轻松自信的照片，配文说：“你想成为什么人？易中天：八个字，第一真实，第二善良，第三健康，第四快乐。”通过经常在朋友圈发布一些自己的动态，朋友圈与她互动的朋友“大概有 100 人”，“点赞的和评论的加起来能有 100 多”。基于隐私交换理论，这种互动与自我表露有一定的关系。

个案 2G 女士在发布生活细节类的图片时，除了一些客观的图片描述，如“云雾中的羊湖”“雅鲁藏布江边的日出”等，更多的还是一种情绪表达和心境写照，如“空荡荡的虹桥机场，静候台风的肆虐”，“曾经地图上我向往的一块土地；今天，将成为我脚下的路”，“life seems like an endless progression from one meeting，proposal，or project to another，with flight covering thousands of miles in between（生命像一段无尽连续的事件，乘机辗转于千里之间，从一个会议、提案或项目到另一个）”，“酒意微醺，共话周遭沉浮；寒意初显，互勉漂泊之心”。甚至有些话欲言又止，只有懂得的朋友能理解，如“快十年了……”包括 2013 年发布的一条没有配图的信息：“左边的声音对我说，这个世界已经不再珍惜善良，你要善良有何用；右边的声音对我说，总会有珍惜的人，所以请保留。时过境迁，无论多大的风浪狂风终化作过眼云烟，不忘初心，感谢在这个乍暖还寒的春日里，让我觉得温暖的人。”这段与其说是独白，实际上是有针对性的告白，对象也许就是通讯录中的那个让她“觉得温暖的人”。再如石阶前静坐时的感思：“坐在石阶上看对面的灯火，风轻轻吹，内心很平静。这样的日子要珍惜。”（2014 年 6 月 29 日下午 9：23）景山公园游园：“在历史的博大与沧桑面前，个人的喜怒哀乐都是渺小的。”（2013 年 6 月 16 日周日上午 10：08）2013 年 5 月 26 日早晨，就昨晚听许茹芸的演唱会发表的感慨：“无论是台风还是现场把控力，许似乎都没有随着年龄的增长而精进。出道近 20 年，新人辈出的乐坛似乎越来越难找到她的位置。在正确的时间，做正确的事情，也许是唯一可以自己把握的吧。”也是一种对于送票人“杨姐”的回应与互动。其实，新中产在微信中发布的情绪并非无的放矢，而是希望借助“广播”的形式对某个人的表达。

在微信上，新中产们通过将自己的工作、生活、旅游、购物、吃饭等晒到朋友圈来保持一种与关注者的亲密关系。在访谈中，有新中产表示：“你从这上面能看到你所关心的人的动态。只要你想关注这个人的话，你能看到他每时每刻的动态。”（个案 17Z 女士）

大多数晒出自己生活信息的微信用户表示，他们“主要是将自己的亲朋及关心自己的人作为自己的重要受众，因此会在微信上倾诉自己的烦恼、喜悦，或者是有关某件事的看法”。而亲人们也会通过点赞、互动或单独微信等方式对其表示支持、鼓励或者安慰等。在这种不间断地信息传播互动中，人们获得一种情感的回报。这种方式也是他们保持“强连接”或者说将“弱连接”发展为“强连接”的方式。

（四）关注焦点的披露对界定交往场景的帮助

当新中产阶层越来越少在朋友圈发布与自己生活和工作密切相关的隐私时，他们以转帖（非自己原创的内容）的形式在微信中发布信息的比例相应变得越来越高。相对于个人信息、工作及生活细节而言，转发的内容更隐晦、更抽象地折射出新中产个体所认同的人生理念，或希望树立的理想形象，转帖是变相地借“他人言论”形塑自身形象的工具。

当新中产个体转换为观众的角色时，又会将微信好友发布的隐含事实和信息作为判断他人印象的一种手段，以助于把控与信息提供者的交往关系。正如戈夫曼在分析人们的日常交往行为时指出的，“当一个人出现在他人面前时，他总是想要发现情境中的事实。如果他获得了这种信息，他就可以指导和估计到将会发生什么，而且，能够以自己开明的利己心给予在场者以充分的应得的权益。要想完全揭示情境的事实本质，他就必须掌握所有有关他人的社会材料……而要获得这种真实的信息几乎是不可能的；在缺乏这种信息的情况下，个体往往倾向于利用替代物——暗示、试探、提示、姿态、身份标记等——作为预见媒介”。在微信平台，想要获得真实的信息变得相对容易，虽然无法掌握有关他人的所有社会资料，但是，通过他人发布的生活与工作细节，以及转帖的内容，即可以获得一定的预判[①]或认同。

根据腾讯科技2014年9月的统计数据可知，用户每天在微信平台上平均阅读5.86篇文章，其中20%来自订阅号，80%来自朋友圈。而从微信公众号的阅读排名来看，情感资讯、养生、政法新闻、企业管理、国内旅游、财经新闻、烹饪等排在前列；从转发人数来看，排名依次为情感资

① 这些预判只能作为参照，因为信息本身或因其发布者刻意的整饰，或过于随意，都可能使得“印象”与现实交往的对象产生较大反差。例如，女性发布的照片可能是经过美图类软件修饰过的，照片比本人更美丽；男性发布的照片可能是随意挑选的，不如本人有内涵等。这些在虚拟与现实交往中都非常常见。

讯、养生、政法新闻、疾病病理、烹饪、企业管理、国内旅游。[①] 因此本研究将新中产转发的内容分为以下几类：专业信息，即与个体所从事的行业或工作相关的内容；政史信息，即与时政、历史相关的信息；个人爱好，即能反映出个人兴趣点的信息，这个因人而异；娱乐消遣，即让生活放松的衣食住行等休闲与娱乐内容；生活知识，主要是指养生、保健，以及与生活息息相关的小窍门、小技巧等；心灵鸡汤，是指能够赋予正能量的感悟、话语等，其多包含名人撰写的文章感悟、随笔及哲言等。除此之外，笔者将公益活动及公民意识分别作为两个独立类别进行了考察。

综观被访的新中产阶层转发到朋友圈的内容，虽然个体之间因职业、性格、性别不同会有一定的差异，但笼统来看，如第三章描述的，新中产阶层在朋友圈发布的内容主要集中在专业领域、个人爱好、娱乐消遣、实用生活信息等方面（详见表6－5），而微信官方发布的排名位居前列的情感资讯、养生等内容则不在新中产关注信息的前列。

表6－5　部分被访新中产阶层朋友圈转发内容情况

单位：条

观察对象	政史信息	专业信息	个人爱好	娱乐消遣	生活知识	心灵鸡汤	公益活动	公民意识	其他	转发总量
	时政历史内容	行业工作相关内容	业余爱好、兴趣等	轻松、调侃、休闲测试	养生、生活技巧、观念	正能量的感悟及话语	雾霾、环保公益	公民意识及社会责任感等	红包、祝福、广告等	
个案1	7	54	27	21	37	46	8	9	19	228
个案2	3	4	1	3	3	9	0	1	5	29
个案3	65	160	–	30＋17	20＋18	25	5	3	6	349
个案6	0	0	0	0	0	0	0	0	0	0
个案7	0	0	0	0	0	0	0	0	0	0
个案8	2	32	26	7	23	59	3	3	9	164
个案10	2	1	2	0	0	6	0	0	0	11

注：统计时间截至2015年6月1日。

① 《微信官方数据公布：微信上什么类型的文章更受欢迎》，http://www.yysem.net/item/Print.asp? ID＝474&m＝1，最后访问日期：2015年8月13日。

个案1C女士以转发内容为主，她发布的信息共有245条，转发的内容就有228条。虽然像她在访谈中提到的，自己发布的内容“主要是与专业相关的”，但仔细观察她转发的类别，按照数量从高到低前五位依次为：专业信息、心灵鸡汤、生活知识、个人爱好、娱乐消遣。她发的专业信息主要是有关证券的策略报告、投资政策、债市回忆录，以及公司的投资策略会等；心灵鸡汤如“致亲爱的自己：亲爱的自己，每个人都不是一座孤岛，一个人必须是这个世界上最坚固的岛屿，然后才能成为大陆的一部分……”她目前初为人母，孩子是她新的生活重心，因此有关儿童饮食、教育、安全、适合孩子游玩的地方等类转帖也在不同程度上反映出她目前关注的焦点。通过她的转帖，还可以知道她喜欢许巍，不光是去亲历音乐会现场，而且在朋友圈也会转发许巍的视频并评价说“喜欢许巍！这些年从未改变！只有他能唱出那种清澈高远、自由不羁的感觉……”此外，通过转发你会知道她关注健康，注意保持身材，努力提高修养，希望“做一个有质感的女人”；爱美食，喜欢甜食、海鲜；喜欢读书、摄影和旅游。虽然这些不像生活与工作细节那样直接呈现她的行为，却是一种有关她生活态度和关注焦点的暗示。她，同样不再是职场前台中的那个“她”。

个案2G女士发布在朋友圈的内容也不多，有90条，其中大多数是有关生活、工作和情绪的原创内容，朋友圈的联系人通过这些信息会对她有一个初步的了解，但至于她有哪些爱好、阅读习惯等，则通过她转发的29条内容去进一步“熟悉”她。例如，通过她转发的生活实用信息，会知道她的外语很好，阅读的资料是英文版的，如在杜克大学网站上阅读的有关美好生活的14条建议“Living a Good Life——14 Suggestions for the Class of 2014”。通过她对网易公开课视频《美国加州大学电视台公开课：饮食与营养》内容的推荐评价“a new way of lifestyle. 其他都做到了，以后要少吃糖，多晒太阳（太阳符号）”，知道她基本保持着一种健康的生活方式。她尊重生命，认同《有一种生活叫向死而生》中主人公的人生智慧，“从死亡的角度看向生命，就会懂得如何更好地活在当下”。此外，通过转发的内容还会看到职场之外的她有看电影、游泳等爱好，而且通过她转发到泰国旅游看到猫屎咖啡的制作过程感言“一杯咖啡——也许就是一次好奇或者猎奇——也许就是一个无关要紧的味觉满足，咖啡幽暗的液体里，埋葬着大灵猫的性命”（2014年2月5日10：45），可以感觉到她有一颗爱心和公益之心。

个案3L女士发布的信息有470条，转发的有349条，其中有关牙科的内容以及她所主持的牙科培训、展会等内容就有160条，即使是她在专业之外最关注的社会及时政信息中，也含有很多有关医患关系的内容。除了这些内容，你会知道她很风趣，会时不时转发一些很有趣的段子，而这些段子后面有时还包含了人生哲理，或者隐含了营销意义。例如，“某人去买祭品，看到居然有纸糊的苹果手机，有些不以为然：啊哈！苹果手机？老祖宗会用吗？店老板白他一眼说：乔布斯都亲自下去教了，你还操什么心？他便买了一个，刚要转身走，老板提醒：买个手机套吧，下面蛮潮湿的。他说好。老板接着说：再买个蓝牙耳机吧，最近下面也出台了新交规，开车打电话抓得严。他又买了个耳机，老板继续善意地提醒道：最重要的是还要买一个充电器啊，别忘了烧充电器，回头祖宗找你要就不好了，光找你要还是小事，叫你送去就麻烦了！营销手段：给提示、给观念、给联想、给危机、给转机，帮客户下决心。捆绑销售，关怀销售”。此外，通过转发内容，你还会知道她是一个“老北京”（例如，“北京的孩子，小时候再混蛋也知道尊重长辈，见面就是您……”，“别在这儿吹牛，觉得北京不好可以回你老家去……特别想为北京说两句话!”）、“70后”（例如，“谨以此文送给偷偷老去的‘70后’”）、直性子（例如，“说的就是俺！直性子的人——很重感情……”）、爱看足球，同时又非常有爱心的人（例如，她多次在朋友圈转帖有关不要歧视农民工的内容，以及转发赈灾的信息）。

再如个案8Z先生是一名律师，但同时还经营了一家自己的有机蔬果网店以及直销进口的一种保健果汁。结合他暴露的自我生活，发现他转发的内容与其生活和工作紧密相关。在他转发的内容中最多的是心灵鸡汤类的文章，其次是与其从事的职业有关的专业信息和生活知识。值得关注的是，他与其他人不同的是，由于其所涉足的行业之一是保健品及有机蔬果，因此，养生类的生活知识恰恰也是其专业信息的一部分。他在心灵鸡汤中转发的文字突出善念，这也体现在他在微信中发起慈善活动方面。此外，作为三个孩子的父亲（大儿子和小儿子还都很小），他的兴趣点很明显集中在教育方面。总体来看，他给人的感觉是热情、有善念、有爱心的父亲形象，以及精明、有道德底线的商人形象。

个案 10W 先生虽然说不喜欢看心灵鸡汤类的文章，但是在他转发的内容中还是有一些让他有所启发的“鸡汤型”文字，如“当你把眼前的事情做到极致，下一步的美好自然就会呈现。@李善友”，并发文说：“每天早晨起来，告诉自己下面（上述）这句话！还要记得学会自己雕琢自己！大家共勉！”或者能打动他的文章如《哈佛女校长福斯特精彩演讲：热爱才会无悔！》。在转发时，他都会发表简短感慨或评论：

> 只有试过了才知道。如果你不去尝试做自己喜欢的事，如果你不去追求你认为最有意义的东西，你会后悔的。人生之路很长，总有时间去实施 plan，但不要一开始就退而求其次。我将其称为择业停车位理论，几十年来一直在与同学们分享。不要因为觉得肯定没有停车位了，就把车停在距离目的地 20 个街区远的地方。直接去你想去的地方吧！如果车位已满，请再绕回来。

W 先生对新事物充满好奇，关注的兴趣点如新名称“圣人婊”、新科技影响等，如《碎片化造成现代人智商下降》，关于手机等现代人的生活的报道。

个案 6Z 女士朋友圈的内容都是原创，她的生活和工作基本上融为一体。基本上通过她发布的生活和工作细节就可以感受到她鲜活的形象。如果牵强地说转发，只能将她看书时的读书笔记算作其一。例如，2015 年 4 月 2 日下午 4：46 发的信息，记录了她和先生的夜读生活。

> 和“当家的”（她对爱人的昵称）一起看书，读到朱家溍先生的《故宫退食录》中有关藏书的一段摘录：“个人的书房，譬如有一座三至五间的北房，有廊檐……地上排列书架，陈设几案凳椅、文具，绝不兼做卧室或餐厅使用”……

从被访新中产在朋友圈转发的内容来看，他们转发的内容虽然不是他们日常生活的直接呈现，但是均不同程度地折射出每个人具有的不同个性，使每个个体都比日常交往中在某类观众面前所呈现的形象更丰满。此外，从新中产转发的内容中，我们还关注到微信作为新中产表达意见及社会态度的公共领域的趋势隐隐呈现，如通过微信传递爱心、关注公民社会以及社会责任感。

总体来说，新中产通过自我信息、生活工作的披露，以及一些转发内容塑造着自己在微信中的形象。值得讨论的是，如果说 Web 2.0 时代之前，职场是新中产阶层的“前台”，衣食住行是“后台”的话，对于他们的亲友来说，他们的“前台”与“后台”恰恰相反；对同学来说，“前台”则停留在时光久远的校园与课堂中。但是，随着 Web 2.0 时代社交媒体的兴起，作为“私家客厅”的微信朋友圈将家人、朋友、同学、同事、同行、同好等会聚一堂，“前台”与“后台”的界限也随之模糊，成为无法区分的“中台”。如何保留不同舞台的形象？或者如何建构或维护自己的形象？李琼曾就 100 位同时拥有微博和微信的用户进行观察后得出结论：微信是“以我为中心”的内容发布模式，“与线下的人际交往不同，在摆脱了真实的生活场景和社会关系之后，用户在微信朋友圈中晒出的关于自己生活状态的照片与文字已经不是现实生活的完整呈现，而是一种被符号化了的戏剧展示：这些晒出的内容是经过本人筛选、斟酌后最能代表自身理想形象和完美生活的‘符号上演’”①。

那么是否这些理想的形象会更有助于他们的社会交往，或者说更有助于他们的社会资本积累？在访谈中，大多数人会笼统地认为，微信对于自己的社会交往没有影响。但是，当问及是否通过微信会比单纯地通过工作交往认识的那个人形象更丰满时，他们又大多持认可的态度。这有些类似于戴维森（W. Philips Davison）提出的“第三者效果”（the Third-Person Effect），即人们倾向于夸大大众媒介消息对其他人态度和行为的影响。然而，人们实际上比自己认为的更易接受大众媒介的影响。② 也就是说，新中产对于微信对社交影响的判断也会存在“第三者效果”，朋友对于自己个人信息、生活和工作细节，以及关注焦点的暴露，会让他们更全面地了解一个人，并因为好恶而进一步形成更稳固的关系。例如有人在朋友圈吐槽：“我在朋友圈里树立的‘二货’形象，已经严重偏离了我专业靠谱的

---

① 李琼：《角色转换与身份认同：不同社会化媒体对个体行为的影响》，硕士学位论文，陕西师范大学，2014。

② 沃纳·赛佛林、小詹姆斯·坦卡德：《传播理论：起源、方法与应用》（第 4 版），华夏出版社，2000，第 300 页。

产品本质，导致目标受众大量流失，反倒吸引了大批爱听相声的家伙。#－_－#我突然理解了罗永浩的悲哀#。”

包含了很多后台信息的生活细节、工作细节及转发内容对于扩大朋友圈并无实质性帮助，但是对于维系已添加到微信中的各种亲疏不同的关系起到了一定促进作用，让彼此更了解，相互更信任，合作起来更轻松愉快。它让秉性相似或情趣相投的人有机会走得更近一些，使社会资本所基于的社会网络因情感注入而更有黏合性也更稳固。

二　仿拟现实人际互动对社会资本的建构

在日常生活中，个体因场景不同而实时转换自己的角色。当我们步入媒介化社会，由媒介构成的新情境导致人们的角色转变会因互动的对方随时转变。在微信中，每个人都是以真实身份在与他人进行互动。在朋友圈和微信群中，每个人不断在表演者与观众之间进行角色轮换，而这种轮换就像孙藜指出的，“读者与作者身份的不断切换，还带来一个有趣的结果，就是阅读的关注点从阅读文本向阅读自己悄然转变。这不仅是说作者在互动过程中不断地反复阅读自己的文字，而更在于网络发言的关注点从‘我说了什么’转向‘谁在关注我’。像麦克卢汉说的，我们自身变成我们观察的东西”①。在微信中，每个人都可以根据自己的意愿搭建属于自己的舞台，也可以随时游走于他人的舞台，去观看“表演”，并保持与“表演者”的互动。

然而，无论互动是出于情感沟通还是其他目的性行动，都需要参与者认清自己的位置，“维持各种出于互动目的而建立的正式与非正式的平衡”②。就像戈夫曼分析的，这种处理方式甚至会延续到对自己的剧班同伴的要求。“每个剧班都倾向于抑制对自己和对其他剧班的真诚坦率，而尽量提供一种让对方相对较能接受的自我概念和他人概念。为了确保互动能够沿着既定而狭窄的通道进行下去，每个剧班都随时准备以缄默而又圆滑

① 孙藜：《We Chat：电子书写式言谈与熟人圈的公共性重构——从“微信”出发的一种互联网文化分析》，《国际新闻界》2014年第5期，第6~20页。

② 欧文·戈夫曼：《日常生活中的自我呈现》，冯钢译，北京：北京大学出版社，第143页。

的方式，帮助对方剧班维持它试图促成的印象。”[①] 在微信中，这种剧班可能只是互动个体一个人，或者是大家同为互相认知的朋友、同事或同行。因为其他人通过微信添加的朋友具有未知性，因此，进入同一剧班的人也就具有了不确定性。当某个人出其不意地出现在剧班时，往往会使剧班成员改变互动策略，影响他们做出点赞或评论的决策和行为。

以下我们将从个体身为表演者的角度切换到其作为观众的角色来考察人们在互动中的行为及其对社会资本建构的影响。有观众的存在，演出才会有意义。从这个角度来说，观众就是一个非常重要的角色。

（一）微信互动背后的动力机制

正如第二章中所回顾的，人是社会关系的总和，而在所有的这些关系中，起决定作用的是最基本的经济关系，即人与人之间在物质资料生产过程中结成的生产关系。一旦个体行动者拥有和获取的有价值资源清楚了，那么无论是集体行动者还是个体行动者的行动都有两个主要动机：保护既有的有价值资源和获得额外的资源。[②] 维持有价值的资源的动机会促进表达性行动的发生，而寻找和获得额外有价值资源的动机则会唤起工具性行动。这两个动机的结果只有通过互动才能被理解，也就是说，“为了增进目的性行动的效果，行动者通过互动获取社会资本”[③]。

微信作为功能丰富的社交媒体应用，之所以能成为人们的生活方式之一，不单单是因为它能够以文字、图像、语音、视频等承载个体表达，更重要的是它能帮助人们在互动中形成或维持彼此的关系。

所谓社会结构是由不同角色构成的，而角色是人在持续互动中形成的。在微信中，每个人的角色是现实社会结构的移植，然而，角色与角色之间的互动规范并非完全随角色移植到微信中，而是会随着彼此在微信中的互动，产生新的规范。例如，有了社交工具之后，同在社交工具上互动的师生之间的关系可能发生一些变化：一方面老师的权威感可能会随着后台信息的暴露，以及不同形式的互动而减弱；另一方面师生之间则会通过

---

① 欧文·戈夫曼：《日常生活中的自我呈现》，冯钢译，北京：北京大学出版社，第143页。

② 林南：《社会资本——关于社会结构与行动的理论》，张磊译，上海：世纪出版集团、上海人民出版社，2005，第44页。

③ 林南：《社会资本——关于社会结构与行动的理论》，张磊译，上海：世纪出版集团、上海人民出版社，2005，第47页。

互动关系愈趋平等。当然，这种度仍把控于使用者个体，以及他们所希望建立的关系。例如个案29W女士介绍说，她的微信朋友圈中最初是陌生人和学生居多，因此她并不愿暴露过多个人信息。但她会时不时地给学生发的信息点赞，后来学生问："您也发一个呗?"此后她才开始慢慢在朋友圈发布信息，而且都是图文结合的原创内容。后来，群里添加的高中及大学时代的同学开始增多，她就更愿意表达了。再加上一段新的感情开始，促使她发微信的意愿变得更强烈，发布信息的频次也更密集。对于学生能非常近距离地观看到她的生活，她这样解释："我在课堂上与学生刻意营造的就是距离感，我并不想跟他们那么熟那么好，因为我要给他们上6门课，如果我只给他们上2门课，可以跟他们熟一点，但是6门课！但是，我跟他们加了朋友圈，我发的生活中的东西，是可以缩小这种距离感的。"与之类似，W女士与其他角色类型之间的关系，也因为微信带来的暴露与互动会产生一些微妙的变化。

在日常生活中，人际互动基本是面对面的交流，通过语言、表情和肢体行为等，在微信中人与人之间的互动则是通过媒介完成，可以是语音、视频的一对一的私信交流，也可以是通过点赞、评论等方式，对他人的表演给予肯定等。这些形式看似稀松平常，但背后则隐含着不同的态度与意义。

（二）"点赞"有助于人际关系的保持

"点赞"是微信互动中最简单的行为，是从国外的Facebook引入的，无须思考也不需敲击键盘，只要通过轻轻点击"赞"的按钮，就可表示对微信好友发布内容的关注与认同。就像研究者归纳的，"既能轻而易举表现关注，表达态度，还可弥补无话可说苦思冥想的窘况，更能调侃逗趣，轻松愉悦"，"既传递了关注，又不会引起回复时候潜在的分歧或者词不达意表现出来的尴尬。不需要键盘，不需要注意语法，更不需要担心逻辑"。然而，这个看似简单的功能却影响了网络交往的方式。作为顺应网络快捷文化的产物，它原本是通过"赞"表示对看到的信息和事物的"关注"、"喜欢"或"支持"，是一种正向反馈。但是，在使用过程中，则被延伸出更多暧昧的意义，如"朕已阅"或"调侃"等意味。

通过访谈可知新中产们使用"点赞"功能比较普遍，他们基本上都为朋友点过"赞"。"点赞"的原因主要有以下几种：第一种也是最为普遍的是对朋友发布的信息非常喜欢或者表示支持；第二种是对微信好友表达一种关注，“刷个存在感”（个案31L先生）；第三种是开玩笑或调侃，这种类型多发生在关系非常要好的朋友之间。虽然有研究者认为，这种方式“使得网络人际传播更加碎片化、浅层化”“是一种低成本的社交”，但不可否认的是，“点赞”的确已成为微信人际互动的一种手段，甚至成为一种“社交礼仪”——通过“点赞”表达自己的善意，以及显示自己的“在场”。①

美国麻省理工学院心理学教授雪莉·特克尔（Sherry Turkle）的研究发现，人们虽然保持联系，但依旧孤独。在社交媒体中的“点赞”行为对于人与人之间的真实了解并不能起更多的作用，也并不一定能转化为现实中的人际连接，“点赞”只是一种浅层次的交流。② 但中国学者认为，“在人际传播被快文化绑架的现代社会，‘点赞’功能在一定程度上影响着微信人际传播的新型建构，相比传统的网络人际关系，微信传播更加偏重符号化，传播群体趋于社区化，网络语境与现实有了更大程度的融合”③。

具体到新中产阶层，“点赞”是否对人际关系有所促进，或有助于建构新型的人际传播关系则因人而异。相对来说，性别因素对“点赞”功能带来的人际关系影响似乎更为明显，女性更关注是否会被“点赞”，以及将“点赞”与关系亲密与否挂钩。具体来看，绝大多数男性对于彼此互相“点赞”不会感觉“关系因此更亲密”，只是对自己感兴趣的点个赞，甚至有个别男性被访者表示，“点赞、评论也是碍于面子……并不会因为经常互动就有亲密感”（个案22L先生）。个案24W先生日常发微信不太多，“平时更多的是给别人点个赞”，“点赞”的内容主要是“别人干了什么事儿，出去玩了啊，做什么项目了，孩子怎么样啊”，“点赞”不会给他带来更多的亲密感，就是“大家能保持个联系”。

但女性则不同，有部分人会思考，“总是为我点赞，我会想他是否在特别关注我啊”（个案17Z女士），“以前总是有同学为我点赞，但是后来

---

① 冯路：《请点赞——自媒体时代的话语危机》，《时代建筑》2014年第6期，第49页。

② 雪莉·特克尔：《群体性孤独》，周逵、刘菁荆译，杭州：浙江人民出版社，2014。

③ 朱月荣：《微信对人际传播的新型建构——以“点赞”功能为例》，《东南传播》2014年第11期，第101～103页。

不点了，我就会想很多”（个案19B女士），“（经常点赞）会感觉更近，如果有哪个朋友突然不点赞了，我会想，为什么突然就不亲了，有没有发什么他们不舒服的内容”（个案23Z女士）。值得关注的是，将“点赞”与关系亲密度相联系的女性具有一个相对一致的特点，即她们在微信中发布个人生活、工作和情绪信息的内容相对较多。换一种角度看，她们相对来说对自己的关注度较高，但是对自我的界定又容易受外界的影响。

总的来看，“点赞”作为微信人际交往的一种新方式，将原本在现实人际交往中需要用语言才能实现的互动，仅仅通过手指触动一个符号即可完成。通过“点赞”，并不见得能够让关系变得亲密，但会帮助彼此保持一种浅层联系。也就是说，“点赞”能够起到一定的联系“纽带”作用。但值得注意的是，如果总是不分信息的“点赞”，会被归为代购、总发布负能量信息的同类，被新中产“拉黑”或“屏蔽”。

（三）“评论”让亲近的人更亲密

评论是相对于“点赞”更深入的微信互动方式，是对微信好友发布信息给出的更明确、更具体的评价。这种行为往往是一个双向对话的过程，包含了更多信息的交流，互动者之间的关系相对也较亲近。但是，由于朋友圈关系越来越复杂，人们在使用评价功能时，变得越来越谨小慎微，担心某句话会影响与他人的关系。因为微信评论功能不只是评论与被评论双方可见，而是在朋友圈中互相添加好友关系的联系人均可看到点评的内容。因此，微信评论功能在无形中为个体构建起一个虚拟的讨论“社区”。

例如个案19B女士提到，曾有很多以前互动的高中同学很少与她在朋友圈互动了。她担心是因为自己曾经与某个同学的关系给大家造成了影响。“他们也许担心在我的朋友圈发言会被另外的同学看到，感觉不好。”同样，个案2G女士也提到，当朋友圈中添加了老板后，发言变得更加不自在了。有时，通过点赞或者评论，会发现“原来某某两个人也有朋友关系……评论就变得更小心”。

不过，新中产是否“评论”他人的微信内容并非担心被不适宜的第三方看到，而是与关系的亲疏远近有关。通常线下联系原本就比较密切的人，在微信上的发言和互动相对会较多。而且大家通常最喜欢互动的也还是与个体动态相关的原创内容，例如旅游、饮食、孩子等。就算是非常工具性使用微信的新中产，如个案 22L 先生介绍的，“没事闲的时候通常就是看看，评论都不评论，除非是很熟，碍着面子……比如说我的东西他评论了十次，他写的东西我一次也不评论也不合适吧”。

作为线下社会关系的网络嫁接，家人、同学、朋友、同事、同行等关系被移植到新中产个体的微信社交圈中，通过彼此可见的言论，往往又形成一个更为紧密的“小圈子”。通过访谈可知，虽然新中产个体的微信社交规模少的近百人，多的上千人，但是真正经常保持互动的核心联系人只有 20 ~ 30 人。而且，总体来说，很少有人将原本生疏的线下关系发展到线上，就算通过评论互动等方式在微信上能保持一定联系的人，如果不是线下有交集也很少能发展成更为密切的关系。

（四）“私信”留给更亲密的关系

“私信”通常是指微博中用于一对一聊天的工具，主要是为了防止被其他信息骚扰，而且只有自己收听的用户才能向对方发送“私信”。但是，在本书中“私信”其实是指微信中最基础的一对一短信功能，借用这一概念是为了与微信朋友圈一对多的信息发布功能进行区分，更强调它是个体有针对性地与某一个通讯录中的联系人互动交流。这种互动更为私密，通常也感觉更亲密。例如，某个人心情不好，在朋友圈发布了一条消息，关心她的人有的也许会直接在信息下方以评论的形式表示关心，关系更亲密或更心细的朋友则会通过一对一的方式，私下里询问状况。

平常，即使关系非常密切的朋友如果没有事情，也不会通过“私信”的方式一对一聊天，多数是将微信的一对一功能完全当作一种通信工具。然而，它又并非只是通信工具，很多新中产人士会通过这种私密的方式，与不同的关系分享更契合对方偏好的内容，从而达到信息价值最大化，以及情感和观点的进一步抒发。这种“私信”互动方式，其实更有助于亲密关系的建立。例如个案 7G 先生从来不在朋友圈发布任何信息，但是他选择通过私信的方式，将相应的内容发给他日常关心的人，如妻子、学生，以及感觉不错的高中同学。“我会是这种小众的，就定向地把好玩的东西发给我媳妇看。或者是正好有一个东西觉得对学生有帮助就给学生。”他解释说，这样做的原因主要是“我觉得这个里边可能对我们情感联络或者我的那种情感寄托（有帮助）。为什么要给高中同学发呢？因为我对高中同学的感觉还是挺好的。我还是希望让大家知道还在发展这个东西，但是对别人的价值可能就弱一点吧”。与 G 先生类似，个案 10W 先生虽然会在朋友圈发布少量信息，但是更多的是通过“私信”的方式与他人建立联系。“我觉得需要你分享的东西不一定通过这个（指朋友圈），可以单独转给他，我觉得这个文章的哪一段话有共鸣你有空看一下，我会这样。”例如，他的一个朋友刚好与他聊到人的欲望是无限的，什么时候才是个头啊。他就提醒他去听听红楼梦的《好了歌》。他还提到：

> 你像我手机里边存了很多的书、照片，比如说谁 KD 跟你商量一个事……我不愿意用很多话去解释，因为我知道。我哪一页书的哪几句话正好分享给他，我直接发给他，这个时候他会去看，正好能解决他的问题，心里边一些郁闷的事情，会这样。

通过“私信”的沟通更有针对性，情境也变得更单一，沟通也更有效更亲密。这种互动的方式整体上会比朋友圈的“泛泛之交”更有助于缩小人与人之间的距离感，让亲密的人更亲密。

（五）“群聊”中沉默的仍是大多数

正如第四章所描述的，微信群是新中产微信使用中非常重要的一部分，每个人都有 3～5 个固定的群，多的还有十几二十个。这些群从家人群到同学群、校友群、工作群、同行群、同好群等，互动则是群成员交流最重要的方式。

但是是否在群中与大家保持互动，则与新中产个体的性格以及参与的群性质有着极大的关系。通常，外向型性格的人更愿意在群中发言，但是，究竟是否发言还要看其所加入群的群成员与自己的关系。例如个案 9H 女士是个非常热心活跃的人，她在大多数群中都是热心的组织者和发言者，但是当有些群只是被动参与，或群主题并非自己所擅长的时，她则相对较少发言。而内向型性格的人在大多数情况下，很少在群中发言，但是在他们自己的核心小圈子则可能有更多的话与发小或闺蜜分享。

外向型性格的新中产在群中保持与群成员的互动，一般也会与群中愿意互动的人有着更密切的交流。但群中更值得关注的是那些“潜水”的大多数。他们既然与其他成员很少交流，又通常不会退群，群对于他们的意义又何在呢？对此，自认为性格趋于内向的个案 7G 先生表示，“微信里面的群聊比较有价值”。个案 31L 先生也不太在群中发言，他会将很多群设置为消息不提醒的模式，因为说话聊天的总是那么几个人。但是，同行的群往往会透露一些重要的行业信息，有时群也成为他找人的一个途径。不过按他的经验，这种方式找人“效果一般”。

此外，很多人在微信中即使被拉入并非情投意合的群，也并不退群，深究其原因主要是一种“负向认同”。例如，个别新中产的初中或高中同学目前的生活境遇差异较大，一些在群中经常发言的人的生活方式并非为该个体所认同。他或她在群中虽然不说话，但是通过浏览其他群成员的发言，他们会在心里告诫自己“不要成为他们那种类型的人”，从而进一步强化自己的生活方式。

三　本章小结

人际信任是社会资本的衡量指标之一，它有助于动员社会资源，从而使得社会资源发展为社会资本。当然，并非所有的人在发布行为以及互动行为中都有明确的目的性，但每种行为的结果会在无形中构建成一个与该行为相匹配的关系网络。

按照林南的社会资本理论，新中产在微信中所凝结的社会关系网络仅仅是一种潜在的社会资本，他们在微信中的发布行为和互动行为都可视为对这种潜在社会资本的投资行为。与电话相比，虽然每个人的电话通讯录中存储的联系人远远大于微信通讯录中的人数，有时联系的规模甚至相差四五倍，但是，为什么我们会更关注微信对社会关系网络建构的作用？微信中有很多人并不常联系，甚至被有的新中产戏称为“僵尸好友”，但是，只要这些“好友”愿意，他们可以通过个体发布的朋友圈动态，实时了解对方的状态，或通过回放的方式了解对方在一段时期内的状态，在沟通时彼此感觉不会有太远的距离。

如果说微信是打通线下日常工作与生活的“中台”，是“私家客厅”，那么作为表演角色出现在微信舞台上的新中产阶层似乎仍有些内敛且“彬彬有礼”，而且越来越少在微信上暴露与“前台”职场中不同的“自我”。

在微信中彼此身份透明，而且在朋友的微信通讯录中“昵称”大多被标注为真实的姓名。因此通过头像和昵称，并不会体现出更多的形象信息，但是相对来说，从头像使用更能体现出女性新中产们自信的一面。新中产的微信账号中有半数以上使用了个性签名，签名大同小异地折射出新中产温和自律的个性，以及与世无争的理想人生与处事态度。

对于“私生活”的暴露，刚开始还如耳畔老友的窃窃私语，但随着添加到通讯录中的朋友越来越多，越来越杂，关系也逐渐由近及远，从家人到同事甚至到更远的一面之缘，这些“私语”变成了大量不露心声的“转发”。但是转发的内容仍能透露新中产们关注的焦点，从侧面折射出不同于职场或某个单一舞台中的形象。对于新中产来说，通过转发信息，也在策略性地塑造自己或专业或生活家的形象。在众多朋友圈的信息中，即便有一两笔情绪带过，也无关痛痒。总体上，作为朋友圈的社交延续和秉承了新中产在线下的社交传统“君子之交淡如水”。

第七章

研究结论与讨论

一　研究结论

结论一：社交媒体使用已成为新中产阶层生活的重要组成部分

如果是说十年前，“中产阶层反而比非中产阶层更不喜欢花时间进行网络交往。上网比例高，更多地使用网络信息获知功能而不是娱乐或交往功能”①。十年间，随着智能手机技术的成熟、通信及移动互联网技术的迅猛发展，微信、微博、QQ 等移动社交已经成为新中产日常工作和生活的一部分，媒介化生存已经成为整个时代的写照，每天利用碎片时间“刷微信”也已成为新中产阶层的一种生活习惯。

虽然新中产并不都是微信等社交工具的创新使用者，但他们大多是新技术的早期采用者和早期跟进者。其原因一方面是新中产阶层有经济能力购买最新的智能手机产品，并有机会培植附着于智能手机之上的社交应用使用习惯；另一方面也与这个群体普遍受过高等教育，具有乐于尝试新事物、善于运用新科技的群体特质有关。

目前，大多数新中产的社交媒体使用以微信为主，QQ 为辅（主要用于传输文件等），微博仍有少数人在使用。他们对于微信上的各种功能较为熟悉，并能根据自己的需要选择使用。例如，定向一对一传播、小群体传播，而不是仅使用朋友圈“广播”。对于摇一摇、附近的人、漂流瓶等

① 周晓虹主编《中国中产阶层调查》，北京：社会科学文献出版社，2005，第 182 页。

结交陌生人的功能几乎无人使用。在日常使用中，他们大多能做到有节制地使用微信，并懂得策略性地组合使用微信、QQ、微博等社交媒体，并将社交媒体的信息获取、情感沟通以及娱乐的效用最大化。

结论二：新中产阶层社交媒体使用的工具性动机与情感性动机并重

按照林南的社会结构与行动理论理解，个体获得和维持有价值的资源是为了增进他们的福利。假定人们的行动是理性的，那么寻找有价值的资源的动机就能唤起工具性行动，而维持有价值的资源则会唤起表达性行动。当然，工具性行动背后也需要情感的支持。

微信作为社会关系再生产的舞台，其有助于新中产阶层对线下的各种社交关系进行重构和隐形改造，通过改造凝聚线下各种有价值或有潜力的社会资源。而这种行动结果实际上是新中产阶层或意识到或无意识的工具性动机及情感性动机的结果。

具体来看，新中产阶层的动机主要体现在社会交往需要、提升工作效率、（专业和实用）知识寻求、消遣放松等方面。工具性动机主要体现在对专业信息的获取方面，这一点从他们所添加的交往关系结构，以及朋友圈发布及浏览的信息偏好和订阅号的类型可见一斑。同时，在微信群的使用中也有明显体现。情感性动机则更多地体现为自我表露的需要、身份认同的需要以及消遣放松的需要。虽然新中产阶层越来越少地将自己的生活和工作信息暴露于微信舞台，但是，通过各类转帖同样能够完成他们表达观点、释放情绪、获得同行或他人认同，以及与朋友进行情感沟通的结果。具体到社交需求，对新中产阶层的微信使用来说，维系关系的动机大于拓展人脉的动机。

从总体上看，无论是工具性动机还是情感性动机，新中产的微信使用都是一种“自我导向”的使用，很少出现为了寻求他人眼中的“自我”而沉溺于社交媒体，或者为了“刷存在感”而发布信息或与人互动的情况。

结论三：“专业化”成为新中产阶层社交媒体使用的典型特征

无论是从微信添加的联系人构成、微信的使用动机、微信的内容偏好，还是从微信群的使用，均体现出新中产阶层的职业和专业特征。

从联系人构成来看，绝大多数新中产阶层通讯录中的联系人是以包括同事在内的同业关系为主，或者说以职业上的交往关系为主，其次是朋友和同学。也就是说，微信作为一种交往工具已经成为有助于新中产阶层开展工作的工具之一。从微信的使用动机来看，工具性动机比较明显地体现出希望通过微信更多地获取专业信息的需求。

从微信内容偏好来看，新中产阶层最感兴趣的内容首先是与自己所从事的行业及专业相关的内容。在他们转发的内容中，有关专业的信息占到一定比例；在他们浏览的朋友圈内容中，专业信息仅次于对于朋友动态的关注；在订阅的公众号中，无论添加的多少，与专业相关的服务号一定是其中最主要的内容，其次才是与兴趣相关的订阅。

从微信群的使用来看，同事、同行为主的同业群是其加入的各类群组中利用率最高的群之一。随时随地组建项目会议成为提高工作效率的重要手段，以及与工作关系保持沟通的重要方式。但是需要注意的是，由于行业和单位性质的差异，新中产阶层在群组使用方面有着明显分化。

结论四：新中产阶层的社交媒体使用有一个“前台化”的转变

新中产们每天利用碎片时间“刷微信”已经成为他们的一种生活习惯。值得关注的是，随着同事、同行等工作关系逐渐增多，微信开始出现一种从“生活方式”向“工作工具”转化的倾向。在微信使用初期，新中产们添加的联系人主要是关系密切的亲人和朋友，因此他们在朋友圈发布的信息大多是与个人生活、情绪有关的内容；但是，随着添加的联系人越来越多，同事、同行以及与业务相关的联系人等开始在通讯录中占据更多的空间，于是新中产们发布与个人直接相关的原创内容开始减少，与工作和行业相关的“转帖”开始增多，甚至成为他们发布的主要内容。对于一直坚持发布原创内容的个别新中产来说，少发信息成为他们应对这种变化的一种策略。

之所以出现这种转变，其重要原因在于不同的情境下人们的行为也会发生相应的改变。根据戈夫曼的拟剧理论，工作场所可以说是新中产阶层作为职场人士表演的“前台”，家庭、聚会、旅游等其他场所则可以视为新中产放松身心，为更好地准备前台表演程序的“后台”。在日常生活中，这种“前台”与“后台”有着清晰的物理区隔。然而，媒体特别是以微信为代表的新型社交媒体则打破了这种界限。正如梅罗维茨对于电子媒介的分析，场景不再是有形的地点，而是采用以“什么或谁在其中”的方式来思考的场景，也常常用“什么或谁不在其中”来定义场景。当微信中添加的工作关系越来越多时，也就说明领导、下属、同事、同行等工作关系能够看到新中产发布的信息，由此定义了微信朋友圈的场景更多地成为一种新的“工作场所”，从以朋友家人居多的让人放松的“后台”开始向更具表演性的“前台”转变。随着场景的转变，新中产阶层在微信中的行为相应出现“前台化”的表现——转发与工作相关的信息越来越多，偶尔出现一两条无伤大雅的个人生活或工作信息则成为朋友圈中一道“佐餐小菜”。

这种转变虽然可能导致新中产对微信使用的情感性需求有所下降，但是其所带来的工具性回报，如职业身份认同、有价值的专业与行业信息分享等，又促使微信成为新中产日常生活中的“刚需”工具。

结论五：社交媒体成为新中产阶层扩大交往范围的低成本工具

微信最初是因为其堪比短信又比短信便捷、便宜而成为人们热衷使用的人际交往工具。与传统的面对面交往，通过电话、书信和邮件交往相比，微信社会交往同样也因其不受时空限制、更快捷、形式更多样化等优势受到勇于尝新、注重效率的新中产人士的偏爱。

与电话联系相比，基于3G、4G移动技术的微信无论是短信还是电话成本都更低，特别是在Wi-Fi的环境中，几乎是零成本。此外，一般人打电话通常是有具体的事情要交流（家人和关系亲密的朋友会有例外），否则打电话联络感情都显得太过正式，而且异地或异国的通信成本也更高。但是，通过微信则在对方发布朋友圈的前提下，可以实时关注对方的动态，或通过点赞、评论、私信、群聊等多种方式增加互动交流的机会。也可以偶尔通过转发一些与其兴趣和关注点相关的信息联络情感。因此，虽然微信通讯录中的联系人通常少于电话通讯录中的人数，但是通过微信能够保持密切联系的人数远远高于电话联系时代。没有微信的话，新中产日常保持密切联系的人有二三十人，但是通过微信能保持联系的人数则远远超过这个人数。基于性格差异，联系人从百人到千人不等。总体来说，与传统通信工具时代相比，新中产的社交范围明显扩大了数倍到数十倍。

与面对面交往相比，微信虽然无法替代面对面交往带来的沟通效果，但是它作为面对面交往的一种有益补充，使经常见面或偶尔见面的“强关系”得以维持和加强，使原本不经常联系的“弱关系”能够至少保持一种基本的浅层交往，极个别的情况下，还可能将情趣相投的“弱关系”发展为“强关系”。

此外，与资费低不同，微信提供的点赞、评论、私信等方式，也使得精力投入的成本更低。正如前文分析的，点赞不需要考虑措辞就可以表达一种对对方的关注，以及对发表内容的认同。虽然这种行为因为“成本极低”，对于扩大社会交往的贡献度非常有限，但是对于被点赞者还是能够起到一定的提请注意的作用。

结论六：社交媒体在新中产阶层维系和建构社会资本中发挥着重要的作用

总体来看，社交媒体在新中产阶层维系和建构社会资本中发挥着重要的作用。首先，如上文所述，与传统社交媒体时代相比，新中产阶层通过微信能够与他人建立更广泛的联系，并与长久失去联系的一些社会关系重新保持联系。通过研究可知，新中产阶层的微信交往结构中同事、同行、同学占了较大比例，同时还有占比虽小但关系最为密切的家人和朋友。正如前文所及，“社会资本是通过社会关系获得的资本”，这些从线下交往移植和发展的社会关系，通过微信联系与互动进一步构成新中产阶层社会资本的重要资源。

其次，作为表演者，新中产阶层通过在朋友圈发布原创内容或转发自己感兴趣的内容，将理想自我呈现给不同的社会关系。从最初偏重个人生活、工作细节，以及个人情绪的展演，到目前更偏重与专业、兴趣有关的内容转发，新中产往往能够获得情感的共鸣，以及专业的认同。作为观众和互动者，新中产则可以通过浏览朋友圈以及一些简单的互动方式，与他人保持虚拟联系，而且还可以通过某些专业人士发布的内容，获取有价值的信息。从社会资本的回报来看，微信既帮助新中产获得了情感性回报，同时又获得了工具性回报。

最后，微信群作为微信社交工具的基本功能，成为新中产阶层社会关系的又一个重要延伸。通过加入或被加入各种不同类型的群，如家人群、同学群、校友群、同事群、同业群、同好群等，新中产不仅可以拓宽社交范围，而且通过与“同质性”更高的群成员，如闺蜜、家人、亲友等互动，可以获得情感支持与共鸣；通过“异质性”较高的群，或形成负向认同，或获取对人和世界的了解，以及其他更有价值的信息。

无论是新中产阶层在微信朋友圈中发布信息，还是通过微信与他人互动，其使用行为都可以说是一种对社会资本的投资，并有助于社会资本的生产。新中产阶层对微信的使用逐渐从生活方式向工具化使用转变的过程，也是他们从表达性行动向工具性行动转变的过程，实际也表明新中产在获得情感性回报的基础上，期望通过微信社会资本获得诸如经济收入、工作业绩等更多的工具性回报。

二 讨论

本研究首次对中产阶层的社交媒体使用做系统的梳理，尝试从新中产阶层个体出发，对新中产阶层的社交媒体使用与社会资本建构的内在关系与机制进行深入分析。此外，这一研究为理解中产阶层提供了一个新的分析框架和路径。

从理论意义来看，作为中产阶层资本的重要构成，其社会资本往往是人与人之间现实交往的关系积累，如今，随着社交网络技术的发展，这种关系积累开始向线上的虚拟社会延伸。而伴随网络及社交媒体的发展，"知沟现象"依然存在。本研究认为，媒介使用有着显著的阶层差异。媒介技术强化了阶层网络交往的分化，即强化了中产阶层与下层社会的区分。因此，本研究对于阶层划分、中产阶层与其下层关系的相关理论能够起到一定的补充作用。从实践意义来看，本研究有助于了解中产阶层的声音，推进社会治理，以及中产阶层的培育和壮大。

基于以上研究发现，本部分将回到最初研究的问题展开讨论。首先，基于以上结论，探讨在社交媒体领域，新中产阶层的网络交往行为是否存在明显的边界。以下将从社会结构与行动理论入手，分析这一问题。其次，从报刊、电视到网络及社交媒体，探讨媒介与社会资本的关系已成为传播学与社会学共同关注的焦点领域。微信作为新型社交媒体，是否必然能带来社会资本的增长？以下将提出本研究的观点，并与已有的研究成果进行比照，以揭示本研究发现的价值。

讨论之一：网络交往中是否存在明显的阶层边界

十年前，社交网络刚刚萌生之际，南京大学中产研究课题组在当时的网络环境下对中产阶层的网络交往行为调研后发现：中产阶层的网络交往行为远不如其社交行为那样带有明显的阶层边界。相反，在网络交往的空间里，没有中产阶层的阶层边界。与非中产阶层相比，中产阶层更不喜欢花时间进行网络交往。他们上网的比例高，但更多的是使用网络的信息获知功能，而非娱乐交往功能。经过十年的发展，网络环境已经发生巨大变化：社交媒体成为网络媒介的新焦点，社交应用从电脑端转向移动端，从匿名转向实名，从偏重陌生人交往的微博转向以熟人交往为主的微信。微信作为新的热门社交应用，不仅提供了丰富便捷的社交功能，而且集成了各种信息和知识获取的渠道，以及对接了各种生活服务。因此，中产的网络交往行为也发生了显著变化，不再排斥花时间进行网络交往，甚至网络交往已潜移默化为他们日常生活的一部分。

单就新中产的网络交往行为而言，他们大多乐于尝试新鲜事物，且善于将包括社交媒体在内的新科技运用于日常生活和工作实践。QQ、微博、微信都能为其所用，并将这些社交应用的工具效能最大化。目前，大多数新中产的社交媒体使用以微信为主，QQ 为辅（主要用于传输文件等），微博仍有少数人在使用。通过手机端的这些社交应用，他们随时随地与各种社会关系保持联系，在交往中获取信息，在交往中娱乐放松。而且正如前文得出的结论，微信作为他们使用最多的社交媒体，不仅是一种生活方式，而且日渐成为一种工作交往中的“刚需”工具，帮助他们低成本地扩大社会交往范围，在维护和建构社会资本中发挥着重要作用。

周宇豪在其研究中指出，“网络媒介已经成为一种新型的社会资本，摒弃了出身、地位等差异，为个体提供了自身理想而编织与传统地缘、血缘关系完全不同的社会关系网络”。但是，本研究发现，由社交媒体凝结的社会资本有着明显的阶层边界。首先，社交媒体对硬件的要求完全排除了处于社会底层的人群。其次，移动上网条件与资费也排除了一部分无法接触到网络的低收入人群。最后，网络交往结构显示，同一阶层的交往不是摒弃了出身、地位差异更开放了，而是变得更封闭了。

除了硬件和网络资费可能造成的差异外，对新事物的关注度，以及现实中的社交需求等也会导致这种阶层差异。例如，笔者小区地下农贸市场的菜摊摊主，虽然使用的是智能手机，但她不用微信，只用电话和短信。早晨四五点，她和爱人就起来准备进货，不到 7 点她已经到了自己的地下市场的摊点。除了地下室的网络信号不好外，她说自己不用微信的原因是

“没有时间”。客人来的时候会忙一些，空闲下来，她会和邻近摊贩的“姐儿们唠嗑”。晚上7：30从菜市场回家后，她还会去住得很近的“姐儿们”家串门。她虽然生活在城市，但仍保持着中国乡土社会最传统的交往方式。再如笔者小区附近某大众餐厅的服务员X女士，26岁，家乡在东北农村。她用的是iPhone 5手机，每天起来时、上班趁老板不在时，或者上卫生间时，都会偷空玩会儿手机，其中主要是看微信，可以算是微信的重度使用者。但是，她的微信使用所凝聚的社会资本与新中产阶层的使用则出现较为显著的结构差异。从表面上看，在接触行为和联系人规模和结构上，她的使用与新中产们并无太大差异。例如，她在微信上的联系人有150多位，微信社交结构也是由同学、同事及家人构成。但是，在联系人的达高性、异质性、广泛性上则明显处于低位、窄化的特点。她初中毕业，目前微信中联系的同学基本都是以前同乡的小学同学（很多仍留在家乡），同事也都是她在不同餐馆工作时的餐厅服务员、厨师等。这些联系人在社会结构中均相对处于较低位置。正如她在介绍微信内容偏好时提到的，“我喜欢看我老公的朋友圈。他是做房地产中介的，我感觉他的朋友圈比我的好一些”。此外，她的信息偏好也与新中产人士有着显著差异，她通常只通过微信朋友圈发布和浏览信息，不使用公众号，也很少看新闻；她关注的信息主要是情感类的（如男性在不在乎你等），以及看手相类的。她会用到微信的摇一摇、附近的人、漂流瓶等工具添加陌生人，但聊一聊后感觉不好就删掉了。因为里面多是异性陌生人，“女性和女性通常不会加”。她的小学同学群中，也有个别考上大学的同学，但是在群中互动非常少。

在社会结构视角下，社会资本是在目的性行动中获取/动员的、嵌入社会结构中的资源。社会资本往往显示出重要的结构特征——嵌入等级制和网络中的资源，至少其部分获得是由规范的互动原则或者说同质原则所提供的机会结构而定。[①] 按照同质假设（Homophily Hypothesis），社会互动倾向于在有相似的生活方式和社会经济特征的个体之间发生。这表明互动

① 林南：《社会资本——关于社会结构与行动的理论》，张磊译，上海：世纪出版集团、上海人民出版社，2005，第39页。

倾向于在等级制中，具有相同或相邻社会位置的行动者中发生。这一原则同样适用于微信交往，在微信社交中，新中产阶层的朋友圈构成大多是社会位置相近的同事、同行，以及关系要好的同学。虽然通过微信群可能会使其与“异质关系”保持接触，例如，虽然当前的生活境遇差别较大，但是无论是生活不如意的同学还是发展较好的同学都可能在同一个群中，能长期保持互动的仍是状态相似的同学（访谈的新中产个案以及服务员X女士均有体现）。有新中产（如个案29W女士）明确表示，自己目前联系的同学群中，职业地位都很相近，如医生、银行、教师等。正如林南指出的，异质互动不能促进情感分享，在异质活动中，参与双方都要比在同质互动中付出更多的努力，因此异质互动较少发生。换句话说，社交媒体的使用行为让阶层的边界变得更清晰，也更封闭了。邓建国有关Web 2.0时代的互联网使用研究发现，“Web 2.0时代，网民因为不同的网络使用行为而在社会资本上存在差异”，“使用者和非使用者之间可能存在‘社会资本沟’”。本研究则进一步认为，“社会资本沟”不仅存在于使用者与非使用者之间，而且存在于不同阶层的使用者之间。

讨论之二：社交媒体如何作用于社会资本的获取与维护

研究者对于电视、网络对社会资本的影响仍有较大分歧，但是对于社交媒体对社会资本的影响则基本保持一致的认同，认为社交媒体的出现改变了人们的沟通和交往方式，“成为人们交友和维持人际关系的重要平台，是人们寻求社会资源和社会支持的一个重要渠道”。但是，这种观点仍过于乐观。正如威尔曼对于国家地理网站的研究得出的论断，“互联网技术本身是中性的，它对社会资本的影响取决于如何使用它”。

微信作为一种社交工具，虽然有助于使个体的社会交往变得更便捷，方式更丰富，但是，究竟能否凝结更多更有价值的社会关系则取决于个体使用者。这种使用既受社会位置的影响，也受个体在微信平台的自我呈现及互动行为的影响，即社交媒体中个体的社会位置与行动对社会资本的获得具有同样重要的作用。

就社会位置的影响而言，由于微信本身是以“熟人”为主的网络交往，因此处于不同社会位置的人，其微信交往必然受现实社会交往的影响。处于社会位置底层的人，很难通过微信触及更高的社会位置，更多的是通过微信与自己社会位置相似的人进行交往。即使具有一定特殊技能的服务人员，如美容师、发型师、服装导购等通过微信与社会位置相对更高的客户建立联系，其交往也很难通过微信深化。从某种角度来看，微信只是其与客户联系的通信工具，而非社交工具。

同为一个阶层，例如都是新中产阶层，但由于每个个体对微信的定位以及在微信上的自我呈现不同，其所凝聚的社会资本也会有明显差异。在微信朋友圈发布原创或转帖的内容，从戈夫曼和梅罗维茨的理论视角来看，是一种自我展现和信息分享的表演行为，但从社会资本的角度来看则是一种社会资本投资行为。通过发布的内容，既可以获得身份认同，又有助于彼此的情感沟通和信息获取。此外，按照霍曼斯的小型基础群体理论：互动、情感和活动之间存在互惠关系和正相关关系。个体互动越多，他们越可能共享情感，也越可能参加集体活动。因此，经常通过点赞、评论、私聊、群聊方式与朋友圈的联系人进行互动，也有助于维系和加强已有的社会联系，为个体带来情感支持和回报。通过互动更有助于延伸线下交往并有助于社会资本的获取与动员。

就社会资本回报而言，不同阶层通过与同质关系进行互动，有助于获取较高的情感回报，维持已有的社会资源；通过与异质关系进行互动，投入高，在情感上很难获得满足，但是有助于获取信息等工具性回报。目前，随着新中产微信使用行为日趋“前台化”，通过微信分享个人情感的表达性行动渐渐转向寻找和获得额外有价值资源的工具性行动，只是后者也包含着情感的因素。

聂磊等在得出“微信有助于扩大社会交往以及培育社会资本”结论的同时指出，未来的研究“在深究虚拟社区与社会资本二者的关系时，必须密切关注人们进入虚拟社区和从事线上活动的具体目的，并要考虑虚拟社区用户之间的差异性，从线上和线下同时探寻有效培育社会资本的行动框架”①。本研究正是在其基础上，从新中产个体的角度切入研究，关注个体使用微信和从事线上活动的动机，从线上和线下探寻培育社会资本的行动框架，并得出行动对于获取社会资本的重要性。

---

① 聂磊、傅翠晓、程丹：《微信朋友圈：社会网络视角下的虚拟社区》，《新闻记者》2013年第5期，第75页。

三 研究不足及未来的研究方向

（一）研究方法有待补充

本研究主要采用的是质性研究的方法，“是以研究者本人作为研究工具，在自然情境下采用多种资料收集方法对社会现象进行整体性探究，使用归纳法分析资料和形成理论，通过与研究对象互动对其行为和意义建构获得解释性理解的一种活动”①。在这种方法的指导下，本研究是在新中产阶层的日常生活情境中，观察他们的日常社交媒体使用，特别是微信使用的行为；通过与他们面对面真诚的交谈，聆听他们对于这种媒体使用行为背后的想法和心声；通过移情对被访的新中产阶层的社交媒体使用背后的故事及其社会资本建构的意义进行解释和理解；把收集到的原始资料进行分析组合，形成抽象概括的理论阐释。这种方法相对于量化研究能够深入现象背后探究现象之下的意义。但是，难免受制于研究者本身的理论水平与认识水平，以及样本量少的局限。如果有了量化研究的支持，则能更好地从总体上获得具有普遍性的规律和特点。在可期待的未来可以结合北上广特大城市居民生活调查，就相关问题再做深入研究。

（二）研究视角有待拓展

目前有关媒介与社会资本关系的研究大多是建立在实证理论基础之上的定量研究，研究者通过对社会资本相关指标的测量，探寻媒介对社会资本的影响。测量指标主要采用的是社团参与/公共事务的参与、人际信任、人际交往、生活满意度。但深究这些指标，其影响因素往往并不唯一。例如影响人们生活满意度的可能会有社会资本带来的情感满足、人际信任，但更可能与人的职业、经济收入、闲暇时间的支配等多种因素有关。因此，以生活满意度作为测量指标，是否合适还有待探讨。其他的指标也类似。在西方文化语境下，社团参与、公共事务参与等或许可以作为一个重要的测量维度，但在中国的制度语境下，是否仍具有指标意义，也同样需要研究者思考。作为质性研究，本研究是以林南的社会结构与行动理论为

---

① 陈向明：《质的研究方法与社会科学研究》，北京：教育科学出版社，2000，第22～23页。

框架，对新中产阶层的社交媒体使用对社会资本建构的“投资—生产—获得”过程的考察。需要指出的是，本研究仅仅完成了新中产阶层通过社交媒体使用对社会资本进行投资与生产过程的描述与分析，对于其“获得”的结果则缺少验证，只能说是一种主观建构。验证研究则是下一步有待拓展的研究方向。

参考文献

边燕杰、丘海雄：《企业的社会资本及其功效》，《中国社会科学》2000 年第 2 期。

伯特兰·罗素：《权威与个人》，储智勇译，北京：商务印书馆，2012。

蔡骐：《网络虚拟社区中的趣缘文化传播》，《新闻与传播研究》2014 年第 9 期。

陈浩、赖凯声、董颖红、付萌、乐国安：《社交网络（SNS）中的自我呈现及其影响因素》，《心理学探新》2013 年第 6 期。

陈静茜：《表演的狂欢：网络社会的个体自我呈现与交往行为——以微博客使用者之日常生活实践为例》，博士学位论文，复旦大学，2013。

陈力丹、易正林：《传播学关键词》，北京：北京师范大学出版社，2009。

陈璐，《微信用户多中产　微博用户多草根》，《中国青年报》2014 年 7 月 4 日，第 8 版。

陈向明：《质的研究方法与社会科学研究》，北京：教育科学出版社，2000。

陈晓华：《传统报纸使用微信新媒体的现状及问题研究》，《新闻传播》2013 年第 1 期。

程士强：《网络社会与社会分层：结构转型还是结构再生产?》，《兰州大学学报》（社会科学版）2014 年第 2 期。

戴维·冈特利特主编《网络研究：数字化时代媒介研究的重新定向》，彭兰等译，北京：新华出版社，2004。

丹尼斯·麦奎尔：《麦奎尔大众传播理论》（第五版），崔保国、李琨译，北京：清华大学出版社，2010。

党昊祺：《从传播学角度解构微信的信息传播模式》，《东南传播》2012 年第 7 期。

邓建国：《Web 2.0 时代的互联网使用行为与网民社会资本之关系考察》，博士学位论文，复旦大学，2007。

邓建国：《强大的弱连接——中国 Web 2.0 网络使用行为与网民社会资本关系研究》，上海：复旦大学出版社，2012。

窦碧云：《当代中国社会分层背景下的网络传播》，硕士学位论文，兰州大学，2007。

杜骏飞：《中国中产阶层的传播学特征——基于五大城市社会调查的跨学科分析》，《新闻与传播研究》2009 年第 3 期。

方兴东、石现升、张笑容、张静：《微信传播机制与治理问题研究》，《现代传播》2013 年第 6 期。

费孝通：《乡土中国》，北京：人民出版社，2008。

冯路：《请点赞——自媒体时代的话语危机》，《时代建筑》2014 年第 6 期。

古斯塔夫·勒庞：《乌合之众——大众心理研究》，冯克利译，北京：中央编译出版社，2005。

郭瑾：《大众媒介与中产阶层的身份建构——一项传播社会学视角的文献考察》，《现代传播》2014 年第 9 期。

哈罗德·伊尼斯：《帝国与传播》，何道宽译，北京：中国人民大学出版社，2003。

韩晓宁、王军、张晗：《内容依赖：作为媒体的微信使用与满足研究》，《国际新闻界》2014 年第 4 期。

何晶：《大众媒介与中国中产阶层的兴起》，北京：中国社会科学出版社，2009。

霍尔·涅兹维奇：《我爱偷窥：为何我们爱上自我暴露和窥视他人》，黄玉华译，北京：世界图书出版公司，2014。

江爱栋：《社交网络中的自我呈现及其策略的影响因素》，硕士学位论文，南京大学，2013。

蒋建国：《微信成瘾：社交幻化与自我迷失》，《南京社会科学》2014 年第 11 期。

金卉、范晓光：《中产阶层的网络表达：以“微博”为例》，《中共杭州市委党校学报》2012 年第 2 期。
靖鸣、周燕、马丹晨：《微信传播方式、特征及其反思》，《新闻与写作》2014 年第 7 期。
克莱・舍基：《认知盈余》，胡泳、哈丽丝译，北京：中国人民大学出版社，2012。
克劳斯・布鲁恩・延森：《媒介融合：网络传播、大众传播和人际传播的三重维度》，刘君译，上海：复旦大学出版社，2012。
匡文波：《中国微信发展的量化研究》，《国际新闻界》2014 年第 5 期。
李春玲：《比较视野下的中产阶级形成》，北京：社会科学文献出版社，2009。
李春玲、吕鹏：《社会分层理论》，北京：中国社会科学出版社，2008。
李景辉：《社交网站使用对线上社会资本的影响研究》，硕士学位论文，兰州大学，2013。
李林：《媒介化生活的社交圈子与人际关系重构》，《中国社会科学报》2013 年 3 月 6 日，第 B04 版。
李林英：《自我表露与心理健康》，北京：北京理工大学出版社，2008。
李琼：《角色转换与身份认同：不同社会化媒体对个体行为的影响》，硕士学位论文，陕西师范大学，2014。
李盈盈：《传播生态学视域下的微信研究》，《东南传播》2014 年第 11 期。
林南：《社会资本——关于社会结构与行动的理论》，张磊译，上海：世纪出版集团、上海人民出版社，2005。
刘海龙：《大众传播理论：范式与流派》，北京：中国人民大学出版社，2008。
刘涛：《社会化媒体与空间的社会化生产：福柯“空间规训思想”的当代阐释》，《国际新闻界》2014 年第 5 期。
刘涛：《社会化媒体与空间的社会化生产——列斐伏尔“空间生产理论”的当代阐释》，《当代传播》2013 年第 3 期。
刘颖、张焕：《基于社会网络理论的微信用户关系实证分析》，《情报资料工作》2014 年第 4 期。
刘左元、李林英：《新媒体打破了以往社会分层的对话机制和模式》，《新闻记者》2012 年第 4 期。
柳珊：《媒介迷群与中国中产阶层的文化认同——以美国电视剧〈越狱〉的中国网络社群为个案》，《“传播与中国・复旦论坛”（2009）——

1949～2009：共和国的媒介、媒介中的共和国论文集》，2009。
吕涛：《社会资本与地位获得：基于复杂因果关系的理论建构与经验检验》，北京：人民出版社，2014。
罗伯特·洛根：《理解新媒介——延伸麦克卢汉》，何道宽译，上海：复旦大学出版社，2012。
罗自文：《网络趣缘群体中传播效果的价值转向：传播过程刍论》，《现代传播》2014 年第 8 期。
《马克思恩格斯选集》第一卷，北京：人民出版社，1995。
《马克思恩格斯选集》第四卷，北京：人民出版社，2012。
《马克思恩格斯选集》第一卷，北京：人民出版社，2012。
《马克思恩格斯全集》第十六卷，北京：人民出版社，1964。
孟繁华：《中产阶级的文化符号：〈时尚〉杂志解读》，《河北学刊》2004 年第 4 期。
尼尔·波兹曼：《童年的消逝》，吴燕莛译，桂林：广西师范大学出版社，2011。
尼尔·波兹曼：《娱乐至死》，章艳译，桂林：广西师范大学出版社，2004。
尼古拉斯·加汉姆：《解放·传媒·现代性——关于传媒和社会理论的讨论》，李岚译，北京：新华出版社，2005。
尼古拉斯·克里斯塔基斯、詹姆斯·富勒：《大连接》，简学译，北京：中国人民大学出版社，2014。
聂磊、傅翠晓、程丹：《微信朋友圈：社会网络视角下的虚拟社区》，《新闻记者》2013 年第 5 期。
欧文·戈夫曼：《日常生活中的自我呈现》，冯钢译，北京：北京大学出版社，2014。
彭兰、苏涛：《聚焦新媒体和大数据时代——2012：新媒体时代的升级》，《新闻战线》2013 年第 2 期。
彭芸：《我国大学生的媒介使用、社会资本与政治信任对象之关连性研究》，《新闻学研究》2004 年第 79 期。
乔治·H. 米德：《心灵、自我与社会》，赵月瑟译，上海：上海译文出版社，1992。
沈瑞英：《矛盾与变量：西方中产阶级与社会稳定研究》，北京：经济管理出版社，2009。

道格拉斯·凯尔纳、斯蒂文·贝斯特：《后现代理论：批判性的质疑》，张志斌译，北京：中央编译出版社，2006。

斯蒂芬·李特约翰、凯伦·福斯：《人类传播理论》（第九版），史安斌译，北京：清华大学出版社，2009。

孙藜：《We Chat：电子书写式言谈与熟人圈的公共性重构——从“微信”出发的一种互联网文化分析》，《国际新闻界》2014 年第 5 期。

谭震：《传统媒体如何借助微信扩大影响——微信的媒介功能及影响分析》，《中国记者》2013 年第 5 期。

唐绪军主编《新媒体蓝皮书：中国新媒体发展报告 No.5（2014）》，北京：社会科学文献出版社，2014。

童慧：《微信的传播学观照及其影响》，《重庆社会科学》2013 年第 9 期。

汪浩鸿：《“新中间阶级”理论及其意义》，《经济与社会发展》2009 年第3 期。

王欢、祝阳：《人际沟通视阈下的微信传播解读》，《现代情报》2013 年第 7 期。

王力平：《身份的社会资本属性及其功能》，硕士学位论文，西北师范大学，2007。

王秦：《社交媒体个人信息分享与社会资本提升》，《中国报业》2014 年第 4 期（下）。

王艳丽：《从功能论角度探析微信的属性》，《中国报业》2013 年第 7 期。

王勇、李怀苍：《国内微信的本体功能及其应用研究综述》，《昆明理工大学学报》（社会科学版）2014 年第 2 期。

温如燕：《微信对大学生人际交往的影响研究——以呼和浩特市 3 所高校的大学生为例》，硕士学位论文，兰州大学，2014。

文森特·莫斯可：《数字化崇拜——迷思、权力与赛博空间》，黄典林译，北京：北京大学出版社，2010。

沃纳·赛佛林、小詹姆斯·坦卡德：《传播理论：起源、方法与应用》（第 4 版），郭镇之等译，北京：华夏出版社，2000。

吴浩：《新中产阶级的崛起与当代西方社会的变迁》，《南京师大学报》（社会科学版）2008 年第 5 期。

夏雨禾：《微博空间的生产实践：理论建构与实证研究》，北京：中国社会科学出版社，2013。

谢新洲、安静：《微信的传播特征及其社会影响》，《中国传媒科技》2013年第11期。

雪莉·特克尔：《群体性孤独》，周逵、刘菁荆译，杭州：浙江人民出版社，2014。

严许媖：《手机人际传播研究——以“微信”为例》，硕士学位论文，浙江工业大学，2013。

伊莱休·卡茨、约翰·杜伦·彼得斯等编《媒介研究经典文本解读》，常江译，北京：北京大学出版社，2011。

约书亚·梅罗维茨：《消失的地域：电子媒介对社会行为的影响》，肖志军译，北京：清华大学出版社，2002。

张斐男：《网络社会社会分层的结构转型》，《学术交流》2015 年第 3 期。

张广利、陈仕中：《社会资本理论发展的瓶颈：定义及测量问题探讨》，《社会科学研究》2006 年第 2 期。

张其仔：《社会资本论：社会资本与经济增长》，北京：社会科学文献出版社，2002。

张咏华：《媒介分析：传播技术神话的解读》，上海：复旦大学出版社，2002。

张瑜：《移动互联网时代微信传播与新型人际传播模式探究》，《新闻知识》2014 年第 2 期。

张钰：《微信依赖研究——基于使用与满足理论》，《科技传播》2014 年第 11 期（上）。

赵延东：《社会资本与教育获得——网络资源与社会闭合的视角》，《社会学研究》2012 年第 5 期。

郑坚：《网络空间中的小资形象传播》，《新闻界》2004 年第 6 期。

郑素侠：《网络时代的社会资本——理论分析与经验考察》，上海：复旦大学出版社，2011。

周启瑞：《网络社会分层研究》，硕士学位论文，湖南师范大学，2007。

周晓虹主编《全球中产阶级报告》，北京：社会科学文献出版社，2005。

周晓虹主编《中国中产阶层调查》，北京：社会科学文献出版社，2005。

周贻霏：《微信对华东师范大学学生社会交往的影响研究》，硕士学位论文，华东师范大学，2014。

周宇豪：《作为社会资本的网络媒介研究》，武汉：武汉大学出版社，2014。

朱月荣：《微信对人际传播的新型建构——以“点赞”功能为例》，《东南传播》2014 年第 11 期。

庄佳婧：《拓展人脉还是维护关系——社会资本视野下的 SNS 网站研究》，硕士学位论文，复旦大学，2010。

Bourdieu, P. , “The Forms of Capital,” in Richardson J. , ed. , *Handbook of Theory and Research for the Sociology of Education* (New York: Greenwood, 1986).

Coleman, J. S. , “Social Capital in the Creation of Human Capital,” *American Journal of Sociology*, 1988, (94): 95 - 120.

D. MacKenzie, J. Wajcman. , *The Scoal Shaping of Technology 2nd* (Buchkingham: Open University Press, 1999).

Ellison, Nicole B. , Charles Steinfield, Cliff lamp, “The Benefits of Facebook ‘Friends’: Social Capital and College Students’ Use of Online Social Network Sites,” *Journal of Computer-Mediated Communication*, 2007, 12 (4): 1143 - 1168.

Ellison, Nicole B. , Rebecca Gray, Cliff Lampe, Andrew T. Fiore, “Social Capital and Resource Requests on Facebook,” *New Media & Society*, 2014, 16 (7): 1104 - 1121.

Hashim, Mohd Adnan, Mahpuz Melina, Akhbar Khan, Norafidah, Mohd Daud, Norzaidi, “Investigating the Use of Social Media among the Young Urban Middle Class in Malaysian Politics, and Its Potential Role in Changing the Nation’s Political Landscape,” *Advances in Natural & Applied Sciences*, 2012, 6 (8): 1245 - 1251.

Hong, Li, “Marketing to China’s Middle Class,” *China Business Review*, 2014, (1): 11 - 11.

Jin, Chang-Hyu, “The Role of Users’ Motivations in Generating Social Capital Building and Subjective Well-being: The Case of Social Network Games,” *Computers in Human Behavior*, 2014, 39: 29 - 38.

Joshua Meyrowitz, *No Sense of Place: The Impact of Electronic Media on Social Behavior* (NY: *Oxford University Press*, 1984).

Katz, J. E., R. E. Rice, P. Aspden, "The Internet, 1995 - 2000: Access, Civic Involvement, and Social Interaction," *American Behavioral Scientist*, 2001, 42 (3): 405 - 419.

Kingsyhon Lee, & Ming-sho Ho, "The Maoming Anti-PX Protest of 2014," *China Perspectives*, 2014, (3): 33 - 39.

Kraut, R., M. Pattterson, V. Lundmark, S. Kiesler et al., "Internet Paradox: A Social Technology that Reduce Social Involvement and Psychological Well-being?," *American Psychologist*, 1998, 53 (9): 1017 - 1031.

Mannur, Anita, "Food Networks and Asian/American Cooking Communities," *Cultural Studies*, 2013, 27 (4): 585 - 610.

Matthews, Peter, "Neighbourhood Belonging, Social Class and Social Media——Providing Ladders to the Cloud," *Housing Studies*, 2015, 30 (1): 22 - 39.

Max Weber, "Class, Status and Party," In Beinhard Bendix and Seymour Lipset, eds., *Class, Status and Power: Social Stratification in Comparative Perspective* (New York: The Free Press, 1966).

Nicos Poulantzas, *Classes in Contemporary Capitalism* (London: Verso, 1974).

Peter M. Blau, & Oliver D. Duncan, *The American Occupational Structure* (New York: John Wiley & Sons, 1967).

Putnam, R. D., *Bowling Alone* (New York: Simon & Schuster, 2000).

Putnam, R. D., *Making Democracy Work: Civic Tradition in Modern Italy* (NJ: Princeton University Press, 1993).

Ralf Dahrendaorf, *Class and Class Conflict in Industrial Society* (Stanford University Press, 1959).

Rosengren K. E., & Windahl S., *Media Matter: TV Use in Childhood and Adolescence* (Norwood, NJ: Ablex, 1989).

Sassler, Sharon, Miller, Amanda Jayne, "The Ecology of Relationships: Meeting Locations and Cohabitors' Relationship Perceptions," *Journal of Social & Personal Relationships*, 2015, 32 (2): 141 - 160.

Shah, D. V., N. Kwak, and R. L. Holbert, "Connecting and Disconnecting with

Civic Life: Patterns of Internet Use and the Production of Social Capital," *Political Communication*, 2001, 18 (2): 141 - 162.

Tarant, Zbyněk, " 'The Revolution Will Not Be Twitterized!' - Critical Overview of the Role of Modern Technology and Social Media in the Arab Revolutions and Contra-Revolution," *REXTER: Politicko-Sociolický Casopis*, 2013, 11 (2): 50 - 89.

Valenzuela, S., Park N., Kee K. F., "Is There Social Capital in a Social Network Site: Facebook Use and College Students' Life Satisfaction, Trust, and Participation," *Journal of Computer-Mediated Communication*, 2009, 14 (4).

Wellman, B., A. Q. Haase, J. Witte et al., "Does the Internet Increase, Decrease, or Supplement Social Capital? Social Networks, Participation, and Community Commitment," *American Behavioral Scientist*, 2001, 45 (3): 436 - 445.

Williams, D., "On and off the Net: Scales for Social Capital in an Online Era," *Journal of Computer-Mediated Communication*, 2006, (11).

Zhang Pengyi, "Social Inclusion or Exclusion? When Weibo (Microblogging) Meets the 'New Generation' of Rural Migrant Workers," *Library Trends*, 2013, 62 (1): 63 - 80.

图书在版编目（CIP）数据

社交媒体与新中产阶层社会资本的再生产 / 郭瑾著
. -- 北京：社会科学文献出版社，2018.11
ISBN 978-7-5201-3675-4

Ⅰ. ①社… Ⅱ. ①郭… Ⅲ. ①互联网络-影响-社会资本-研究 Ⅳ. ①F014.391

中国版本图书馆 CIP 数据核字（2018）第 232968 号

社交媒体与新中产阶层社会资本的再生产

著 者 / 郭 瑾

出 版 人 / 谢寿光
项目统筹 / 谢蕊芬
责任编辑 / 胡庆英 张真真

出 版 / 社会科学文献出版社 · 社会学出版中心（010）59367159
地址：北京市北三环中路甲 29 号院华龙大厦 邮编：100029
网址：www.ssap.com.cn
发 行 / 市场营销中心（010）59367081 59367083
印 装 / 天津千鹤文化传播有限公司

规 格 / 开 本：787mm × 1092mm 1/16
印 张：13 字 数：211 千字
版 次 / 2018 年 11 月第 1 版 2018 年 11 月第 1 次印刷
书 号 / ISBN 978-7-5201-3675-4
定 价 / 69.00 元